Sven Voigt

Sportler
Pädagoge
Philosoph

Eine Autobiografie über Erfolg, Krankheit und Neuanfang

Bibliografische Information der Deutschen Nationalbibliothek:
Die Deutsche Nationalbibliothek verzeichnet diese Publikation in der Deutschen Nationalbibliografie; detaillierte bibliografische Daten sind im Internet über: http://portal.dnb.de abrufbar.

ISBN 978-3-98885-037-9

www.rediroma-verlag.de
19,95 Euro (D)

Hinweis: Zur besseren Lesbarkeit wird in diesem Buch das generische Maskulinum verwendet. Die hier verwendeten Personenbezeichnungen beziehen sich – sofern nicht anders kenntlich gemacht – auf alle Geschlechter. Weiterhin wurden vorsorglich einige Namen der Institutionen und der dort genannten Personen anonymisiert, um deren Privatsphäre zu schützen.

Titelfoto: Lars Obendorfer (Audience All Werbeagentur UG). Fotos Inhalt: Eigene Fotos und zur Verfügung gestellte Fotos von Freunden und Bekannten aus der Tennisszene. Buchgestaltung: meshforce®

Inhalt

Vorwort 5

Teil 1

Miami – Tennis World Championship 7

Erste Lauferfahrungen 11

Erste Leidenschaft: Kickers Offenbach 17

Ausbildung zum Bankkaufmann 23

Trainingslager mit Weltklassespielern in Agadir 32

Exkurs 42

Freundschaft: Schicksalhafte private Begegnungen 44

Eindringen in die Philosophie 50

Im Waschsalon Gallus und auf der Autobahn: Von der philosophischen Hintertreppe zur praktisch angewandten Philosophie 54

Schicksalhafte schulische Begegnungen 60

Anpassungslehrgang – Referendariat in Frankfurt 63

Unterricht von Kindern als Grundlage des Lehrberufs 68

Empathie, Emotionalität und Überzeugung 71

Sportfest für Schüler mit Behinderung 77

Praktikum bei Kickers Offenbach: Ein Mythos? 79

Deutsche Meisterschaften Bad Neuenahr 89

Europameisterschaften in Seefeld 94

Reflexion zu Miami 96

Teil 2

Vom gesunden, erfolgreichen Leben in die Krebsklinik 98

Wahrnehmung der Veränderung am Fuß 102

Chirurgischer Eingriff und die Folgen 104

Diagnose: Der Anfang vom Ende? 106

Universitätsklinik für Plastische Chirurgie Bochum 109

Intensivstation 116

Erneute Operation und zweiter Zusammenbruch 121

Chemotherapie: Die Allzweckwaffe? 125

Bestrahlung und Auswirkungen 127

Reha in Bad Wiessee 140

Sprung zurück 152

Die hoffentlich letzte Operation 159

SPOREG – Ambulantes Rehazentrum 164

Teil 3

Dem Krebs entgegenstehen durch Natur erleben, Körpererfahrung, Laufen und mentale Stärke 174

Das gute Leben und der Blick nach vorne 187

Teil 4

Gute Freunde kommen zu Wort 201

Epilog 229

Danksagung 232

Glossar 233

Meine Bilder zum Buch 237

Vorwort

In diesem Buch befasse ich mich mit dem Sinn der menschlichen Existenz, zufälligen Begegnungen, generell mit dem Schicksal und insbesondere mit Schicksalsschlägen in Form von Krankheit. Der aristotelische Ansatz des guten Lebens und der Freundschaft steht ebenso im Fokus dieses Buches wie sportliche Höchstleistungen, pädagogische Erlebnisse und private Leidenschaften.

Ich möchte mich hiermit bei allen Freunden und Bekannten für die überwältigende Unterstützung bedanken, die ich in den letzten Jahren erfahren durfte. Diese hat mir die nötige Kraft und Konzentration gegeben, dieses Buch zu schreiben und wie im 2. Teil beschrieben mit meiner Krankheit besser umzugehen und dadurch konnte ich auch sehr schwere Stunden besser überstehen. Ferner möchte ich vielen Menschen, im Besonderen Krebspatienten, Mut und Hoffnung machen, sich niemals aufzugeben, immer an das Gute zu glauben, humorvoll zu bleiben und positiv in die Zukunft zu schauen: Es lohnt sich.

Das Leben ist voller Überraschungen. Es stellt uns vor Herausforderungen, denen man sich mit großer Willenskraft stellen sollte. Der Ausgang ist nicht immer erfolgreich und bleibt oft ungewiss.

Durch die große Anteilnahme meiner vielen Familienmitglieder, Freunde, Bekannten, Schülerinnen und Schüler bin ich zu dem Schluss gekommen, dass das Leben lebens- und liebenswert ist, auch wenn man durch einen Schicksalsschlag, wie beispielsweise bei einem Tornado, aus dem Leben gerissen wird und voller Hoffnungslosigkeit und Verzweiflung ist.

Teil 1

Miami – World Tennis Championship

Es war der 17. Oktober 2019. Auf dem Flughafen von Miami herrschte brütende Hitze, das Thermometer zeigte 36 Grad, die Luftfeuchtigkeit lag bei 85 Prozent. Ich hatte eine 14-stündige Flugreise von Frankfurt am Main über Wien hinter mich gebracht, stand schweißgebadet vor der Halle und wartete auf Martin Gentzsch und seine Frau Eva, die mich vom Flughafen abholen wollten. Martin und ich spielten in der Mannschaft „Herren 45", ähnlich wie bei den Aktiven des Davis-Cups für die Deutsche Tennis-Nationalmannschaft. Ich wusste genau, auf was ich mich einließ, denn ich durfte bereits im Jahr 2018 für die Deute Nationalmannschaft in Miami spielen und kannte diese extremen subtropischen Bedingungen. Für einen Tennisspieler ist es sicherlich die größte Ehre, sein Land vertreten zu dürfen. Darin waren sich alle Teammitglieder, Martin Gentzsch, Matthias Huning, Lars Wellmann und ich, wie wahrscheinlich jeder Sportler, einig. Bis heute bin ich sehr stolz darauf, es in das Nationalteam geschafft zu haben. Am Flughafen trug ich stolz meinen Deutschland-Anzug. Die Menschen schauten auf mein Emblem, das Deutschlandwappen. Viele sprachen mich an und fragten mich interessiert, welche Sportart ich ausübe. Nach zwei Stunden langen Wartens kam schließlich Eva am Flughafen an. Nachdem sie sich durch das Verkehrschaos in Miami durchgekämpft hatte, war sie ebenso durchgeschwitzt wie ich.

Es sollten zehn sehr aufregende und sportlich intensive Tage im „Miami Beach Tenniscenter" werden. Jeder von uns gab sein Bestes und wir wuchsen als Team sportlich und vor allem menschlich zusammen. Wir kamen aus drei unterschiedlichen Bundesländern und kannten uns nur flüchtig von diversen Turnieren und Meisterschaften. Damit wir als Team richtig zusammenwuchsen, organisierte unsere „gute Fee" Eva immer wieder großartige Events. Zum Beispiel schauten wir uns in der „American Airlines Arena" das Basketballspiel zwischen den „Miami Heat" und den „Houston Rockets" an. Dies gab uns einen Eindruck von der Bedeutung des amerikanischen Sports und welche Emotionen damit verbunden werden (unter anderem die Nationalhymne) sowie der extremen Show- und Eventfähigkeit der Amerikaner. Mich beeindruckten die Athletik und Durchsetzungsfähigkeit dieser Weltklasse-Basketballer. Sie bewegten sich mit einer spielerischen Eleganz und Leichtigkeit, welche ich vorher noch nie live erlebt hatte. Vor allem faszinierte mich James Harden, der Superstar der „Houston Rockets", der allein in diesem Spiel über vierzig Punkte erzielte. Permanente Gesangseinlagen oder innovative Fan-Animationen durch Maskottchen der Heim-Mannschaft mit Kochlöffel und Topfboden brachten die Halle zum Kochen. Die jüngste Tochter von Martin und Eva hatte auch ihren Spaß und brüllte das gesamte Spiel unentwegt: „Let's go Heat!". Auch ihre vier Brüder waren sehr angetan von diesem Event. Sie aßen unentwegt Popcorn und verhielten sich ruhiger als ihre kleine Schwester.

Die gemeinsamen Essen nutzten wir zum Planen der Team-Besprechungen sowie der Mannschaftsaufstellung. Das Abendessen fand immer in unserem argentinischen Stammlokal „Manolos" statt. Die Portionen waren unglaublich groß und für uns Sportler genau richtig, da wir bei der Hitze viele Kalorien verbrannten. Diese Besprechungen liefen in konzentrierter und freundschaftlicher Atmosphäre ab. Als Kapitän machte ich einen Vorschlag, dann diskutierten wir im Team die bestmögliche Mannschaftsaufstellung für den kommenden Gegner. Bei unseren Matches gegen Portugal und Kroatien, in der wahrscheinlich schwierigsten der sieben Vorrundengruppen, unterstützte uns Eva mit ihren fünf Kindern sensationell und sie „peitschten" uns enthusiastisch zum Sieg gegen die klar favorisierten Ex-Profis aus Portugal. Wir coachten und betreuten uns gegenseitig bei einer unerträglichen Schwüle von 37 Grad bei 86% Luftfeuchtigkeit.

Martin Gentzsch, bei dem ich das ganze dreieinhalbstündige Match gegen Portugal auf der Bank saß, wechselte insgesamt 13 Hemden und trank sieben Liter Wasser und Elektrolyte. Ich weiß nicht mehr, wie viele Eiswürfel ich ihm in den Nacken gerieben habe, gefühlt waren es aber gut einhundert. Martin gelangte an seine absolute körperliche Belastungsgrenze. Er gewann schließlich nach hartem Kampf das zweite Einzel für uns. Lars Wellmann gewann bereits vorher souverän das erste Einzel gegen einen früheren Top-100 ATP-Spieler. Das Coaching bei Martin war anstrengend, aber es fühlte sich sehr gut an. Ich war während des Matches fast genauso angespannt wie er. Wir waren eine Einheit. Die starke Leistung basierte auf unserem Willen und dem vorher aufgebauten Teamgeist. Es war ein gutes Gefühl, im selben Turnier wie die vielen Ex-Profis zu spielen und sich mit ihnen zu messen. Hier waren Spieler dabei, die ich mit Mitte 20 im Fernsehen bei den großen Grand Slam Turnieren in Paris, Wimbledon, New York oder Melbourne angehimmelt hatte. Jetzt trainierte ich mit ihnen und spielte Matches gegen sie. Dies allein fühlte sich wie ein Traum an. Nach einer ebenso emotionalen siegreichen Hitzeschlacht gegen Kroatien, in der ich an Position zwei das erste Einzel gewinnen konnte und wir das abschließende Doppel zum umjubelten 2:1-Triumph siegreich gestalten konnten, zogen wir ins Viertelfinale ein. Dieses verloren wir nur denkbar knapp gegen die Ex-Profis aus Spanien. Diese Niederlage war äußerst unglücklich und unverdient, weil Lars nach einer 5:3-Führung im dritten Satz von den Spaniern und insbesondere seinem Gegner mit unfairen Mitteln bezwungen wurde. Dieser überschritt mehrmals die Einhaltung der Zeit zwischen den Ballwechseln und zwischen den Spielen. Er nahm Verletzungspausen, die der spanische Oberschiedsrichter nicht unterbrach, beleidigte Lars auf das Übelste mit spanischen Schimpfwörtern, die jeder auf der Anlage verstand. Des Weiteren feuerte er in diesem vier Stunden Match mehrmals den Schläger übers Netz, so dass Lars fast getroffen wurde. Spätestens zu diesem Zeitpunkt hätte eine Disqualifikation erfolgen müssen. Bei einem Zwischenstand von 1:1 hätten wir im Doppel im Vergleich zu den Spaniern wahrscheinlich die deutlich bessere und stärkere Aufstellung gehabt. Wie mir auch ihr Spitzenspieler Emilio Alvarez bestätigte, waren die Spanier keine Doppelspezialisten. In den Platzierungsspielen bezwangen wir Kanada und unterlagen abschließend den Australiern. Als Kapitän unserer Nationalmannschaft war ich mit dem 6. Platz unter 22 teilnehmenden Mannschaften sehr zufrieden.

Wir lernten bei den Team-Events die Spieler der anderen Nationen kennen und konnten auch neue Kontakte knüpfen, die über das Tennis hinausgingen. Die Einsätze als Mannschaftskapitän der Deutschen Nationalmannschaft im Oktober 2018 sowie Oktober 2019 stellten für mich meinen sportlichen Höhepunkt dar.

Abbildungen siehe Seite 238 – 241

Erste Lauferfahrungen

Hätte mir jemand in meinen jungen Jahren gesagt, dass ich einmal Tennis für Deutschland spielen würde, hätte ich ihm wahrscheinlich den Vogel gezeigt. Denn dieser Sport hat mich recht spät in seinen Bann gezogen. Geboren wurde ich am 6. August 1972 in Offenbach, achteinhalb Jahre nach meiner älteren Schwester Susanne. Meine Eltern sind Ulrike und Kurt Voigt. Bis zu meinem fünften Lebensjahr lebten wir im Offenbacher Stadtteil Bieber, bundesweit bekannt durch das Fußballstadion am Bieberer Berg. Dank meiner Eltern lernte ich fast alle Kinderspielplätze in dieser Gegend kennen. Mein Vater Kurt nahm mich am Wochenende oft mit in das Sportzentrum Rosenhöhe in Offenbach. Hier spielten wir dann zusammen Fußball, Basketball oder ich rannte in dem riesigen Sportzentrum umher und freute mich einfach, mich austoben zu können. Wir spielten viele Pässe und dribbelten Slalom um selbst gesteckte Hütchen.

Als ich fünfeinhalb Jahre alt war, zog meine Familie nach Rodgau um. Hier war alles ländlicher und überschaubarer. Als Kind hatte man hier wesentlich mehr Auslauf als in der Stadt. Wir fühlten uns als Familie hier freier und unbeschwerter. In unserer neuen Heimat nahm mich unser Nachbar mit in den Fußballverein. Dort lernte ich viele Kinder kennen, schloss mit vielen Mitspielern Freundschaften, die mir die Eingewöhnung in meiner neuen Umgebung erleichterten. Die Zeit in der Grundschule war eine schöne Zeit.

Allerdings war ich als Achtjähriger kräftig und merkte, dass sich einige Kinder über mein pummeliges Aussehen lustig machten. Trotzdem war ich zu diesem Zeitpunkt relativ schnell. Als ich in die Pubertät kam, nahm ich noch einmal deutlich zu und merkte, dass auch meine vormals gute Schnelligkeit sehr stark nachließ. Auch mein Vater machte diesbezüglich seine Anmerkungen, bezeichnete mich als „Pummelchen", was mir sehr weh getan hat. Ich war nicht glücklich mit meinem Äußeren. Bei meiner Mutter Ulrike ging es mir immer sehr gut. Etwas zu essen gab es rund um die Uhr. Und bei der Oma gab es sehr oft selbstgemachten Schokoladenpudding mit zwei Schüsseln Sahne oder einen selbstgebackenen Kuchen, ebenfalls mit Sahne. Zum Abschied bekam ich von ihr dann öfter noch eine große Packung Hanuta, eine Tafel Schokolade und eine Packung Duplo. So sind die Omas! Sie meinen es gut, wollen die Enkelkinder glücklich machen, kennen aber oft keine (Essens-)Grenzen. Damals, als pubertierender Junge, der viel Fußball spielte, konnte ich nicht gut einschätzen, dass ich mit vielen falschen zusätzlichen Nahrungsmitteln, vor allem Süßigkeiten, vollgestopft wurde.

Die Folgen waren verheerend. Als ich in der 6. Schulklasse erfuhr, dass ich mich im Schwimmunterricht vor meinen Mitschülern entblößen musste, bereitete es mir schon vier Tage davor starke Bauchschmerzen. Ich schämte mich sehr, fühlte mich in meiner Haut nicht wohl, hatte panische Angst vor Demütigungen, die sich wie befürchtet auch einstellten. Ich musste stundenlang zuhause weinen. Das Gefühl war das eines wertlosen Schwergewichts.

Ich musste etwas unternehmen, aber ich wusste nicht was und war völlig verzweifelt. In meiner Verzweiflung fuhr ich mit dem Fahrrad in unser Naherholungsgebiet „Gänsbrüh". Dieses riesige Waldgelände, welches auch als Naturschutzgebiet ausgezeichnet wurde, faszinierte mich als Zwölfjährigen. Es gab einen schönen Teich mit Fröschen und anderen Tieren, malerische Waldwege, die viele Abzweigungen in die Tiefe des Waldes hatten. Mich faszinierte diese geheimnisvolle Welt, dieses „Fühlen", „Spüren", „Wachsen" und „Erfahren" der Natur.

Ende März 1984 stellte ich mein Fahrrad an einem kleinen Häuschen am Eingang des Waldes ab, um diese faszinierenden, abzweigenden Waldwege zu erkunden. Ich fing einfach an zu laufen, besser gesagt zu joggen und genoss das Naturereignis. In mir war ein Gefühl der völligen Einheit mit dem Wald. Ich hörte die Vögel zwitschern, sah Kaninchen, Rehe, Wildschweine, erfreute mich am leicht einsetzenden Nieselregen, der alles noch lebendiger und intensiver machte. Mir machte es unglaublich viel Spaß, die Wege zu erkunden, neue Routen durch das Dickicht finden, über Wurzeln und umgefallene Baumstämme zu springen, Ästen auszuweichen und bei starkem Regen und Gewitter geschützte Waldwege ausfindig zu machen. Ich war mit der Natur eins geworden.

Nach einiger Zeit lernte ich zwölf verschiedene Waldwege mit unterschiedlichsten Schwierigkeitsgraden kennen. Hier konnte ich vor allem auch den schulischen Stress gut abbauen. Mein Ziel war es, immer wieder neue Laufwege zu erkunden, neue Naturerlebnisse zu fühlen und wahrzunehmen. Ich lief deshalb oft vom Elternhaus aus an einem Bach entlang in einen anderen Ortsteil, um von dort aus noch andere Wälder zu erkunden. Dies bescherte mir wieder neue vielfältige Eindrücke, die ich in der schönen Natur erleben durfte.

Der positive Effekt meiner Waldläufe war, dass ich, ohne es zu merken, unheimlich viele Kilos abnahm. Auch der Heißhunger nach Schokolade verschwand allmählich. Durch die positiven Naturerlebnisse im Wald stieg meine seelische Zufriedenheit. Zudem entwickelte sich mein Körper durch das Schwinden der vielen Fettschichten positiv, was mein Selbstvertrauen steigerte. Bis zu meinem 15. Geburtstag verlor ich in drei Jahren rund 20 Kilogramm. Ich wurde sportlicher und mit der Zeit auch wieder dynamischer und schneller. Dies steigerte wiederum meinen sportlichen Ehrgeiz. Ich hatte mir auf jeder Laufstrecke Ziele gesetzt, konnte mich leistungsmäßig besser einschätzen und steigern. Ich besorgte mir eine Laufuhr und bessere Joggingschuhe. Außerdem fing ich an, alle Aktivitäten akribisch in meinem Lauf- und Sport-Tagebuch zu notieren. Das verschaffte mir rückblickend viele Informationen, mit denen ich zurückverfolgen konnte, nach welchem Training ich welche Erfolge erzielen konnte, gab mir aber gleichzeitig auch gute Reflexionsmöglichkeiten für kommende Trainingseinheiten. Hierdurch konnte ich mich in allen Bereichen (Tennis, Fußball und Joggen) verbessern.

Ich hatte damals noch keine fachliche Anleitung. Meine Methode war intuitiv, ich hatte im Alter von 13, 14 Jahren keine Ahnung von einer Trainingslehre. Ich hörte einfach in mich hinein und verschob meine konditionellen Grenzen immer weiter nach oben. Mit 15 Jahren kam ich auf Fahrtenspiele, das waren verschiedene Tempi zwischen langsam und schnell. Daraus entwickelte ich für mich ein richtiges Intervalltraining. Ich lief während einer Einheit von 60 Minuten schnelle Intervalle von sechsmal 15 Sekunden im hohen Tempo, dazwischen gönnte ich mir jeweils 15 Sekunden „lohnende Pausen" durch Austraben. Nach sechs solchen Durchgängen folgte vier Minuten lang lockeres Jogging. Danach ging es wieder los mit sechsmal 20 schnellen Sekunden mit dazwischen gelegten 20 Sekunden aktivem Traben als „lohnende Pause". Nach vier Minuten lockerem Jogging steigerte ich die Durchgänge auf 25 Sekunden Belastung und austraben, nach dem nächsten Verschnaufen gar auf sechsmal 30 Sekunden. Beendet habe ich die Trainingseinheit mit zehn Minuten lockerem Auslaufen.

Bald schon stellte ich fest, dass dies für meinen Körper keine Überbelastung bedeutete. Es war zwar anstrengend, aber in meinen schönen Wäldern war es gleichzeitig eine schöne „Belastung". Aus heutiger Trainingssicht war das Programm vielleicht mit meinen anderen Sportarten Tennis und Fußball nicht immer optimal abgestimmt. Aber damals glaubte ich daran. Allmählich merkte ich auch, dass ich im Tennis und im Fußball immer besser wurde.

Mein Hauptansinnen war aber immer noch das Joggen in der freien Natur. Nachdem ich dieses Programm einige Jahre durchgezogen hatte, war ich mit 16 Jahren schon sehr schlank, einige meinten fast schon „ausgemergelt". Ich musste aufpassen, dass ich nicht ein „luftgetrockneter Ausdauerläufer" wurde, der beim Tennis und Fußball keine Kraft und Substanz hätte, im Wettkampf etwas zuzusetzen.

Mein Lauf- und Trainingstagebuch ergänzte ich um eine Zusatzrubrik „Essen": Hier trug ich alles ein, was ich während eines Tages zu mir nahm. Denn ich wollte nicht wieder das gehänselte „Pummelchen" von früher werden: Für mich eine Horrorvorstellung, die mich nicht losließ. So wurde die Gefahr, dass ich bei dem vielen Sportprogramm, das ich absolvierte, krankhaft wenig essen würde, ziemlich groß. Mit fast 17 Jahren wog ich 61 Kilo, was bei einer Körpergröße von 1,86 Metern eindeutig zu wenig war. Mein Nachbar, ein vier Jahre älterer Modellathlet und späterer Kollege in meiner Tennis-Mannschaft, nannte mich „Geist" oder „Ghandi". Langsam, aber sicher fühlte ich mich in meinem Körper nicht mehr so wohl. Es war an der Zeit, ein vernünftiges Mittelmaß anzustreben. Denn meine Leistungen im Tennis und Fußball gingen nach unten, ich hatte einfach keine Substanz mehr. Mein Nachbar nahm sich meiner an und führte mich in ein Ganzkörperkrafttraining mit angepasster Ernährung ein. Ich ging fortan trotz der nach wie vor tollen Natur weniger joggen, um ein wenig körperliche Substanz aufzubauen. Mit der Zeit hatte ich durch das Krafttraining auch Muskulatur aufgebaut und wurde wieder schwerer. Mit 18 Jahren wog ich rund 73 Kilogramm. Nun war ich mit meinem Körper wieder im Einklang. Das Jogging war vielleicht nicht mehr ganz so akribisch wie noch zwei Jahre zuvor, aber es war unheimlich wichtig für meine Psychohygiene und mein Wohlbefinden.

Erste Leidenschaft: Kickers Offenbach

Meine erste Liebe galt dem Fußball, und da konkret Kickers Offenbach. Kein Wunder, wenn man die ersten Lebensjahre nahe dem Bieberer Berg verbringt. Ich war, glaube ich, sechs Jahre alt, als mich mein Vater erstmals zu einem Spiel der Kickers mitnahm. Dort tauchte ich in eine neue Welt ein. Das erste Match, das in meiner Erinnerung blieb, war das Zweitligaspiel gegen Hertha BSC Berlin am 26. September 1981. In den letzten 15 Minuten überschlugen sich die Ereignisse, es fielen insgesamt fünf Tore. Mein Herzensverein Kickers Offenbach gewann 3:2. Ich war damals neun Jahre alt und unglaublich stolz. Seitdem war für mich der Besuch des Stadions am Bieberer Berg ein immer wiederkehrendes Erlebnis. Die damalige Mannschaft mit Uwe Bein, Michael Grünewald, Michael Kutzop, Walter Krause und Gerd Paulus wirkte auf mich authentisch und sympathisch. Vor allem faszinierten mich die Freitag-Abendspiele unter Flutlicht. Dies war eine ganz besondere Atmosphäre, weil das Stadion ganz eng an das Spielfeld gebaut war, so dass der Funke zum Publikum extrem schnell überspringt. Das OFC-Publikum verzeiht auch hohe Niederlagen: Wenn es das Gefühl hat, dass die Mannschaft alles gegeben hat.

Am 2. August 1983 erlebte ich mein erstes Erstligaspiel. Als ich kam, waren schon 20 Minuten vorbei. Das lag daran, dass ich um die Mittagszeit selbst ein Fußballspiel hatte. Denn natürlich jagte ich der Lederkugel aktiv nach. Die Kickers führten gegen Borussia Mönchengladbach durch Franz Michelberger 1:0. Just in dem Moment, als ich ankam, fiel das 2:0 durch Uwe Bein. Das Stadion bebte und ich spürte dieses großartige Feeling am Bieberer Berg. Bein, der später auch Nationalspieler wurde, erzielte noch zwei weitere Tore. Das Spiel endete mit 4:3 und ich konnte es kaum fassen, weil Gladbach mit seinem späteren Welttrainer Jupp Heynckes eine Vielzahl von Stars in seinem Team hatte: Uwe Kamps, Frank Mill, Lothar Matthäus, Uwe Rahn, Hans–Günter Bruns, Michael Frontzeck, Winfried Schäfer, Hans–Jörg Kriens, Ewald Lienen und Bernd Krauss. Es kamen noch weitere tolle Bundesligaerlebnisse hinzu, wie nur wenige Wochen später der 2:1 Sieg gegen Eintracht Frankfurt im Dauerregen, den Kutzop in der 87. Minute per Kopf perfekt machte. Aber auch Niederlagen wie das 3:7 gegen Werder Bremen mit Rudi Völler, einem aus Hanau stammenden Weltklassestürmer, der seine Profi-Karriere in Offenbach begann, waren schöne Bundesliga-Erfahrungen, ebenfalls die Heimsiege gegen den 1. FC Nürnberg, Fortuna Düsseldorf oder den 1. FC Köln.

Ich spielte also in meiner Kinderzeit Fußball. Aber der Boris Becker-Boom in den achtziger Jahren euphorisierte mich für den Tennissport. So fing ich im eigenen Garten an, mit einem Holzschläger zu üben. Ich schaute mir die Klassiker Borg, Mc Enroe, Connors, Becker, Wilander, Lendl, Leconte, Sampras und Agassi im Fernsehen an und übte danach stundenlang in einem abgesteckten Feld an der Hauswand mit einem Plastikschläger und einem Softball. Später fuhr ich mit dem Fahrrad in unseren Nachbarort und übte an einer großen Steinballwand mit einem Holzschläger und richtigen Tennisbällen.

Richtiges Tennis begann ich als Spätberufener. Und das kam so: Ich war 13 Jahre alt, als ich ein gutes Angebot von Kickers Offenbach bekam. Mein Vater hatte aber keine Lust, mich jedes Mal zum Training nach Offenbach zu fahren. Ich war verärgert und frustriert, aus Trotz ging ich in den nächstgelegenen Tennisverein. So war es mir möglich, mit dem Fahrrad zur Anlage zu fahren und vor Ort trainieren zu können. Ich spielte mit jedem Mitglied, das spielen wollte. Es gab eine Vereins-Rangliste, die in unserem Verein bis Platz 64 ging.

So etwas gibt es heutzutage in den meisten Tennisvereinen nicht mehr.

Irgendwann in dieser Zeit begegnete ich in meinem Heimat-Tennisclub TC Rodgau Dudenhofen meinem späteren Mentor und Tennis-Ziehvater Hans Müller. Er war kein ausgebildeter Tennislehrer, aber ein sportlich vielseitig wissbegieriger Sport-Enthusiast, der stets die „Perfektion" anstrebte. Er war ein hervorragender Leichtathlet, ein begnadeter Wasserskifahrer und mit eiserner Disziplin führte er seinen Dobermann zum Deutschen Meistertitel in der Disziplin „Schutzhund". Wir freundeten uns schnell an. Obwohl ich bei meinen ersten Kreismeisterschaften mit 13 Jahren 0:6 und 0:6 in der ersten Runde verlor, glaubte Hans an mich und fing an, mich zu trainieren.

Trotz des verpassten „Goldenen Motorischen Lernalters", das zwischen acht und zwölf Jahren liegt, versuchte Hans, meine technischen Fähigkeiten zu verbessern und mir die Grundlagen des Tennissports beizubringen. Er spielte mir gefühlt hunderttausende Bälle zu. Dank seiner strengen Disziplin verbesserte ich mich in allen Bereichen stetig. Das Netzspiel schaute ich mir bei John Mc Enroe, Boris Becker und Stefan Edberg im Fernsehen ab. Daran hatte Hans Müller weniger seine Freude, denn für das Netzspiel konnte er sich nicht so begeistern.

Nach vier Jahren intensiven gemeinsamen Trainings gewann ich gegen denselben Spieler, gegen den ich mit 13 Jahren in der ersten Runde der Kreismeisterschaften 0:6 und 0:6 verloren hatte, nun das Finale 6:0, 6:0. Dies war eine große Bestätigung unserer akribischen Arbeit. Doch bei der Bezirkssichtung fiel ich mit 15 Jahren gnadenlos durch. Ich wurde von den Trainern und Funktionären als nicht förderungswürdig abgestempelt. Statt enttäuscht zu sein, sorgte die Entscheidung bei meinem Mentor Hans und mir eher zu zusätzlicher Motivation und führte zu noch mehr Ehrgeiz. Ich denke, viele hätten nach dem vernichtenden Urteil der Bezirks-Sichtung aufgehört. Wir merkten aber, dass ich mich kontinuierlich verbessert hatte, und spürten, dass die Erfolge sich langsam einstellen würden. Das Tennistraining und die Turniere mit Hans Müller sowie mit unseren Trainingspartnern wurden nun immer intensiver. Deshalb musste ich im Fußballsport, den ich mit fünf Jahren begonnen hatte, zunehmend kürzer treten. Auf dem Tennisplatz hatte ich mittlerweile die Kondition (und das Niveau), um mit zwei Trainingspartnern zu trainieren. Dass ich permanent mit anderen Spielstilen zurechtkommen musste, brachte mir sehr viel. Außerdem wurde mein Training dadurch körperlich wesentlich intensiver. Sobald ein Trainingspartner müde war, musste direkt der andere bereitstehen und mit der vorgegebenen Übung mit mir weiterspielen. Hans Müller übernahm beim TC Rodgau Dudenhofen die Betreuung der Herrenmannschaft, in der ich ab meinem 15. Lebensjahr auch schon mitspielen durfte.

Nach einer längeren Trainingsunterbrechung nach meinem Vereinswechsel zum benachbarten Tennisverein 1. TC Niederroden, wo ich 1990 spielte, betreute und trainierte mich Hans Müller bis in die 2. Bundesliga 1997. Vor größeren Turnieren und speziell vor den Hessenmeisterschaften trainierte er mich besonders intensiv und sehr erfolgreich. Wir schauten uns gemeinsam viel von den Profis ab und versuchten, die sich entwickelnde Technik und steigernde Geschwindigkeit des Tennissports in meinem Spiel umzusetzen. In den Jahren 1990 und 1995 absolvierte ich die DTB-C- und DTB-B-Trainerausbildung. Dadurch konnte ich auch viel eigenen Input für mein eigenes Spiel entwickeln. 1998 kam dann noch die DTB-A-

Trainerausbildung hinzu, die ich leidenschaftlich und erfolgreich absolvierte. Die Ehefrau von Hans Müller, Dagmar, hatte immer viel Verständnis für unsere Leidenschaft. Es war nicht unüblich, dass wir fast drei Stunden trainierten und dann noch zwei Stunden beisammen saßen und über Tennis und das Leben diskutierten. Hans spürte meine Liebe zum Training und die Bereitschaft, alles geben zu wollen. Dies war auch für ihn sehr motivierend. Noch heute sind wir eng befreundet und fachsimpeln immer noch bei jeder Gelegenheit.

Mein „Fußball-Ziehvater", sportlicher Mentor und enger Freund Hellmuth Zaijber fand es ausgesprochen schade, dass es bei mir mit dem „Kicken" immer weniger wurde. Ich konnte seiner Meinung nach ein Spiel sehr gut „lesen" und die Spielsituationen perfekt antizipieren. Ich spielte Libero sowie alle Positionen im Mittelfeld, von denen aus ich laut Hellmuth Zaijber die Gabe hatte, den tödlichen Pass zu spielen, welcher oft zu Toren führte. Noch heute sagt Hellmuth zu mir, dass ich, hätte ich auf ihn gehört, in die Fußstapfen eines Manfred Binz, dem ehemaligen Nationalspieler, hätte treten können. Bei einem internationalen Jugendturnier auf Gran Canaria erzielte ich 1988 als Mittelfeldspieler in sechs Partien zehn Tore. Dort bekam ich vom damaligen Schalke-Präsidenten Charly Oskar Siebert, der in Playa del Ingles die Tanzbar „Oscars Pub" betrieb, eine Einladung zu einer Trainingswoche „auf Schalke". Mein Vater gab mir hierfür aber keine Erlaubnis, da ich zu dieser Zeit in der Schule mit der Versetzung zu kämpfen hatte. Ich erinnerte mich noch an ein deshalb geführtes Streitgespräch von Hellmuth Zajber mit meinem Vater. Er sagte ihm, dass ich im Tennissport einer von vielen Guten, aber bei den Fußballern einer der Besten werden könnte. Er begründete dies folgendermaßen: Ich besäße einen großen Trainings- und Wettkampfwillen, Disziplin, Ehrgeiz, habe eine überragende psychische Stabilität, spiele fast keine Fehlpässe, könne die Bälle ablaufen und würde das Spiel schon mit 18 Jahren hervorragend antizipieren.

Hellmuth Zaijber war ein Fußball-Lehrer, der Menschen und vor allem mich überragend förderte und ausbildete. Er war und ist immer für seine Spieler da und konnte mir auch immer Tipps für mein weiteres Leben mit auf den Weg geben. Ich habe nie einen sportlichen Ausbilder erlebt, der seinem Gegenüber so eine menschliche Wärme entgegenbrachte. Ich lernte sehr viel von ihm, auch, wie ich mit schwierigen Lebenssituationen umzugehen habe. Hellmuth stand mir immer mit Rat und Tat zur Seite, daran hat sich bis heute nichts geändert.

Nachdem ich den Führerschein bestanden hatte, konnte ich endlich mit dem richtigen Turnier-Tennis anfangen. Schließlich konnte ich zuvor von Hans Müller nicht verlangen, dass er mich zu allen Turnieren fährt. Mit meinem ersten Auto, einem alten Ford Fiesta für 800 Mark, fuhr ich zu meinen ersten, weiter entfernten größeren Tennisturnieren. Ich sammelte bittere Lehrstunden. Aber auch erste Erfolgserlebnisse.

Abbildungen siehe Seite 242 – 243

Ausbildung zum Bankkaufmann

Nach dem Abitur im Jahr 1992 hatte ich überhaupt keine Vorstellung, was ich beruflich machen wollte. Ich merkte, dass ich gerne mit Kindern im Sportverein arbeitete. Aber dies wäre „nur ein Hobby und hatte nichts mit einem richtigen Beruf zu tun", wie mir mein Vater immer wieder sagte. Und so kam das Thema Banklehre ins Gespräch. Die Ausbildung zum Bankkaufmann wäre ein Lebensjob und dieser sei vor allem krisensicher. Und junge Menschen würden dort eine gute Ausbildung erhalten. Mein Vater übte einen massiven Druck auf mich aus. Er drängte mich regelrecht, das Angebot, das ich von der Bank nach dem Vorstellungsgespräch bekam, anzunehmen. Ich akzeptierte es nach kurzer Überlegung. Mein Fehler war, dass ich mich selbst nicht um adäquate Alternativen kümmerte. Die Möglichkeit, Praktika zu absolvieren, verwarf ich, weil ich keine Ahnung hatte, was ich machen sollte. So nahm ich einfach die Ausbildungsstelle an und ließ mich überraschen, was auf mich zukommen würde. Was ich in der Bank erleben sollte, hatte es in sich.

Der neue Job nahm viel Zeit in Anspruch. Und so musste ich mich mit 20 Jahren aus zeitlichen Gründen zwischen der Fußball-Landesliga (damals 4. Liga) und Tennis-Gruppenliga (damals 6. Liga) entscheiden. Hans Müller konnte mich vom Tennis überzeugen. Da hatte ich schließlich bereits als 18-Jähriger den DTB-C-Trainerschein gemacht. Und der Unterricht von jungen Schülern bereitete mir viel Freude. Der Erfolg ließ nicht lange auf sich warten. Mit hoher Eigenmotivation und mit der Unterstützung meines Freundes Hans Müller schaffte ich es innerhalb von vier Jahren in die 2. Bundesliga Süd. Seit 1993 hielt ich mich bis Ende 2020 ununterbrochen in der Deutschen Rangliste (LK 1) bei den Aktiven.

Mit meiner Ausbildung zum Bankkaufmann verbinde ich hingegen schmerzhafte Erfahrungen. Auch wenn diese Zeit schlimm war, bin ich im Nachhinein dankbar dafür, diese Erfahrungen gemacht zu haben. Schließlich bekam ich hierdurch die Motivation, danach mein Sportstudium zu beginnen. Dies war dann meine berufliche Leidenschaft für mein Leben.

Wie es so schön heißt, Ausbildungsjahre sind keine Herrenjahre. Diese bittere Erfahrung musste ich auch machen. Es ist nichts dagegen zu sagen, wenn man als Auszubildender tagelang Ordner beschriften, Ablage machen, Kopien erstellen, Kaffee und Frühstück beim Bäcker holen, Kundenkarten anlegen oder Daten abfragen soll. Dass ich allerdings in der damaligen Zeit Anfang der 90er Jahre monatelang in einer Minizweigstelle zwischen zwei extremen Kettenrauchern sitzen musste, war für mich als sportlichem und gesundheitsorientiertem Menschen die absolute Höchststrafe mit massiven Nachwirkungen. Diese Minizweigstelle lag als „offenes Gebäude" vollkommen frei in einem Wohngebiet. Drinnen herrschten im Sommer oft Temperaturen bis zu 40 Grad Celsius. Zu dieser unerträglichen Hitze kam die Nikotinkeule des Zweigstellenleiters sowie seiner Stellvertreterin. Mir ging es aufgrund des Passivrauchens in dieser Zeit gesundheitlich schlecht.

Epidemiologische Studien geben Hinweise darauf, dass Passivrauchen, wenn auch in geringerem Maße als Aktivrauchen, ein Gesundheitsrisiko darstellt. Das gilt insbesondere für solche Passivraucher, die dauerhaft dem Schadstoff ausgesetzt sind. Leider gab es in den frühen 90er Jahren noch keinen Schutz von Nichtrauchern in öffentlichen Räumen. Die Zweigstelle war so klein, dass ich keine Ausweichmöglichkeit hatte. Es gab auch keine Lüftungsmöglichkeiten. Die oft defekte Klima-Anlage brachte auch keine Erleichterung, sondern nur eine Umwälzung des Nikotinnebels. Meine beiden Vorgesetzten rauchten beide täglich ca. zweieinhalb bis drei Schachteln Zigaretten. Mir ging es nach einigen Monaten so schlecht, dass ich einen extremen Reizhusten bekam, der mit einer permanenten übermäßigen Schleimbildung auf meinen Bronchien verbunden war. Beim Husten tat mir die Brust weh. Dadurch war auch meine Atmung beim Sport stark beeinträchtigt. Meine Beschwerden gingen so weit, dass ich mit Sport sehr oft sogar aussetzen musste. Weil ich schlecht Luft bekam und röchelte.

Selbst wenn ich abends nach Hause kam, konnten meine Eltern den Nikotingeruch an meiner Kleidung sowie meinen Haaren sehr deutlich wahrnehmen. Das widerte mich selbst an. Da in der Zentrale der Bank auch sehr viele Bankangestellte rauchten, war das Rauchen in der Bank kein zu diskutierendes Thema. Es wurde generell von der Führung gebilligt. Die meisten in der Vorstandsetage waren ebenfalls sehr starke Raucher.

Das Ganze spitzte sich bei mir gesundheitlich so zu, dass ich bei der Musterung (Bundeswehr) aufgrund von starken Lungenproblemen ausgemustert wurde. Dabei wäre ich wirklich gerne zur Bundeswehr gegangen. Damals gab es noch eine verpflichtende Wehrpflicht. Ich habe die Röntgenaufnahme meiner Lunge von damals aufgehoben. Wenn ich sie heute betrachte, kann ich über die dunklen Schatten nur den Kopf schütteln.

Ich habe das uneingeschränkte Rauchen in der Bank als vorsätzliche Körperverletzung empfunden. Meine körperliche Verfassung war auf dem absoluten Tiefpunkt, meine Lungenfunktion war wirklich sehr schlecht. Erschwerend kam hinzu, dass ich dadurch häufig anfällig für Infekte war. Ich hatte Kopfschmerzen, meine Augen waren aufgrund des starken Rauchens permanent entzündet, sie tränten. Es dauerte sieben bis acht „rauchfreie" Jahre, bis ich wieder so richtig tief und intensiv durchatmen konnte. Meine Leistungsfähigkeit konnte ich, zum Glück, danach wieder sukzessiv zurückerlangen. Aber es dauerte eben ziemlich lange. In meinen Mittzwanzigern war diese Säuberung und Reinigung meiner Lunge eines der wichtigsten Lebensprojekte.

Ich möchte Rauchern keine Vorschriften machen. Aber Tatsache ist, dass zwei Erwachsene mir gegenüber damals kein Verantwortungsgefühl zeigten. Auch eine Beschwerde bei deren Vorgesetzten in der Hauptstelle brachte keine Veränderung.

Mein Zweigstellenleiter war mit zwei Vorstandsmitgliedern eng befreundet. Er sagte mir ironisch, dass ich ja vielleicht in einem Jahr selbst rauchen würde, weil ich bei ihm auf den Geschmack kommen würde. Das war für mich ein echter Hammer, dass wie gesagt, gab es damals für das Rauchen in Büroräumen noch kein Verbot. Und die beiden Kettenraucher nahmen keine Rücksicht.

Die gesundheitlichen Konsequenzen des Rauchens waren auch schon in den frühen 90er Jahren bekannt, so dass ihr Verhalten absolut verantwortungslos gegenüber einem Auszubildenden war. Ich fühlte mich aber absolut hilflos. Der Zweigstellenleiter war ein Unikat. Ich habe keine Ahnung, warum er die Verantwortung für eine Zweigstelle übertragen bekommen hatte. Wahrscheinlich hatten ihm seine freundschaftlichen Beziehungen im Vorstand diesen Zweigstellenleiterjob ermöglicht. Als Bänker sollte man zuverlässig und seriös vor seinen Kunden auftreten. Dies war jedoch nicht sein Ding; er machte, was er wollte. Und beschäftigte sich überhaupt nicht mit mir.

Im September 1992, in meiner vierten Woche der Ausbildung, war ich mit dem Zweigstellenleiter allein in der kleinen Filiale. An diesem Vormittag ereignete sich etwas Kurioses. Ich hatte noch keine Erfahrung in der Bank gesammelt und bislang auch noch keinen eigenverantwortlichen Kundenverkehr. Mein Zweigstellenleiter teilte mir mit, dass sein Aquarium daheim ausgelaufen wäre. Deshalb müsse er kurz nach Hause fahren, weil seine Fische ansonsten sterben würden. Aus meiner heutigen Sicht kann ich über das, was dann geschah, nur lächeln. Er wohnte drei Minuten zu Fuß entfernt. Aus seinem „kurz" wurden vier Stunden. Und während dieser Zeit musste ich sehr viele Kunden bedienen. Ich gab mein Bestes. Dennoch konnte ich das meiste noch nicht erledigen und bearbeiten, weil mir dazu die Kenntnisse fehlten. Die Verantwortung bei den vielen Bargeldauszahlungen machte mir Angst. Ich wollte keinen Fehler machen und hoffte, dass mein Vorgesetzter möglichst schnell wieder zurückkommen würde. Es wurde Mittag und er war immer noch nicht da. Ich versuchte, so gut es ging, zu improvisieren. Zwischendurch standen in der Zweigstelle, die sonst immer mit zwei Mitarbeitern besetzt war, teilweise 15 Kunden. Für mich bedeutete das Stress pur. Ich fühlte mich hoffnungslos überfordert, war klitschnass geschwitzt. Alles was ich wollte, war die Mittagspause. Als diese vorüber war, kam der Zweigstellenleiter endlich wieder zurück. Recht gemütlich, total entspannt wirkend. Er fragte mich, ob alles in Ordnung sei. Innerlich kochte ich vor Wut. Sicher soll man als Auszubildender auch Verantwortung übertragen bekommen. Aber nicht nach nur vier Wochen Ausbildung. Da schon allein in der Zweigstelle zu arbeiten geht einfach nicht. Was ich ihm wiederum positiv anrechne, war sein soziales Verhalten sehr armen Menschen gegenüber. Es gab bei uns in der Zweigstelle viele Menschen, die mittellos waren. Sie hatten jegliche Kreditrahmen überschritten und hätten aus Sicht der Bank kein Bargeld mehr ausbezahlt bekommen dürfen. Er setzte sich über die Regeln der Bank hinweg und gab diesen Menschen immer etwas Geld. Obwohl er wusste, dass die Kunden das Geld nicht zurückzahlen würden.

Das Problem war, dass diese Kunden das Geld für Zigaretten, Alkohol und Drogen ausgaben. Am darauf folgenden Tag standen sie wieder vor ihm und bettelten ihn erneut an. Dies erzählte er mir selber. Denn er traf seine „bedürftigen" Kunden immer beim Kiosk um die Ecke. Und bekam dort ihr Suchtverhalten mit. Ich hatte aber irgendwie das Gefühl, dass er „dieses" Spielchen mit den Kunden genoss. Es verlieh ihm ein Gefühl der Macht. Und er konnte sich als warmherziger Heilsbringer präsentieren.

Mit kurzen Unterbrechungen war ich rund ein Jahr in dieser Zweigstelle. Diese zwölf Monate kosteten mich gesundheitlich sehr viel Kraft. Nach dieser Zeit durchlief ich auch andere Abteilungen. In der Datenkontrolle war ich dem Leiter zugeordnet. Er hatte noch zwei Jahre bis zur Pensionierung und liebte es, sich in seinen Datenblöcken zu „suhlen". Ein Prinzipienreiter vor dem Herrn, der tobte, wenn sein Bleistift nicht ganz genau an der Stelle lag, wo er immer liegen sollte. Er traktierte mich mit seinen Listen. Ich kontrollierte und hakte den ganzen Tag Zahlenkolonnen ab. Es langweilte mich, denn ich sah keinen Sinn darin. In diesen vier Monaten hatte jeder Tag den gleichen Arbeitsablauf, es gab keinerlei Abwechslung. Und auch nichts anderes, das ich hätte lernen können. Wenn ich die täglichen Listen fertig abgehakt hatte, sollte ich ruhig auf meinem Platz sitzen bleiben und warten, bis die Arbeitszeit beendet war.

Nach den ersten 16 Monaten hatte ich die „Ehre", in die Kreditabteilung zu wechseln. Hier war ich dem späteren obersten Chef der Bank unterstellt. Ich sollte meterweise kleingedruckte Kreditverträge tippen und in die richtige Fassung bringen. Dies war eine ebenso eintönige Tätigkeit wie die in der Datenkontrolle. Die Mitarbeiter hatten vor dem Leiter der Kreditabteilung Angst. Er konnte Druck auf seine Angestellten ausüben und sie manipulieren, um so die Produktivität zu erhöhen. Ich hatte das Spiel nach zwei Tagen durchschaut, wollte nicht drei lange Monate den ganzen Tag nur Formulare abtippen. Deshalb ließ ich mir bei dieser Tätigkeit so viel Zeit, dass der Chef der Abteilung mich nach drei Tagen von meinen Aufgaben entband und mich lieber links liegen ließ.

Dies war mein Glück. Denn von da an wurde ich in die Grundlagen des Kreditgeschäfts von vielen netten Mitarbeitern eingearbeitet. Eine Frau zeigte mit, wie man Kreditanträge prüft und bearbeitet. Das bereitete mir Spaß und war für mich auch eine nachvollziehbare Arbeit. Dadurch, dass ich mich zuvor beim Abtippen absichtlich blöd angestellt hatte, bekam ich nun viele neue und brauchbare Dinge vermittelt. Ich hinterfragte unentwegt diese Situation, weil ich einige Azubi-Kollegen hatte, die in viel mehr Abteilungen eingesetzt wurden als ich. Ich fand heraus, dass sehr viele Azubis in einem verwandtschaftlichen Verhältnis zu Angestellten und Vorstandsmitgliedern standen. Wenn dies so war, bekamen diese Azubis ein umfangreiches Portfolio vom Ausbildungsangebot präsentiert und wurden besonders gefördert.

Nach 17 Monaten wusste ich definitiv, dass dieser Job nichts für mich sein würde. Dennoch wollte ich die Ausbildung nicht abbrechen, sondern die Prüfung nach 30 Monaten ablegen und mich erst dann von der Bank verabschieden. Ein damaliger Freund, der mittlerweile auf höherer Ebene bei dieser Bank angekommen ist, bestätigte mir bei einem späteren Treffen die „Vitamin B-Beziehungen“, die ihm geholfen hatten, in der Bank-Hierarchie nach oben zu klettern. Ich war darüber vor allem im Nachhinein nicht sauer, da ich merkte, dass ein Bürojob in der Bank nichts für mich gewesen wäre. Als Auszubildende wurden wir durch Seminare darauf vorbereitet, gute Verkäufer für Bankprodukte zu werden. Hier stand vor allem der Verkauf von Lebensversicherungen und Bausparverträgen im Mittelpunkt. Dies sollte zum Teil ohne große Rücksicht auf Verluste erfolgen. Wir wurden angehalten, ältere Kunden anzusprechen und ihnen auch Lebensversicherungen schmackhaft zu machen, obwohl diese Kunden zum Teil schon genügend abgesichert waren und dies gar keinen Sinn ergab.

Viele Zweigstellenleiter interessierten sich nur für ihre Verkaufszahlen und sonst für gar nichts. Dies war vor allem zu Beginn der 90er Jahre ein starker Trend im Bankgeschäft. Es wurde versucht, Bankprodukte jeglicher Art an die Kunden zu verkaufen. Ich fühlte mich dabei oft schlecht und hatte ein schlechtes Gewissen, wenn ich ein Bankprodukt verkaufte, das für die Kunden nicht unbedingt nötig gewesen wäre. Unter den Auszubildenden gab es interne Rankings, wer die meisten Verträge, vor allem Lebensversicherungen und Bausparverträge, verkaufen würde. Dies war quasi eine Art Schatten-Wettbewerb, in dem die „besten" zwei Azubi-Verkäufer mit später interessanten Jobangeboten innerhalb der Bank bei Laune gehalten werden sollten. Ich wollte mich an diesem Wettbewerb in aggressivster Form nie mit der letzten Konsequenz beteiligen. Um mein Gewissen nicht zu belasten, verkaufte ich nur Bankprodukte, wenn ich überzeugt war, dass sie für die Kunden sinnvoll waren und für sie einen Mehrwert darstellten.

Der absolut negative Höhepunkt meiner Ausbildung war eine Abteilung, in der alle Überweisungsträger auf Datenträger gespielt wurden. Hier saß ich mit meiner Vorgesetzten vier bis fünf Monaten in einem Keller ohne Fenster und musste mit ihr alle Überweisungsträger der kompletten Bank prüfen. Wir saßen nebeneinander und mussten den ganzen Tag durch eine Art „Fernrohr" schauen, durch das die Überweisungsträger durchliefen. Entdeckten wir einen Fehler, mussten wir den Film anhalten und den Überweisungsträger aussortieren. Der Keller-Raum war komplett abgedunkelt, angeblich, um eine bessere Konzentration zu ermöglichen. Ich fühlte mich wie in einem in einer Höhle untergebrachten Gefängnis. Es war Hochsommer, die Klimaanlage lief auf Hochtouren. Was ich mein Leben lang nicht vergessen werde, ist der Moment, als ich nach acht Stunden Arbeit im Keller nach oben ans Tageslicht kam. Ich musste fast 30 Minuten lang meine Augen dermaßen zusammenkneifen, dass es schmerzte. Versuchen Sie mal, acht Stunden lang in einem völlig abgedunkelten Raum zu sitzen. Sie werden sehen, was es mit ihrer Seele und dem eigenen Wohlbefinden macht. Nach diesen knapp fünf Monaten war ich einfach nur froh, nicht mehr im Dunkeln sitzen zu müssen. Meine nette Vorgesetzte tat mir leid. Sie saß auch in den nächsten Jahren in diesem Keller ohne Licht, für mich unvorstellbar. Am 17. Januar 1995 hatte ich meine letzte mündliche Prüfung bestanden. Danach kehrte ich nicht mehr in die Bank zurück, in der ich so wenige positive Erfahrungen fürs Leben machte. Aber eines wurde mir klar: Ich würde etwas ganz anderes machen.

Ich machte mir damals viele Gedanken, prüfte zum ersten Mal richtig intensiv, was ich später wirklich mal machen will. Dabei kam ich zu dem festen Entschluss, Sport und Pädagogik zu studieren. Dies war ganz allein meine Entscheidung. Im Prinzip leiteten mich meine negativen Erfahrungen bei der Bank zu meinem Sportstudium, das ich im Oktober 1995 begann. Im Nachhinein bin ich darüber auch sehr froh und sehe es als weitere schicksalhafte Fügung an.

Trainingslager mit Weltklassespielern in Agadir

Zwei Monate nach Beendigung meiner Banklehre hatte ich die Gelegenheit, an einem Tennis-Camp für Profis in Agadir teilzunehmen. Mein damaliger Haupttrainingspartner Igor Kornienko hatte gute Kontakte zu dem italienischen Camp-Leiter und Profi-Trainer Alberto Castellani und lud mich ein, in dem zweiwöchigen Proficamp mit zu trainieren. Kornienko stand zu dem damaligen Zeitpunkt um die 400 auf der Weltrangliste und war Spitzenspieler in der Oberliga-Mannschaft meines Offenbacher TC. Er war Profi und lebte in einer Einliegerwohnung auf der Tennisanlage. Wir trainierten gerne miteinander, spielten zu allen möglichen freien Hallenzeiten Trainingsspiele und wurden im Laufe der Zeit enge Freunde.

Ich hatte Bedenken, denn ich fürchtete als Oberligaspieler und Nummer 264 der Deutschen Herren-Rangliste in diesem Profi-Camp leistungsmäßig nicht mithalten zu können. Igor entgegnete, dass ich eine vorbildliche, professionelle Einstellung zum Training und eine eiserne Disziplin habe, die vielen Profis fehlen würde. Alberto Castellani würde von meiner Trainingsleidenschaft begeistert sein und ich – obwohl kein Weltranglistenspieler – die Trainingsgruppe bereichern. Meine Zweifel und Bedenken konnte er dennoch nicht gänzlich zerstreuen. Nach reiflicher Überlegung ließ ich mich aber auf das Abenteuer ein. Insgeheim dachte ich, dass ich mir nach meiner harten Zeit bei der Bank eine Abwechslung verdient hätte. Da ahnte ich noch nicht, dass dieses Camp ein einschneidendes Erlebnis für mich sein sollte.

Und so bestiegen Igor Kornienko und ich in Frankfurt das Flugzeug nach Agadir. Bei der Ankunft passierte das Unfassbare. Die marokkanischen Beamten ließen Igor als russischen Staatsbürger am Flughafen in Agadir nicht einreisen, obwohl er alle erforderlichen

Papiere dabei hatte. Die Kontrolleure stellten auf stur und ließen ihn nicht durch die Passkontrolle. Nach über einer Stunde rief er mir zu, dass ich mir ein Taxi nehmen und mich in das Proficamp fahren lassen sollte. Er brüllte mir noch zu, dass er keine Chance habe, einreisen zu können. Es fiel mir sehr schwer, mich von ihm zu trennen. Aber mir blieb keine andere Wahl.

Ich fühlte mich in Marokko fremd und hatte ein komisches Gefühl. Der Taxifahrer redete eine Stunde lang in einer mir unbekannten Sprache auf mich ein. Ich bekam es inzwischen mit der Angst zu tun. Dann erblickte ich endlich das Schild „Club Valtur". Erst einmal war ich erleichtert. Doch sofort kamen die Befürchtungen: Ich kenne in dem Club absolut niemanden, das dürfte nicht einfach werden. So fragte ich sofort nach dem italienischen Profitrainer Alberto Castellani. Das war der einzige Name, den ich von Igor gesagt bekam. Ich fand ihn auf dem Tennisplatz.

Als Erstes informierte ich ihn, selbst noch tief erschüttert, dass mein Freund Igor Kornienko nicht einreisen durfte. Das stimmte ihn ebenfalls sehr traurig. Zu meinem Glück nahm mich Alberto Castellani als vollwertiges Mitglied des Trainingsteams auf und gab mir sofort das Gefühl, auf Augenhöhe mit den anderen Teilnehmern zu sein. Bezogen auf meinen Trainingseinsatz, Willen, Disziplin und Frustrationstoleranz war auf jeden Fall kein Unterschied zu erkennen.

Beim Training merkte ich aber die hohe Schlagintensität der Profispieler und spürte die Länge in ihren Bällen, die mich enorm herausforderten und mich oft an meine spielerischen Grenzen brachte. Ich hatte die Ehre, mit absoluten Top-Profis zu trainieren, die später zum Teil Weltklasseniveau erreichen sollten: Massimo Cierro (Bester Weltranglisteplatz 123), Adrian Voinea (36), Karim Alami (25), Tom van Houdt (26 im Doppel) und insbesondere Sjeng Schalken, der später Nummer 11 der Welt wurde.

Vor allem mit Karim Alami, Sjeng Schalken und Tom van Houdt freundete ich mich an. Wir gingen fast jeden Morgen vor dem Frühstück an den Strand joggen, machten dort manchmal auch Intervallläufe. Das Tages-Programm war hart, das Trainingspensum hatte es in sich: 7 bis 8 Uhr Strandlauf, 9.30 bis 11.30 Uhr Tennistraining, 11.30 bis 12.15 Uhr: Stabilisationsübungen, 14 bis 16.30 Uhr Matchtraining, 17 bis 18 Uhr Sprint- und Beweglichkeitstraining, 18.15 bis 19 Uhr Mentales Training und Yoga. Ich musste absolut an meine körperliche „Grenze" gehen. Da ich durch meine Banklehre nicht meine frühere Top-Fitness besaß, kompensierte ich sehr viel mit meinem Willen und einer eisernen Disziplin.

Alberto Castellani war begeistert, dass ich als „Amateur" so gut mithielt und bei jeder Trainingseinheit immer alles gab. Durch meine guten Trainingsleistungen angetan, teilte er mir mit, dass ich in der zweiten Woche beim 75.000 Dollar-Challenger-Weltranglistenturnier in der Qualifikation spielen könnte. Ich fühlte mich sehr geehrt und meldete mich auch prompt für die Qualifikation auf der benachbarten Anlage an. Am fünften Tag des Camps waren die Trainingsbelastungen allerdings so hoch, dass ich mir beim Konditionstraining am Abend eine Zerrung zuzog und wegen meines Muskelkaters physisch völlig am Ende war. Es machte sich auch bemerkbar, dass ich nach Agadir aus der Hallensaison kam, also vorher auf dem schnellen Teppichboden gespielt habe, wo die Ballwechsel sehr kurz waren. Jetzt waren die Ballwechsel sehr lang und ich musste mit den Profis immer an meine Grenzen gehen.

Wegen meines physischen Zustands war ich sehr traurig. Mir war klar, dass ich so das Turnier nicht spielen könnte. Aber der „Wettergott" kam mir zu Hilfe. Am nächsten Tag setzte ein starker Regen ein, der drei Tage lang anhielt. So konnte ich mich relativ gut regenerieren. Zusätzlich gab mir Alberto Castellani eine extra starke Finalgon-Salbe. Ich trug diese Salbe in der Nähe meiner Adduktoren (Leistengegend) auf und erlebte mein blaues Wunder. Ein Teil der Finalgon-Salbe verteilte sich von der Leistengegend weiter in Richtung meiner Genitalien – es wurde dann dort so heiß, dass ich mich vor Schmerzen krümmte und schreien musste. Ich begab mich sofort in eine eiskalte Badewanne und wartete drei Stunden, bis die brennenden Schmerzen nachließen.

Nachdem ich dies meinen Trainingskollegen vor unserem mentalen Training erzählte, krümmten sich diese vor Lachen. Ich hätte auch gelacht, wenn die starken Schmerzen nicht meine gewesen wären. Zur zweiten Woche reisten weitere Turnierteilnehmer an und der Club wurde immer voller. Was mich sehr erstaunte, war die Tatsache, dass viele Vollprofis, obwohl Tennis ihr Beruf war, jegliche Disziplin vermissen ließen. Einige machten die Nacht zum Tag, tranken viel Alkohol und rauchten. Vor allem an den besagten Regentagen wurde sehr viel Party gemacht.

Unsere Trainingsgruppe war hingegen bis auf ein, zwei Ausnahmen ziemlich diszipliniert. Mit einer solchen Ausnahme teilte ich mir ein Zimmer. Einmal bat er mich umzuziehen, um das Zimmer „anderweitig" nutzen zu können. Ich kam dann bei unserem Profitrainer unter. Wir sprachen sehr viel über Tennis und philosophierten vor allem über neuartige Entwicklungen der Tennistechnik. Er merkte, dass ich als damaliger DTB-B-Trainer auch schon ein gewisses Rüstzeug hatte. Vor allem interessierte mich die Vermittlung seines mentalen Trainings. Es faszinierte mich, denn er hatte jeden Abend neue Überraschungen in Form von Gruppenübungen, Selbstfindungsübungen, Atemkontrolle, Atemübungen und Ähnliches parat. Einmal mussten wir über alle Teilnehmer auf dem Boden rollen, uns an den Händen fassen, singen, schreien und auf verschiedene Energieströme achten. Diese Übungen hatten das Ziel Vertrauen zueinander aufzubauen, sich zu öffnen und sich und andere bewusst wahrzunehmen. Alberto Castellani schrieb über das mentale Training auch Bücher. Mit seiner begeisternden Art zog er uns alle in seinen Bann. Ihm verdanke ich auch zum Teil meine mentale Stärke. Karim Alami sagte mir, dass er von Alberto Castellanis Mental-Training sehr profitiert habe. Auch Adrian Voinea, der sehr sensibel war, wurde durch ihn auf dem Platz gefestigter und mental fokussierter. In den langen Gesprächen mit dem Coach spürte ich seine rastlose Leidenschaft für seinen Sport. Er war selten zufrieden und wollte sich permanent verbessern und weiterentwickeln. Dies imponierte mir.

Nach den langen Regentagen startete endlich das Challenger-Turnier. Ich war trotz meiner lädierten Muskulatur und der Leistenzerrung inzwischen wieder bei rund 80 Prozent meiner Leistungsfähigkeit. Alberto Castellani wollte unbedingt, dass ich spiele. Also wollte ich es versuchen. Da in der Qualifikation noch drei Startplätze frei waren, konnte ich auch als Nicht-Weltranglistenspieler mitmachen. Für mich war es eine wahnsinnig aufregende Erfahrung.

Vor zweieinhalb Wochen spielte ich noch ein Teppich-Turnier in der Butzbacher Halle und jetzt trat ich bei 27 Grad in der Sonne von Agadir gegen Weltranglistenspieler an. Das Los führte mich zunächst mit der Nummer 774 der Weltrangliste, dem marokkanischen Daviscupspieler Lharbi Rharnit zusammen. Mein Trainingspartner Karim Alami stellte mich auf ihn ein. Von ihm erfuhr ich, dass mein Gegner alle Schläge mit zwei Händen spielt, sogar den Aufschlag. Ich dachte, Karim wollte mich auf den Arm nehmen, aber es stimmte wirklich. Ich habe in meinen ganzen Leben nie wieder gegen jemanden gespielt, der mit zwei Händen aufschlägt. Als Lokalmatador durfte mein Gegner auf dem zweiten Center Court spielen. Wir hatten die meisten Zuschauer, weil ich gegen einen Marokkaner spielte. Die knapp 500 Zuschauer waren alle gegen mich und bejubelten jeden meiner Doppelfehler. Eine solche Atmosphäre kannte ich bisher nur beim Fußball, wenn wir auswärts antraten. Merkwürdigerweise hat es mich eher motiviert. Ich fühlte mich in der Rolle „Alle gegen Einen" wohl.

Das Härteste aber war für mich, dass der Stuhl-Schiedsrichter zehn bis zwölf enge Bälle konsequent gegen mich entschied. Dies ging mir natürlich richtig auf die Nerven. Ich musste mich sehr beherrschen, um ruhig zu bleiben. Nach über drei Stunden gewann ich 7:6, 2:6, 7:6. Alberto Castellani gratulierte mir als Erster. Er war vor allem begeistert, dass ich mich von den äußeren Einflüssen nicht provozieren ließ.

Lharbi Rharnit war ein begnadetes Ball-Talent. Er spielte kreativ, war aber manchmal zu verspielt. Er spielte alle Bälle mit seinen beidhändigen Schlägen sehr verdeckt, so dass es schwer war, einen guten Rhythmus zu bekommen. Durch die Regentage waren die Veranstalter in Verzug, nun mussten die Matches zügig durchgezogen werden. Dies bedeutete für mich, dass ich nach diesem harten Match nur zwei Stunden Pause bekam. Nun stand auf der anderen Netzseite ein noch größeres Kaliber: Der Spanier Jose Altur, Nummer 224 der Weltrangliste. Ein klassischer Sandplatzspieler, ein „Wühler" und perfekter Taktiker. Mir wurde schnell klar, dass ich körperlich nicht die zermürbenden langen Ballwechsel mit ihm mitspielen kann. Deshalb versuchte ich, ihn mit viel Serve und Volley, Stopps und permanenten Tempowechseln zu ärgern. Ich verlor 1:6, 4:6, brachte ihn aber im zweiten Satz bei 4:4 dazu, dass er seinen Schläger in alle Einzelteile zerlegte. Als Nummer 224 der Weltrangliste konnte er den Spielstand gegen einen Nobody ohne einen einzigen Weltranglistenpunkt nicht begreifen. Für mich waren das zwei sehr großartige Matches und wertvolle Erfahrungen, die bei mir für immer positiv hängen bleiben.

Trainer Castellani wollte mich motivieren, noch weitere Weltranglistenturniere zu spielen. Ich hätte mir vor allem auf sehr schnellen Belägen mit meinem Slice und Serve and Volley sicher einiges ausrechnen können. In Deutschland schlug ich bei Preisgeldturnieren Spieler, die in der Weltrangliste zwischen 300 und 500 platziert waren. Das war ein tolles Gefühl. Aber danach langfristig mein Leben auszurichten, würde mir nicht reichen, dachte ich mir. Ferner hatte ich jetzt das Ziel, Sport zu studieren und den DTB-A-Tennistrainerschein in Angriff zu nehmen. Preisgeldturniere und Mannschaftsspiele in der Regionalliga und in der 2. Bundesliga Süd wollte ich aber weiterhin bestreiten.

Was ich auch mit viel Erfolg tat. Die Zukunft sollte mir den Gewinn der Deutschen „Hochschulmannschaftsmeisterschaft" 1997 mit der TU Darmstadt und die schönen Jahre in der 2. Bundesliga Süd mit Steinbach und dem Offenbacher TC bringen. Und etliche schöne, erfolgreiche Jahre mit dem TC Rosenhöhe Offenbach und dem TK Langen in der Hessenliga sowie viele Jahre mit dem TV Buchschlag in der Regionalliga Südwest.

Im „Einzel" wurde ich 2017 Deutscher Meister der „Herren 45", ich errang 13 Hessenmeistertitel in der Altersklasse „Herren 30/40". International holte ich 2018 Gold und 2019 Silber im Mixed mit Monika Kamen. Außerdem errang ich 2019 Silber im Herren 40 Doppel mit Toby Mitchell und 2018 Bronze mit Jens Schmitt bei den Europameisterschaften Herren 40 ebenfalls im Doppel und gewann in der Altersklasse 45, auch 2018, zwei Weltranglistenturniere im Einzel.

Die nach Agadir getroffene Entscheidung gegen eine Profi-Karriere war dennoch richtig. Ich brachte von dort für mich wichtige Erkenntnisse mit nach Hause. Die schöne Zeit in Marokko zeigte mir, dass man mit harter, kontinuierlicher Arbeit sehr weit kommen kann und dabei auch seine persönlichen Leistungsgrenzen zu verschieben vermag. Die leidenschaftliche Trainingsarbeit und die akribische Auswahl an Trainingsübungen wollte ich auch in meinem eigenen Training integrieren. Die positive Menschenführung von Alberto Castellani vergaß ich nie. Ich wollte sie umsetzen wie er: Den Menschen zugewandt, empathisch, fürsorglich, teilweise positiv verrückt, verständnisvoll und auf seine Ziele fokussiert sein.

Die anfänglichen Berührungsängste, welche ich in Agadir gegenüber den Profispielern hatte, wichen schnell. Es sind auch nur Menschen wie du und ich, mit Gefühlen, Wünschen, Ängsten, Schwächen, Hoffnungen, Träumen und Eitelkeiten. Hier entstanden sehr schöne Freundschaften. Nach dem ATP-Challenger-Turnier trainierte ich noch drei Tage und spielte auch als Sparringpartner mit den spanischen Weltklassespielern Albert Portas und Felix Mantilla, der nur drei Jahre später Nummer 10 der Welt wurde. Eine lustige Begebenheit war das Training mit Emilio Alvarez vor seinem ersten Hauptfeld-Match. An meinem letzten Abend in Agadir ging ich zum

Abschied schließlich auch in die Clubdisco. Dort traf ich Emilio. Er tanzte ausgelassen bis vier Uhr früh. Dann fragte er mich, ob ich mit ihm vor seiner ersten Runde im Hauptfeld noch einmal trainieren könnte. Nach nur vier Stunden Schlaf trafen wir uns auf dem Court zum Training. Ich konnte den Profis immer einen guten Schlagrhythmus für ihr Match geben, deshalb trainierten sie gerne mit mir. Sie merkten auch, dass ich immer konzentriert war und eine professionelle Einstellung zeigte. Dies war für sie sehr wichtig.

Im Oktober 2019 traf ich Emilio Alvarez in Miami bei unserem Länderspiel WM-Viertelfinale gegen Spanien nach 25 Jahren wieder. Wir führten interessante Gespräche. Es kam mir vor wie eine Zeitreise. Er ist ein lockerer Vogel und galt auf der Profitour als positiv verrückt. In Miami nahm er während der großen Players Night eine Gitarre in die Hand, sang vor 600 Personen und verbreitete eine tolle Stimmung. Auf dem Platz machte er öfter Späßchen, die seine Gegner nicht immer lustig fanden. Darüber hinaus versuchte er bei seinen Begegnungen die Zuschauer immer mit einzubeziehen und sie hinter sich bringen, was seine Gegner oft nervte. Ich erinnere mich gut an eine Situation in seinem über vier Stunden dauernden Match gegen Andrei Tscherkassov. Hier puschte er sich auch nach leichten Fehlern des Gegners und brachte die vielen spanischen Unterstützer dazu, auch bei Fehlern von Tscherkassov zu applaudieren. Dieser vergab bei 6:5 und 40:0 Führung drei Matchbälle im 3. Satz. Nach dem hochklassigen Match, das Alvarez gegen den früheren Weltranglisten dreizehnten mit 7:6 im entscheidenden Tiebreak noch gewann, beschwerte sich der Russe lautstark über die unfairen spanischen Zuschauer. Dies war vom Unterhaltungswert und der spielerischen Klasse das beste Match bei der Mannschafts-Weltmeisterschaft in Miami. Rückblickend möchte ich festhalten, dass das Profi-Tennis-Camp in Agadir ein großer Motivationsschub für mein weiteres Tennisleben gewesen ist. Mir machte das Training mit den Profispielern sehr viel Spaß. Ich merkte, dass ich mich bei ihnen extrem konzentrierte und dadurch mein eigenes spielerisches Niveau deutlich anheben konnte.

Abbildungen siehe Seite 244 – 247

Exkurs

Den Aufwand, den ein Tennisspieler erbringen muss, um unter die Top 200 der Weltrangliste zu gelangen, ist immens. Die Spieler benötigen einen eigenen Coach, idealerweise einen Physiotherapeuten und eventuell auch mentale Unterstützung. Zu diesen Ausgaben hinzu kommen zusätzliche Reisekosten rund um den Globus. Das alles lässt die eigenen, ohnehin schon geringen Einkünfte, schnell ins Negative rutschen.

Ein guter Fußballspieler in der Regionalliga verdient bei einem ambitionierten Verein deutlich mehr als ein Tennisprofi, der um die Position 200 in der Weltrangliste steht. Wenn man alle europäischen, südamerikanischen und asiatischen Fußball-Ligen analysiert, stelle ich die Behauptung auf, dass ein Spieler im Fußball, der auf einer imaginären Weltrangliste die Position 50.000 belegen würde, ungefähr so viel verdient, wie die Nummer 200 der ATP-Tennisweltrangliste.

Die Schwierigkeiten eines Tennis-Profis um Platz 200 der Welt unterstreicht am besten das Beispiel meines Freundes und früheren Mannschaftskollegen Daniel King-Turner. Der neuseeländische Daviscupspieler war vom Tennis besessen. Nach einem Hessenliga-Doppelspieltag am Wochenende wollte er am darauf folgenden Montag stets mit mir trainieren. Zwei Stunden lang schlugen wir Bälle, dann lief er 16 mal 300 Meter auf Zeit, immer konstant unter 45 Sekunden. Ich bin ihm zuliebe mitgelaufen, aber nach den intensiven Spielen am Wochenende mit zum Teil zwölf Stunden Tennis fand ich es aus trainingswissenschaftlicher Sicht sportlich wenig sinnvoll, da keine Regeneration vom Wochenende stattfand.

Daniel ist ein toller Mensch und er erreichte als Tennisprofi den ATP-Weltranglistenplatz 217. Er versuchte jahrelang, unter die ersten 200 der Weltrangliste zu kommen. Weiter schaffte er es nicht. Obwohl er meiner Meinung nach der fitteste Spieler ist, den ich jemals kennen gelernt habe. Aus meiner Sicht waren es vor allem technische Probleme bei seiner Rückhand, die den Sprung unter die Top 200 verhinderten. Doch das wäre notwendig, um als Tennisprofi halbwegs finanziell über die Runden zu kommen. So beendete er lieber seine Karriere als Tennisprofi. Im Anschluss an seine aktive Karriere konnte er seine überragende Fitness durch „Crossfit" noch weiter steigern. Mein Eindruck von seiner überragenden Fitness wurde durch diverse Erfolge in Crossfit-Wettkämpfen bestätigt.

Dieses Beispiel soll ausdrücken, wie wahnsinnig schwer es ist, im Profitennissport finanziell zu überleben. Die Leistungsdichte ist extrem hoch, in die lukrativen Grand-Slam-Turniere schaffen es zumeist nur 128 Spieler.

Erschwerend hinzu kommt die prekäre Situation hinsichtlich möglicher Verletzungen. Die Tennisprofis können nur dann Preisgelder und Weltranglistenpunkte generieren, wenn sie auf dem Platz stehen. Eine Verletzung im Einzelsport bedeutet fast immer einen Stopp der Einkünfte. Dies verursacht zusätzlich einen psychischen Druck, nach Verletzungen möglichst schnell wieder wettkampffähig zu sein. Dies führt nicht selten dazu, dass Einzelsportler vor Abschluss einer vollständigen Rehabilitation bereits wieder trainieren und viel zu früh Wettkämpfe bestreiten. Sie sind „gezwungen", ein erhöhtes Risiko für eine wiederkehrende oder chronische Verletzung in Kauf zu nehmen. Es ist ein Teufelskreislauf, der auch zum Auslöser für ein vorzeitiges Karriereende werden kann.

Freundschaft: Schicksalhafte private Begegnungen

Dass ich nicht Profi geworden bin, bedeutete nicht, dass ich mit Tennis nicht Geld verdienen konnte. Nach Beendigung meines Studiums der Sportwissenschaften und der Allgemeinen Pädagogik als Magister Artium (M.A.) im September 1999 an der Technischen Universität Darmstadt arbeitete ich einige Jahre als Honorar-Leistungstrainer im Tennis für den Hessischen Tennisverband (HTV).

Parallel dazu hatte ich ab dem Jahre 2000 ein zeitlich befristetes Arbeitsverhältnis als Sportlehrer an einem beruflichen Gymnasium im Landkreis Offenbach. Der damalige Schulleiter versprach mir im März 2003 eine unbefristete Angestelltenstelle als Sportlehrer für den Sommer 2003. Leider konnte er dieses Versprechen nicht einhalten, da ich für das Staatliche Schulamt als Sportlehrer mit nur einem Schulfach ein hohes Risiko bei einer Invalidität darstellen würde. Ich könnte dann in keinem anderen Schulfach mehr eingesetzt werden, was für das Land Hessen ein zu hohes finanzielles Risiko wäre. Das von mir studierte Fach Allgemeine Pädagogik war nur in Nordrhein-Westfalen ein anerkanntes Schulfach.

Ich stand mit dem Rücken zur Wand, da ich parallel als Honorarverbandstrainer über keinerlei soziale Absicherung und über kein gesichertes Einkommen verfügte. Falls weniger Bedarf an Training bestehen würde, gäbe es auch kein Einkommen. Die Sendezeiten des Fernsehsports Tennis wurden weniger und der durch Boris Becker, Steffi Graf und Michael Stich ausgelöste Boom ließ auch nach. Dies bedeutete für die Landesverbände weniger Einnahmen, was sich dann auch auf uns Trainer auswirkte.

Ich musste mich entscheiden, wie es mit mir weiter gehen sollte. Ich traf eine Lebensentscheidung, die weitreichende Folgen hatte.

Meine Tochter war im Jahre 2003 vier Jahre alt, meine damalige Frau und ich hatten 1999 geheiratet und gebaut, so dass wir eine große finanzielle Last zu tragen hatten, die ich auch psychisch in meiner Verantwortung als Familienvater spürte. Auf jeden Fall konnte es so nicht weitergehen. Ich entschloss mich nach mehreren Beratungen beim Amt für Lehrerbildung, noch einmal ein Studium für das Lehramt anzufangen. Mein abgeschlossenes Sportstudium wurde mir voll angerechnet, mein abgeschlossenes Pädagogikstudium insoweit, dass ich keine weiteren Pädagogik–Scheine für das Lehramtsstudium nachweisen musste. Jetzt galt es, sich für ein zweites Fach neben Sport zu entscheiden. Zur Auswahl standen Germanistik, evangelische Religion, Geschichte oder Sozialkunde. Ich informierte meinen damaligen Schulleiter und er gab mir den Tipp, Ethiklehrer zu werden, weil diese in Zukunft, vor allem auch wegen des starken Anteils an Schülern mit Migrationshintergrund an unserer Schule, aber auch an anderen Schulen stark gesucht werden würden. Das Staatliche Schulamt erklärte mir eindeutig, um Ethik als Fach unterrichten zu können, müsste ich ein abgeschlossenes Philosophiestudium nachweisen.

Ich hatte im Sommerurlaub 2003 mit meiner damaligen Frau Zeit, zu überlegen, was das Richtige wäre. Mit Philosophie hatte ich eigentlich nichts am Hut. Sie schenkte mir für den Urlaub ein philosophisches Einsteigerbuch, die „Philosophische Hintertreppe" von Wilhelm Weischedel. Dieses Buch machte mich neugierig, es fesselte mich. Deshalb denke ich, dass es eigentlich ihr Verdienst war, dass ich mit dem Studium der Philosophie anfing.

Durch mein abgeschlossenes Magisterstudium der Allgemeinen Pädagogik als Hauptfach war ich berechtigt, direkt in das Philosophie Hauptstudium einzusteigen. Das bedeutete, dass ich direkt

Seminare belegen konnte, um die vier erforderlichen Hauptseminarscheine zu absolvieren, die nötig waren, um sich für die Erste Staatsprüfung für das Lehramt an Gymnasien anmelden zu können. Da ich, wie bereits erwähnt, existentielle Ängste hatte, wollte ich die Scheine so schnell wie möglich machen.

Es war der 18. Oktober 2003. Ich saß in einem der sieben ehemaligen IG-Farben-Gebäude des Campus Westend, der nun von der Goethe-Universität belegt wurde, in meinem ersten Philosophie-Seminar. Als Philosophie-Quereinsteiger verstand ich zuerst einmal nur „Bahnhof". Es ging um die zweite Natur des Menschen und um philosophische Fachbegriffe, die ich in meinem Leben noch nie gehört hatte. Schräg gegenüber am langen Tisch befand sich ein Mann, etwa 1,87 Meter groß und 100 kg schwer. Er war voll austrainiert und eine imposante Erscheinung. Rein äußerlich passte er, ebenso wenig wie ich als Sportler, überhaupt nicht in dieses Philosophieseminar. Wir saßen neben „Antisportlern", Birkenstockträgern, etwas weltfremden Gesellschaftskritikern in Ausbildung, Kapitalismuskritikern und Marxisten.

Ein im eleganten Anzug gekleideter Herr, ehemaliger Firmenbesitzer und Unternehmer, rieb sich mit dem Dozenten und den anderen eben beschriebenen Seminarteilnehmern regelrecht auf. Hier trafen zwei verschiedene Welten aufeinander. Auf der einen Seite der erfolgreiche wirtschaftsfördernde Unternehmer. Auf der anderen die Kapitalismuskritiker, die mit starker Unterstützung des Dozenten im Kollektiv verbal auf ihn „eindroschen".

Der eben beschriebene voll austrainierte Sportler versuchte eine Mittelposition einzunehmen und man spürte sein empathisches Gerechtigkeitsgefühl, indem er mit plausiblen Argumenten den Unternehmer unterstützte, damit dieser nicht komplett sein Gesicht verlor. Dies war sehr sympathisch und machte mächtig Eindruck auf mich. Er versuchte die „schwächste Person" in dieser Situation in diesem Philosophieseminar zu schützen. Das Imponierendste war aber sein eloquentes Auftreten, sein riesiges philosophisches Fachwissen und sein je nach der jeweiligen Situation erforderliches argumentatives Durchsetzungsvermögen. In den weiteren Wochen duellierte er sich mit dem Leiter des Seminars und lieferte bemerkenswerte hitzige Wortgefechte, die von seiner Seite immer fair und nur mit dem Ziel des zwanglosen Zwangs des besseren Arguments geführt wurden. Er konnte auf die schwierigsten Fragen des Leiters immer eine qualitativ hochwertige Antwort finden. Am Ende des Semesters gab er keine Seminararbeit ab. Ich hatte das Gefühl, dass das unter seinem philosophischen Niveau war. Er wollte dem Dozenten zeigen, dass er nicht auf diesen Schein angewiesen war, was den Seminarleiter eher noch mehr gegen ihn aufbrachte.

Ich erstarrte regelrecht vor Ehrfurcht vor diesem philosophischen Modell-Athleten und war deshalb nicht in der Lage, ihn nach dem Seminar anzusprechen. Es waren wahrscheinlich Komplexe, die ich ihm gegenüber hatte, und Angstgefühle, ihm zu dem Seminar eine Frage zu stellen, die weit unter seinem Niveau gelegen hätte. Ich musste mir das philosophische Grundgerüst erst noch erarbeiten.

Ich war Anfänger, wie damals im Tennis. Die letzten viereinhalb Jahre hatte ich tagsüber körperlich sehr viel im Hessischen Tennisverband gearbeitet. Ich hatte abends keinerlei Muße und Kraft, etwas zu lesen oder mich mit intellektuellen Dingen zu beschäftigen. Da ich für dem HTV 20 bis 30 Wochenenden im Jahr unterwegs war und dabei viel arbeiten musste, konnte ich mich selbst am Wochenende nicht intellektuell engagieren. Ich kämpfte mich mit allem, was ich einsetzen konnte, durch die verschiedenen, sehr anspruchsvollen philosophischen Seminare.

Den philosophischen Adonis sah ich im Hörsaal kein einziges Mal mehr. Doch es war wohl eine Fügung des Schicksals, dass wir doch noch zueinander fanden. Ich spielte neun Monate später – im Juli 2004 – für den TC Rosenhöhe als Spielertrainer in der Tennis-Hessenliga. Das vorentscheidende Spiel um den Klassenerhalt fand beim TC Palmengarten in Frankfurt statt. Es war ein sehr schwülwarmer Tag und wir hatten am Vortag schon ein hartes Match gegen den TC Bad Homburg hinter uns. Dieses gewann ich nach fast dreieinhalb Stunden mit 7:6 im dritten Satz. Mein Körper war dadurch ziemlich kaputt. Aber meine Teamkollegen puschten mich im Match gegen einen favorisierten Top 200-Spieler der deutschen Herren-Rangliste zu einer von mir nie geglaubten Energieleistung. Ich gewann den ersten Satz 7:6, im Durchgang zwei führte ich 4:2. Ich war voll auf mein Match fokussiert und nahm die vielen Zuschauer so gut wie gar nicht wahr. Mit einer Ausnahme: Ich sah einen voll austrainierten Muskelberg, der eine Mütze trug. Irgendwie kam mir dieser Mann bekannt vor. Aber ich wusste nicht woher. Mir fiel auf, dass er die drei Matches, die parallel gespielt wurden, gleichzeitig beobachtete. Der Mann stand am Ende meines Matches in der hintersten Ecke meines Platzes, verließ ihn aber unmittelbar nach dem von mir zum 6:2 verwandelten Matchball und begab sich in Richtung des Ausgangs. Ich sprintete zum Netz, klatschte meinen Gegner respektvoll ab, ließ meinen Schläger auf dem Platz liegen und rannte diesem geheimnisvollen Modell-Athleten hinterher. Mit letzter Kraft und vollkommen durchgeschwitzt erreichte ich ihn kurz vor dem Ausgang. Ich tippte ihm von hinten auf die Schulter. Er drehte sich um und ich fragte ihn, in Gedanken noch bei dem schweren Match, weshalb er mir so bekannt vorkäme, woher wir uns kennen würden. Auch er war ratlos, konnte mich nicht zuordnen. Erst als er die Mütze abnahm, erkannte ich ihn. Er war der philosophische Überflieger aus dem Philosophie–Seminar, den ich im Oktober so bewundert hatte. Wir kamen ins Gespräch. Trotzdem konnte er sich nicht an mich erinnern. Er teilte mir mit, dass er meine sportliche Energieleistung vorhin auf dem Platz sehr bewunderte, was mich sehr freute. Bevor er ging, tauschten wir noch schnell unsere Handynummern aus. Am späten Abend gewann ich mit meinem Doppelpartner das entscheidende Doppel, das uns den Klassenerhalt in der Hessenliga bescherte. Noch wichtiger als der Sieg in diesem Hessenligaspiel und der damit verbundene Klassenerhalt war aber das Treffen mit Matthias.

Eindringen in die Philosophie

Am nächsten Tag rief ich ihn sofort an. Wir trafen uns noch am selben Tag. Ich erzählte ihm, dass ich in vierzehn Tagen meine schriftliche Prüfung für mein erstes Staatsexamen in Philosophie fürs Gymnasium hätte. Durch meine hohe Verantwortung als Spielertrainer konnte ich aber nicht so viel lernen. Des Weiteren war mir klar, dass ich durch meine Crash–Seminare – ich belegte vier Hauptseminare in zwei Semestern – noch nicht so weit sein konnte wie Studenten, die zwölf Semester Philosophie studiert hatten. Ich war stolz, dass ich es aber in der kurzen Zeit mit den vier Hauptseminarscheinen geschafft hatte. Matthias sagte, dass er mir einige Literaturtipps für meine Prüfung geben würde. Wir fuhren also zu ihm nach Hause. Was ich dort zu sehen bekam, verschlug mir die Sprache. Ich sollte in eine andere Welt eintauchen. In die Welt eines echten Philosophen. Dieses in meinen Augen schicksalhafte Kennenlernen hatte für mein Leben weitreichende Folgen.

Seine kleine Wohnung im Gallusviertel war die Wohnung eines Neuzeitphilosophen. Sie bestand gefühlt zu 90 Prozent aus Büchern. Matthias besaß rund 6000, die in Regalen, aber auch in allen Räumen auf dem Boden verteilt waren. In der Wohnung gab es nur eine Matratze. Bis auf die Bücher war es drinnen kahl: Kein Bett, kein Fernseher, keine Kleiderschränke. Er war ein Universalgelehrter, der für mich der wahre Professor und mein Lehrmeister für Philosophie wurde. Matthias gab mir für meine in Kürze stattfindende Philosophie-Prüfung Tipps und lieh mir die passende komprimierte Literatur. Mein Hauptthema war der berühmte griechische Philosoph Aristoteles mit dem Schwerpunkt seiner Nikomachischen Ethik, insbesondere dem Thema der Gerechtigkeit und Freundschaft. Zum Thema Freundschaft muss ich sagen, dass Matthias einer meiner besten Freunde wurde. Später stand er mir auch bei meiner schweren Erkrankung bei und begleitete mich bei meinen Besuchen in die Kliniken.

Die verbliebene Zeit bis zur Prüfung war knapp. Ich musste mir innerhalb von dreizehn Tagen philosophisch schwierige Konzepte erarbeiten. In diesen Tagen traf ich mich täglich vier bis fünf Stunden mit Matthias. Gemeinsam verbesserten wir mein Wissen. Ich konnte ihn jede Frage stellen, die mir einfiel. Er hat alle perfekt beantwortet. Der Druck, der auf mir lastete, war enorm groß. Ich empfand diese intellektuelle Lernzeit aber als einen ganz hoch einzuschätzenden persönlichen Gewinn. Die letzten drei Tage gab mir Matthias ganz klar strukturierte Lernkarten in Form von Karteikarten. Hier waren komprimiert die wichtigsten Fakten zur aristotelischen Ethik zusammengefasst. Diese Karten gaben mir die notwendige Sicherheit für meine Prüfung, die für den 14. August 2004 angesetzt war. Die letzten zwei Tage vor der Prüfung verbrachten wir in seinem Philosophen-Domizil. Zwischendurch machten wir zur Ablenkung im daneben liegenden Kraftstudio ein gezieltes Krafttraining. Mit Matthias, einem modernen neuzeitlichen Philosophen, der nicht nur geistig-intellektuell war, sondern auch das Körperliche in den Mittelpunkt stellte, fühlte ich mich beflügelt. Durch seine Impulse spürte ich in mir eine positive Veränderung. Ich durfte viel Neues lernen und kreativ sein. Das gefiel mir. Matthias führte mich nach meinen vier harten beruflichen Jahren, in denen ich keine Zeit mehr zum Lernen hatte, auf ein geistig anspruchsvolleres Level.

Die schriftliche Prüfung konnte ich Dank Matthias und meinem persönlichen Ehrgeiz und Eigenantrieb mit der Note 2+ bestehen. Jetzt wurde es aber noch einmal um einiges schwerer. Nach der bestandenen schriftlichen Examensprüfung in Philosophie ging es jetzt um die mündliche Prüfung für das Erste Staatsexamen. Für meine mündliche Philosophie-Prüfung war Professor Waldmann zuständig. Er war ein junger, aufstrebender Philosophie-Professor an der Frankfurter Goethe-Universität. Mein erstes Vorgespräch bei ihm hatte es bereits in sich. Ich konnte schon erahnen, was mich im November erwarten würde. Der Professor interessierte sich vor allem für meinen sehr kurzen Philiosophie-Werdegang in seinem Fachbereich. Meine gute schriftliche Prüfung hat ihn sichtlich irritiert. Ich hatte das Gefühl, diese Note passte ihm nicht ins Konzept. Ihm war es ein Dorn im Auge, dass man mit nur zwei Semestern Studium der Philosophie als Gymnasiallehrer für Philosophie/Ethik arbeiten könnte. Des Weiteren hatte ich das Gefühl, dass ich als Sportler nicht in das traditionelle, universitäre, philosophische Konzept passte.

Ich würde Professor Waldmann unter Umständen sogar zum Teil Recht geben. Doch er kannte nicht meinen Ehrgeiz. Und auch nicht meinen Freund Matthias, der mir die Philosophie/Ethik auf wunderbare Weise nahe gebracht hatte. Matthias hatte ein philosophisches Fachwissen, das sich mit jedem Professor messen konnte, vielleicht sogar noch ein besseres. Mein Ziel war es, ein guter Philosophie-Lehrer bzw. Ethik-Lehrer und guter Pädagoge zu werden. Außerdem kannte Herr Waldmann meine intrinsische Motivation und meinen ausgeprägten Willen nicht.

Der berühmte Soziologe und Philosoph Theodor W. Adorno, der ein Schwerpunktthema meiner mündlichen Philosophieprüfung war, führte in seinem Buch Erziehung zur Mündigkeit über Philosophie und Lehrer an: „Kindisch wäre es zu erwarten, ein jeder wollte oder könnte ein professioneller Philosoph werden; gegen eben diesen Begriff hege ich gründliches Misstrauen. Wir wollen unseren Schülern nicht die Deformation professionelle derer zumuten, die automatisch ihr eigenes Gebiet für das Zentrum der Welt halten" (Adorno, EZM, S. 31).

Ich hatte meinen professionellen Philosophen in Person von Matthias. Wir gaben nach der Bekanntgabe meiner schriftlichen Note Vollgas. Die Schwerpunktthemen neben der Erziehung zur Mündigkeit von Adorno waren die Grundlegung zur Metaphysik der Sitten von Immanuel Kant, die Abhandlungen des neuzeitlichen Philosophen Amartya Sen zum Thema Gerechtigkeit und Armutsforschung und Philosophiedidaktik bei meiner Zweitprüferin Frau Fuchs.

Ich hatte in der Schule einen reduzierten Lehrauftrag für Sport ohne Bezahlung der Ferien, damit die Schule bzw. das Schulamt kein Risiko der Festanstellung einging. Mit der noch zur Verfügung stehenden Zeit arbeitete ich als Honorarverbandstrainer und als Ausbilder im Lehrwesen des Hessischen Tennisverbandes, was mir sehr viel Freude bereitete. Die restlichen Stunden des Tages verbrachte ich im philosophischen Austausch mit Matthias.

Im Waschsalon Gallus und auf der Autobahn: Von der philosophischen Hintertreppe zur praktisch angewandten Philosophie

Da die Prüfung nahte, fingen Matthias und ich mit der finalen Vorbereitung an. Ich machte ihn auf mein ungutes Bauchgefühl aufmerksam, welches mir Professor Waldmann bereitete. Daher ging ich ab dem 24. August jeden Tag zu Matthias in seine Philosophenwohnung im Gallus. Zwischen den 6000 Büchern, die kreuz und quer in der Wohnung verteilt waren, lagen drei Tennisschläger. Matthias war ein begeisterter Tennisspieler, deshalb schaute er sich auch das erwähnte Hessenligaspiel beim FTC Palmengarten an. Während wir zusammenfassten, philosophierten, diskutierten und um den zwanglosen Zwang des besseren Arguments stritten, sprang er mit seinem Tennisschläger wild fuchtelnd zwischen den Büchern durch die Wohnung, womit er mich an den Rand der Verzweiflung brachte. Er sagte, um kreative Gedanken zu haben, könne er nicht anders. In der Bewegung hatte Matthias seine besten Phasen der stringenten Argumente. Doch mir bereitete diese permanente Unruhe Kopfschmerzen, die ich abends auf dem Nachhauseweg deutlich spürte. Nach jeder Lerneinheit war ich völlig geschafft.

Bis Ende September zogen wir unser Lernprogramm durch. Zwischendurch kippte die Stimmung ins Negative. Meine Nerven lagen blank. Ich wollte abbrechen. Weil ich neben meinen vorhin erwähnten beruflichen Verpflichtungen nächtelang durchgelernt hatte und kaum Schlaf bekam, hatte ich keine Kraft mehr. Am Abend des 25. September nahm mich Matthias mit in einen Waschsalon im Gallusviertel. Er hatte daheim keine Waschmaschine, füllte hier im Waschsalon drei Maschinen gleichzeitig. Es herrschte stets viel Betrieb. Jede der fünfundzwanig Waschmaschinen war belegt, alle waren komplett ausgelastet. Auf einmal begann Matthias, der wieder in

Bewegung zwischen den drei von ihm benutzten Waschmaschinen war, mich über die Ethik Immanuel Kants abzufragen. Ich antwortete ihm. So begann meine philosophische Sternstunde. Ich wurde immer fokussierter, nahm die vielen Menschen im Waschsalon gar nicht mehr wahr. Wie aus der Pistole geschossen kamen meine Antworten, die ich in seiner Wohnung vorher noch nicht gut beantworten konnte. Es war ein sogenanntes Flow-Erlebnis, was man auch als „im Tunnel sein", bezeichnen konnte. Nach knapp 30 Minuten erwachte ich aus dieser für mich philosophischen Sternstunde. Auf einmal machte sich bei mir eine große Erleichterung breit. Die ganze Mühe des „vierwöchigen philosophischen Trainingslagers" war also nicht umsonst. Plötzlich sah ich wieder Licht am Ende des Tunnels.

Ich bemerkte, dass uns die anwesenden Menschen anstarrten. Sie dachten bestimmt, wir wären zwei drogenabhängige, durchgeknallte Penner, die nichts Besseres zu tun hatten, als die Ruhe im Waschsalon zu stören. Nachdem ich „erwacht" war, befürchtete ich, sie würden die Polizei rufen, um uns von den Beamten auf Drogenkonsum testen zu lassen. Wäre kein Wunder, denn wir sahen wie Penner aus: Unrasiert mit Badelatschen, Jogginghosen und T-Shirt, ohne Ausweise, kein Portemonnaie und nur mit wenig Münzgeld. Nachdem wir den Waschsalon unbeschadet verlassen hatten, mussten wir beide minutenlang lachen. Die Stimmung schlug wieder ins Positive. Für mich war es eine geistige Befreiung. Der Lebensstil, den Matthias pflegte, war mir sympathisch. Auch sein Auto, das einem Kiosk glich, von uns liebevoll fahrende Müllhalde genannt, machte mir nichts mehr aus. Im Wagen war seine Post der letzten fünf Jahre hinter der Frontscheibe gestapelt. Drinnen lagen Schachteln mit Keksen und Quark, Dosen für Obst und Gemüse, Getränkeflaschen und Kästen von Fitnessriegeln, Fitnessgeräte, drei Eimer

Tennisbälle, Tennisschläger, weitere Bücher, Trainingskleidung, mehrere Paar Schuhe und viele Packungen Haferflocken. Matthias machte mir klar, dass der Mensch auch mit wenig Geld überleben könnte und nur eine Packung Haferflocken und etwas Flüssigkeit für einen Tag bräuchte. Mir wurde klar: Mein bester Freund Matthias lebte sein eigenes philosophisches Leben. Er war ein Philosoph, lebte völlig frei von gesellschaftlichen Konventionen und machte sich von niemandem abhängig. Er hatte nie einen Abschluss an irgendeiner Uni gemacht und benötigte diesen als Universalgelehrter auch nicht. Matthias arbeitete am Vormittag als Kurier für seinen Vater, gab einige Tennisstunden, die ich ihm vermittelte, arbeitete als Personal-Fitnesstrainer und gab Nachhilfestunden. Die Gegensätze zogen uns wahrscheinlich an: Ich, eher der zielstrebige, gewissenhafte, disziplinierte, konservative Spießer. Er, der Freigeist, der nicht nach Normen lebende, revolutionäre Denker, der alle gesellschaftlichen Konventionen ruhen lässt. Ich konnte mit ihm in der Philosophie in keiner Weise mithalten. Dafür schätzt er meine Eigenmotivation, meine Willensstärke und Zielstrebigkeit. Und ich merkte auch, wie er sich über meine großen Fortschritte und mein gutes schriftliches Prüfungsergebnis freute.

Ende Oktober fuhr ich zur A-Trainerfortbildung des Deutschen Tennisbundes (DTB) nach Stuttgart, um meine Tennistrainerlizenz zu verlängern. Da Matthias tennisverrückt war, lud ich ihn zu dieser Fortbildung ein. Da wir weitere vier Wochen Philosophie-Trainingslager hinter uns hatten, war diese Fortbildung für beide eine willkommene Abwechslung. Wir starteten an einem Samstagmorgen etwas zu spät. Um pünktlich zu sein, musste ich ziemlich Gas geben. Meine Philosophie-Karteikarten hatte ich auf dem Rücksitz deponiert. Matthias holte sie während der Fahrt nach vorne und fragte mich ab, bei konstanten 180 bis 200 Stundenkilometern, die ich auf dem Tacho hatte. Während er dabei ganz entspannt war, hatte ich meine Probleme, mich aufs Wesentliche zu fokussieren. Dennoch gelang es uns irgendwie, einen ähnlich guten „Slot" wie im Waschsalon hinzubekommen. Es ging um die Verbindung der Ethik Kants zum Gerechtigkeitsansatz von Amartya Sen. Diese zwei kuriosen Lernszenarien sind mir in ganz fester Erinnerung geblieben, weil es in der Retrosperspektive betrachtet die besten Auswüchse meines Erlernten im Flow waren.

In den letzten vier Wochen vor der Prüfung ging es nun um den Feinschliff. Wir fanden eine gute Mischung zwischen ernsthaftem Lernen und der nötigen Entspannung. Öfter spielten wir Tennis. Auch dort wollte Matthias seine neu erworbenen Erkenntnisse einbringen bzw. mich verbessern. Das war sein elementarer Wesenszug. Er wollte Menschen überall anregen und besser machen. Zugegeben: Manchen war dies zu viel. Ich konnte damit aber nicht nur gut umgehen, sondern es auch gut einordnen. Für weitere Abwechslung sorgte der Besuch von anspruchsvollen Themen-Kinos wie dem „Harmonie" in Sachsenhausen oder dem Kino im Deutschen Filmmuseum. Hier schauten wir sehr viele Autorenfilme abseits des Mainstreams, unter anderem Filme vom iranischen Drehbuchautor, Filmregisseur und Lyriker Abbas Kiarostami oder indischen, chinesischen und türkischen Gesellschaftskritikern. Ferner zeigte mir Matthias seine Heim-Bibliothek und wir stöberten in seinen „Diamanten": Dem konsequentialistischen Aristotelismus mit kantischen Elementen nach Amartya Sen. Dies alles brachte mir eine erhebliche Horizonterweiterung und eine große Erweiterung meines philosophischen Wissens aus dem Urlaub mit meiner damaligen Frau: Von der philosophischen Hintertreppe zu einer Philosophie des real aktiv angewandten Lebens.

Es war der 24. November 2004. Der mündliche Prüfungstag war da. Ich war durch das dreimonatige „Trainingslager" bestens vorbereitet. Die Prüfungsthemen hatte ich sehr gut gelernt, aber auch reflektiert und über die Prüfungsthemen hinaus moderne philosophische Fragestellungen mit Matthias diskutiert. Es kam dann auch, wie ich erwartet hatte. Die Prüfung ging über 30 Minuten. Ich konnte die für die Prüfung relevanten Themen gut abhandeln, beantworten und reflektieren. Meine Philosophie-Didaktikprüferin Frau Fuchs sagte mir später an der Carl-Schurz-Schule in Sachsenhausen, an der ich während meines Referendariats ab Mai 2005 ihre Tochter unterrichtete, dass ich bei meiner Prüfung im Einser-Bereich gelegen hätte. Dies wollte aber Professor Waldmann nicht. Er wechselte nach rund 23 Minuten auf andere Themengebiete, u.a. zu der Kritik der praktischen Vernunft und zur Schrift zum ewigen Frieden von Immanuel Kant. Und so konnte er mich elegant auf eine drei herabstufen. Wohlgemerkt: Diese Themen waren nicht für die Prüfung vorgegeben. Ich konnte das Entsetzen über das eigenmächtige Vorgehen von Professor Waldmann in den Augen meiner Philosophie-Didaktikausbilderin sehen. Frau Fuchs war aber zu schwach, um sich gegen ihn durchzusetzen. Trotz dieser Enttäuschung lud ich Matthias zum Abendessen ein. Dabei gingen wir die Prüfung nochmal durch. Unter dem Strich war ich traurig. Dennoch konnte ich zufrieden sein. Schließlich hatte ich innerhalb von vierzehn Monaten ein Staatsexamen in Philosophie geschafft. Dafür hat mir Matthias den Feinschliff und das Rüstzeug für die Prüfungen gegeben.

Unser philosophischer Weg war damit noch nicht ganz zu Ende. Das Amt für Lehrerbildung befand im Jahr 2004, dass alle Studenten mit Philosophie-Examen, die Lehramt an Gymnasien studiert hatten, sich einer Erweiterungsprüfung im Fach Ethik unterziehen sollten, um Ethik in der Oberstufe unterrichten zu dürfen. Matthias und ich konnten noch einmal drei Monate intensiv philosophieren und dadurch wurde mein Level weiter nach oben geschraubt. Die Erweiterungsprüfung bestand ich am 25. März 2005 bei Frau Professorin Gehring an der TU Darmstadt mit 1,0. Das war eine hohe Auszeichnung für mich, aber auch für Matthias. Ein Jahr später wurde diese Erweiterungsprüfung wieder abgeschafft. Man war inzwischen zu der Erkenntnis gelangt, dass der hochwertige Philosophie–Staatsexamensabschluss ausreichende Qualifikation ist, um Ethik in der Oberstufe unterrichten zu können.

Schicksalhafte schulische Begegnungen

Wie schon kurz beschrieben, arbeitete ich seit Februar 2000 parallel zu meinem Hessischen Honorar-Verbandstrainerjob an einer Schule in der Nähe von Frankfurt als Sportlehrer mit befristeten Angestelltenverträgen, die in den Sommerferien nicht verlängert wurden. Der damalige Abteilungsleiter Peter Roth wollte mich damals unbedingt für die Schule gewinnen. Er sah, wie ich bei seinem geliebten Tennisverein beim Training auf die Kinder und Erwachsenen einging. Diese positive Einstellung zum Sport und auch meine Zugewandtheit zu Menschen wollte er für seine Schule nutzen. Zumal er erfahren hatte, dass ich auch ein Sport-Magisterstudium an der TU Darmstadt abgeschlossen hatte. Es gab zu diesem Zeitpunkt einen großen Mangel an Sportfachlehrkräften und so bot sich für mich die Möglichkeit, Sportunterricht an der Schule zu geben. Diese Tätigkeit hatte für mich noch den Vorteil, dass ich sozialversichert war. Der Kontakt zu Peter Roth war zufällig, sollte aber für meinen weiteren Lebensweg von schicksalhafter Bedeutung sein.

Ich spielte mit meinem Freund Hans-Jürgen Chop, mein damaliger Sportlehrer aus der Oberstufe, am 1. September 1999 in Heusenstamm Tennis. Hier kam ich erstmals auch mit Peter Roth ins Gespräch. Bald schon merkten wir, dass die Chemie zwischen uns stimmte. Beide beobachteten mich auch beim Kindertraining, sahen, wie ich mit den Jugendlichen umging. Peter Roth lud mich zu einem Gespräch in die Schule ein. Hier fand ein intensives Dreiergespräch statt, an dem auch der Direktor teilnahm. Im Februar 2000 unterschrieb ich meinen ersten befristeten Angestelltenvertrag (BAT). Weil es für mich sowohl von den Schülern als auch von den Lehrern immer viel Lob und Anerkennung gab, versuchte unser Schulleiter, den Vertrag immer wieder zu verlängern. Im Mai 2001 sollte ich wieder in sein Büro kommen. Was folgte, muss man in die Rubrik Kurioses einordnen. Er legte mir seine Kontoauszüge unter die Nase und sagte, dass meine später auch so aussehen könnten, wenn ich noch mal ein zweites Fach studieren würde. Dass ich mich in diesem Moment mit einem Nettoeinkommen von 866 Mark für einen 14-Stunden-Vertrag richtig schlecht fühlte, brauche ich kaum zu betonen. Er konnte mir langfristig nicht versprechen, dass es für mich als Sportlehrer mit den befristeten Verträgen weitergehen würde. Dies brachte Peter Roth, der mich unbedingt behalten wollte, auf die Palme. Deshalb erzählte er dem Schulleiter im nächsten Dreiergespräch, dass ich in Kürze mit dem Studium der Germanistik beginnen würde, um dann später auch als Deutschlehrer eingesetzt werden zu können. Das war mir total fremd, ich wollte aber Peter Roth in diesem Moment nicht enttäuschen. Er wollte mich nicht verlieren und ich wollte meine lieb gewonnenen Klassen und meine Schüler behalten. So nickte ich nur und sagte dem Schulleiter, dass ich im Oktober 2001 mit dem Studium beginnen würde. Peter Roth wusste durchaus um meine private Situation.

Ich hatte meinen ersten Hausbau zu stemmen, eine kleine Tochter, die nicht einmal zwei Jahre alt war, und feste Verpflichtungen im Hessischen Tennisverband sowie als Spielertrainer. Ihm war klar, dass ein Studium der Germanistik zu diesem Zeitpunkt von mir unmöglich zu bewältigen war. Er wollte einfach Zeit gewinnen und hoffte, dass ich mit vielen Kettenanschlussverträgen irgendwann vom Schulamt fest eingestellt werden würde. Im März 2003 stellte mir der Schulleiter dann tatsächlich einen unbefristeten Angestelltenvertrag in Aussicht. Dies versetzte den Abteilungsleiter Peter Roth wie auch mich in euphorische Stimmung. Nachdem ich schon einen Stundenplan für eine volle Stelle für das Schuljahr 2003/2004 hatte, erfuhr ich allerdings vom Schulleiter zwei Tage vor Schulbeginn, dass ich nicht weiter beschäftigt werden könne. Die Begründung: Ich könnte laut Schulamt mit einem körperlichen Fach Sport im Fall einer Invalidität für die Schule nicht eingesetzt werden und wäre somit für die Schule nicht mehr verfügbar.

Ich saß beim Schulleiter im Büro und war mit meinen Nerven völlig am Ende. Ich fühlte Wut, Enttäuschung, Zorn, Frust und Demütigung zugleich, eine Nicht-Anerkennung meiner Arbeit der letzten Jahre. Das Schlimmste daran war, dass ich damals dachte, nie wieder an der Schule unterrichten zu dürfen.

Der Schulleiter sah meine Verzweiflung. Er sah mir tief in die Augen und sagte mir mit fester Stimme, dass er mir, wenn ich ein zweites Fach für das Lehramt erfolgreich abschließen würde, eine Planstelle freihalten würde. Mir wurde klar: Wenn er es so sagt, dann würde er es auch halten. Denn er war ein Typ, der, wenn er es wollte, alles im Sinn der Schule regeln konnte. Nun ratterte es in meinem Kopf. Ich musste mir ernsthaft Gedanken über mein Leben machen. Im Nachhinein kann ich sagen: Die Entscheidung, noch einmal Lehramt zu studieren, war die bisher beste Entscheidung meines Lebens. Auch wenn es dann noch einmal im Referendariat eine richtig intensive Zeit wurde, lernte ich enorm viel für mich und mein Leben dazu.

Im Übrigen muss ich sagen: Der damalige Schulleiter hielt sein Versprechen. Ab Februar 2004 konnte er mich mit kleinen Vertretungsverträgen in der Schule halten. Und hat mich dann nach meinem Referendariat in Frankfurt in seiner Schule, mit zwei Fächern fest und unbefristet angestellt. Dafür bin ich ihm außerordentlich dankbar, denn das war nicht selbstverständlich.

Anpassungslehrgang – Referendariat in Frankfurt

Nach meinem gut bestandenen Ersten Staatsexamen und der intensiven, lehrreichen Lernzeit mit Matthias war ich für das Referendariat gut vorbereitet. Der Schulleiter, der mir damals die Nische als Ethiklehrer plus Zusatzqualifikation für den Islamunterricht empfahl, hatte auf jeden Fall Recht behalten. Er sagte mir damals, dass es in Hessen so gut wie keine Lehrerinnen und Lehrer mit der Lehrbefähigung für den Ethikunterricht gäbe. Wir waren im Philosophie-Seminar in Frankfurt für das Zweite Staatsexamen nur zwölf Lehramtsanwärterinnen und Lehramtsanwärter für das Fach Philosophie/Ethik an der gymnasialen Oberstufe. In Sport waren es dagegen 28 Anwärter auf das Gymnasiallehramt. Ich war nach meiner Banklehre, meinem abgeschlossenen Magisterstudium, meiner 7-jährigen Zeit als Honorartrainer des Hessischen Tennisverbandes mit fast 33 Jahren eigentlich schon zu alt für das Referendariat – zumindest gefühlt. Das Fach Sport ging wunderbar, obwohl ich im Schnitt fünf Jahre älter als die meisten war. Da ich als Hochleistungssportler relativ gut durchtrainiert war, bemerkte man den Altersunterschied fast gar nicht. Was das Philosophie-Seminar betraf, hatte der Schulleiter Recht behalten. Weil immer mehr Schüler, vor allem mit Migrationshintergrund, anstatt einfach als Klassengruppe in den evangelischen oder katholischen Religionsunterricht eingeteilt zu werden, einen Ethikunterricht forderten, benötigten die Schulen händeringend Ethik-Lehrer, die es de facto nicht gab.

Warum es so wenige Philosophie/Ethik-Lehrer gab? Dies ist leicht beantwortet. Das Fach ist eher sehr theoretisch und abstrakt, nur die wenigsten Studenten hatten das Durchhaltevermögen, diese „schwierige Kost“, die auf den Schulunterricht kaum zugeschnitten war, über Jahre durchzuziehen. Diejenigen, die dann das erste Staatsexamen erfolgreich absolviert hatten, bemerkten auf einmal, dass sie überhaupt nicht in der Lage waren, als Persönlichkeit vor einer Klasse zu stehen und gaben deshalb auf. Der dritte Punkt war, dass wir „Philosophen" unangepasste Denker sein konnten und uns nicht immer an das im Referendariat geforderte Bildungsdenkmuster anpassen wollten.

Der Seminarleiter des Studienseminars machte uns direkt darauf aufmerksam, dass wir uns in einem „Anpassungslehrgang" befänden. Ich gehörte mit 33 Jahren zu den jüngsten Anwärtern, die meisten waren zwischen 40 und 50 Jahre alt, also „Ewigstudenten", „ewige Gesellschaftskritiker" oder Quereinsteiger wie ich. Matthias hatte mein kritisches Denken zu allen Themengebieten der Philosophie sowohl im Allgemeinen als auch im Speziellen gefördert. Ich musste aber auch aufpassen, mich im Rahmen des vorgegebenen Studienseminars anzupassen. Einige von uns konnten und wollten sich in ihrem höheren Referendariatsalter nicht mehr anpassen und verließen uns im ersten Jahr. Hier möchte ich mich auf Adorno beziehen: „Immer wieder hört man, und das möchte ich nur anmelden, ohne mir selbst ein Urteil darüber zuzutrauen, dass Studienreferendare in ihrer Ausbildungszeit gebrochen würden, gleichgemacht, dass man ihnen den Elan austreibe, das Beste an ihnen *(Adorno, EZM, S. 85)*.

Dies war zum Teil tatsächlich so. Auch ich machte mir viele Gedanken über die Ausbildung. Da ich aber schon jahrelang an der Schule unterrichtete und den Umgang und den Unterricht mit den Schülern liebte, war es mein absolutes Ziel, als ein vom Schulamt anerkannter Lehrer an meine alte Schule zurückzukehren. Also musste ich mich, wenn es sein musste, einfach anpassen. Die zwölf

„Philosophen" hatten sehr interessante, verschiedene Vitae. Hier war alles dabei, was man sich nur vorstellen kann. Vom Blumenverkäufer, Musiklehrer, Krankenpfleger, Pole-Dancer, Tierpfleger, Künstler, Schriftsteller, Zeitungszusteller, Nachhilfelehrer bis hin zu einem ehemaligen selbständigen Unternehmer. Dieser wurde mein Lern- und Austauschpartner in Philosophie im Referendariat. Wir unterstützten uns, wo wir nur konnten, lagen auf einer Wellenlänge. Christoph Röhn sprach auch des Öfteren von einem Abrichtungslehrgang und übte noch vor mir massive Kritik über die Seminarleitung. Auch dabei könnte man Bezug auf Theodor W. Adorno nehmen: „dass die Gesellschaft, nach dem Wort von Riesman ‚von außen her gesteuert', dass sie heteronom sei, und man unterstellt dabei einfach, dass, wie es ganz ähnlich auch Kant in jeder Schrift ausführt, die Menschen mehr oder minder widerstandslos das schlucken, was das überwältigende Seiende ihnen vor Augen stellt und außerdem noch ihnen einbläut, als ob, was nun einmal ist, so sein müsste" *(Adorno, EZM S. 141).*

Wir konnten unsere Power, unser kritisches Denken wie gesagt nur bedingt einbringen. Aber eine Lebenserfahrung hatten wir den anderen „Philosophen" im Seminar voraus: Wir wussten, dass unsere Schüler zum späteren Zeitpunkt von uns profitieren würden. Es wurde wenig autonomes Verhalten unterstützt, was für ein wunderbares Fach wie Philosophie/Ethik existenziell wäre. Stattdessen wurde unmündiges Verhalten vom Studienseminarleiter eingefordert. Das führte dazu, dass wir, obwohl in der Erwachsenenbildung und jenseits der 30 Jahre alt, uns wie Lehrlinge fühlten. Das wiederum „führt in der Tat dazu, dass wir Formen der Unmündigkeit perpetuieren und dass die Ausbildung am Arbeitsplatz, das ganze sogenannte „On the Job Training", praktisch in Formen der Abrichtung erfolgt" *(Adorno, EZM, S. 142).*

Im Studienseminar Sport wurde uns von unserer Ausbilderin ein regelrechtes Feuerwerk an Methodenvielfalt an die Hand gegeben. Hier gab es eine klare, offene Strukturierung. Wer nicht bei den sehr vielen Angeboten mitzog, bekam ein Problem mit der Ausbilderin. In unserer Fachgruppe gab es sehr starke Charaktere und die Zusammenarbeit unter uns Sportlern war, im Gegensatz zu der heterogenen Fachgruppe in Philosophie, ausgezeichnet. Auf jeden Fall war ich stolz, nochmal in ganz neue Sphären des Denkens eingetaucht zu sein und mich mit 33 Jahren noch einmal durch ein sehr anspruchsvolles Studium durchgearbeitet zu haben. Das Referendariat in Frankfurt war trotz privater Belastungen eine tolle Lebenserfahrung. Ich konnte mein zweites Staatsexamen mit der Note eins mit Auszeichnung abschließen. Einen Teil dieser Note habe ich auch meinem Sportfachkoordinator an der Schule, Werner Schuster, zu verdanken, der mich sehr gefördert und gefordert hat. Dabei hätte er, weil er kurz vor der Pensionierung stand, keinen Referendar mehr betreuen müssen.

Ich war zu einem informativen Vorgespräch in den Osterferien 2005 mit dem Schulleiter des Gymnasiums in Frankfurt verabredet. Nach dem Gespräch stellte er mir Herrn Schuster im Lehrerzimmer vor. Dieser teilte mir mit, dass er eigentlich keinen Referendar mehr betreuen wolle. Er sah sich übers Wochenende aber meine sportliche Vita an und zeigte sich begeistert, dass ich im Besitz einer gültigen Fußballlizenz war. Denn Fußball war ihm sehr wichtig. Noch am Sonntagabend trafen wir uns in einem Restaurant in Frankfurt-Sachsenhausen. Unter der Prämisse, dass ich einige Auflagen erfüllen würde, sagte er mir seine Unterstützung zu. Ich sollte ihm beim großen Jahressportfest helfen, ein Fußball- und Völkerballturnier organisieren, die Tennis-Schulmannschaft betreuen und vor allem die Mädchen-Fußballmannschaft fit machen. Werner

Schuster hatte sich über Jahrzehnte extrem für seine Schüler eingesetzt und sich auch an der Schulleitung abgearbeitet, die den Sport in der Schule nicht immer protegiert hatte. Deshalb hatte er auch nicht unbedingt Lust darauf, zusätzlich noch einen Sportreferendar zu betreuen. Am Ende funktionierte alles: Ich habe die Mannschaften gern für die Schüler betreut. Werner Schuster war vor allem von meinem Training mit der Mädchen–Fußballmannschaft begeistert. Wir wurden Vize-Hessenmeister, was auch den Schulleiter entzückte und eine großartige Werbung für die Schule war. Werner Schuster unterstützte mich bei meinen Unterrichtsbesuchen und bei meiner schriftlichen Examensarbeit sowie bei den Examenslehrproben. Wir waren ein großartiges Team. Zwischen uns entstand eine tolle Freundschaft, für die ich sehr dankbar bin. Auch wieder eine eher zufällige Begegnung, und eine Freundschaft, die mich für meinen weiteren Lehrerberuf besonders motivierte.

Unterricht von Kindern als Grundlage des Lehrberufs

Wie bereits beschrieben, begann ich sehr spät mit dem Tennissport. Carola Freund, die damals beste Damenspielerin unseres Ortsvereines in Dudenhofen, fragte mich, ob ich ihr bei einem Schnuppertraining für die „Minis" (4 bis 6-jährige) und jugendlichen Anfänger helfen könne. Ich war 14 Jahre alt, selbst noch relativ neu und unerfahren im Tennissport. Carola nahm mich an die Hand und unterstütze mich bei diesem Schnuppertraining. Ich lernte die Basics, aber auch den Umgang mit den „Schülern", das Verhalten der Kinder sowie das Ertragen von Frustration bei mir ebenso wie bei den Kindern. Im Nachhinein waren das die Anfänge meines Lehr- und Lehrerdaseins. Zu sehen, wie die Kinder wöchentlich sichtbare Fortschritte erzielten und dies auch emotional zeigten, brachte mir viel Freude: Sie schrien begeistert, rannten auf dem Tennisplatz herum und feuerten sich gegenseitig an. Die intensive Beobachtung ihres Verhaltens auf meine technischen und zum Teil leichten taktischen Anweisungen hin brachte mir für meine weitere Vermittlungsstrategie wertvolle Erkenntnisse. Dieser Umgang mit den Jüngsten ist die ultimative Herausforderung und entscheidend dafür, ob man für den Umgang mit Kindern und Jugendlichen geeignet ist. Dabei spürt man, ob man sich empathisch auf eine Lerngruppe einlassen kann. Aber auch, ob man als Lehrperson Anerkennung, Akzeptanz und auch Begeisterung zurückbekommt. Es gilt ein Lehrsatz: Nur wer sich selbst für etwas begeistern kann, kann auch andere begeistern.

Nach meinen Erfahrungswerten machen viele zukünftige Lehrer diese Erfahrungen nicht und haben nur ihre theoretischen, abstrakten Erfahrungen an der Universität gesammelt. Da reicht dann oft selbst das neu eingeführte Praktikum vor Beginn des Lehramtstudiums nicht aus, um zu erfahren, ob der Lehrberuf für den jeweiligen Aspiranten zur Lebensaufgabe werden kann. Wie schon erwähnt, scheiterten viele meiner Referendariats-Kollegen bei ihren ersten Lehrerfahrungen, da sie keinen Zugang zu Kindern und Jugendlichen hatten. Ihnen wurde auch noch der Spiegel vorgehalten, da unsere ersten Unterrichtsversuche per Kamera in einer Supervision festgehalten wurden. Die Selbstreflektion mit den Ausbildern führte bei einigen dazu, nach zum Teil acht Jahren Lehramtsstudium, das Referendariat abzubrechen.

Diese Erfahrungen mit Kindern oder jugendlichen Gruppen können auch bei Pfadfindern, kirchlichen Jugendorganisationen, Sportfreizeiten, Briefmarkensammelclubs, Musikvereinen oder anderen Organisationen und Vereinigungen gesammelt werden. Sie unterstützen die Resilienzfähigkeit, die eine notwendige Voraussetzung für den Lehrberuf ist. Das Sich-Einlassen auf die jungen Menschen sowie die Neugier auf das entdeckende Lernen sind dabei besonders wichtig. Natürlich kostet dieses Sich-Einlassen und Eingehen auf andere Menschen, sowohl geistige als auch emotionale Energie und treibt viele engagierte Lehrpersonen zum Teil an den Rand großer Verzweiflung.

Es ist sehr anstrengend, herausfordernden Schülern immer wieder die Stirn zu bieten, gegen ihren Widerstand zu arbeiten und trotzdem auf jeden Lernenden individuell einzugehen. Vor allem, wenn man jede Woche zwei- bis vierhundert Schüler unterrichtet, ist das Nervenkostüm manchmal sehr dünn. Da schaffen es viele Lehrer nicht, diesen Ansprüchen gerecht zu werden. Als Lehrender muss ich zwingend die Bereitschaft mitbringen, „Durststrecken" und „Täler" durchzustehen.

Lehrer, die ihren Beruf nicht als Berufung sehen, sondern nur als eine reine Pflichterfüllung, scheitern zwangsläufig. Sie quälen ihre Schüler, aber auch sich selbst. Solche Lehrer, die ihren Beruf als etwas, das sie bis zu ihrer Pension „aushalten" müssen, werden in ihrem Beruf nicht glücklich.

Das Unterrichten und Lehren bei gerade pubertierenden Jugendlichen werden von vielen Lehrpersonen als das Schwierigste, aber auch Herausforderndste empfunden. Jugendliche in diesem Alter provozieren, lamentieren, destabilisieren und fordern heraus. Da ist der Lehrer mit seiner ganzen Persönlichkeit gefordert. Wenn die Lehrenden irgendwann resignieren und sich innerlich zurückziehen, kann es nicht mehr funktionieren. Damit bin ich aber wieder am Anfang, dass nämlich jeder Lehrer seine persönlichen Lehr- und Unterrichtserfahrungen bereits weit vor Beginn der Lehrerkarriere in der Schule machen muss. Denn da bekommt er ein Gespür dafür, ob die Arbeit mit jungen Menschen auch das Richtige für ihn ist. Für mich selbst habe ich erfahren, dass es absolut das Richtige ist und ich meinen Traumberuf gefunden habe.

Empathie, Emotionalität und Überzeugung

Für diejenigen, die merken, dass der Umgang mit jungen Menschen eigentlich nichts für sie ist, kann die Schule zur Hölle werden. Sie üben ihren Beruf aus, nur weil sie das Studium und das Referendariat abgeschlossen haben. Das geht an der Psyche der Lehrenden nicht vorbei und führt zu Spätfolgen. Lehrer, die sich nicht für ihren Beruf berufen fühlen, können sich nicht verstellen. Die Schüler merken es sofort. Dies wirkt sich negativ auf den Unterricht, aber auch auf die zwischenmenschlichen Beziehungen und die verschiedenen sozialen Ebenen aus. Die Jugendlichen haben ein sehr gutes Gespür dafür, ob es jemand gut mit ihnen meint und mit ihnen respektvoll umgeht.

Mein Hauptansatz liegt in der persönlichen Ansprache, der nonverbalen Kommunikation mit den Augen und dem Herausstellen der Wertschätzung eines jeden einzelnen Schülers. Wenn der Schüler das Gefühl hat, dass er wertgeschätzt wird und man ihm mit Vertrauen, Sympathie, Humor, Respekt und klar festgelegten Regeln begegnet, kann man ihn für sich gewinnen. Andererseits erfährt man seine Wertschätzung und seinen Respekt. Dies alles führt zu einer großen Zufriedenheit und hat nichts mit sich anbiedern oder sich kleinmachen vor den Schülern zu tun. Es bedeutet das Einbringen seiner Persönlichkeit. In diesem Zusammenhang möchte ich auch den Begriff des „angstfreien Lernens" verwenden. Im Gegensatz dazu kann man beobachten, dass Schüler, die Angst vor gewissen Lehrern haben, zu Blockadehaltungen neigen und somit weniger Leistung erzielen, als es ihnen möglich wäre.

Lehrer, die die Schüler hinter sich bringen, haben es wesentlich einfacher, den durch die Lehrpläne sehr anspruchsvollen Unterrichtsstoff in der Oberstufe zu vermitteln. Durch die Akzeptanz und die entgegengebrachte Wertschätzung seitens der Lehrer sind die Schüler eher gewillt, für „ihren" Lehrer auch die theoretischen, anspruchsvollen Klippen in Mathematik, Englisch, Deutsch oder Philosophie/Ethik zu erklimmen. Natürlich muss auch klar sein, dass die entgegengebrachte Wertschätzung keine Einbahnstraße ist. Der Vertrauensvorschuss des Lehrers dem Lernenden gegenüber muss auch mit Leistung zurückgezahlt werden. Dies bedeutet, dass man durch das gute Herstellen einer vorurteilsfreien Beziehung zwischen Lehrenden und Lernenden wesentlich mehr Leistung bzw. Output auf der Schülerseite erzielt.

Hierfür möchte ich ein praktisches Beispiel aus meinem Unterricht aus einer beruflichen Schule mit verschiedenen gymnasialen Fachrichtungen anführen – sie darf in Hessen den Namen „Gesundheitsfördernde Schule" tragen. Dafür haben wir in einer Arbeitsgruppe neun Jahre Projektarbeit investiert. Im Gymnasium sind wir ein reines Oberstufen-Gymnasium. Viele Schüler darf ich in Sport und Ethik unterrichten und betreuen. Nach einer persönlichen Vorstellungsrunde beginne ich den Sportunterricht für die neuen Schüler in der Oberstufe, aber auch in der Berufsschule mit dem Thema „Gesundheitsorientiertes Laufen". Die Schüler sind von diesem Thema überhaupt nicht begeistert. Die meisten von ihnen haben in den vorhergehenden Schulen mit dem Thema „Ausdauerndes Laufen" sehr negative Erfahrungen gemacht und schlechte Noten kassiert. Ausgenommen die Schüler, die leistungsorientiert Sport treiben, die kein Problem mit dem Thema haben.

Ich will aber der breiten Masse der Schüler die Angst nehmen, deshalb stelle ich ihnen meine Leistungstabelle vor. Diese von mir entwickelte Tabelle ermöglicht es jedem Schüler, der sich anstrengt und über eine gewisse Willenskraft verfügt, nach acht Wochen eine

Leistung zu erzielen, die mit einer vorzeigbaren Note beurteilt werden kann. Diese Tabelle beinhaltet die Erfahrungswerte und Leistungspotentiale unserer Schüler der letzten 15 Jahre. Unser Bildungsauftrag ist es, die Lernenden dazu zu animieren, lebenslang Sport zu treiben. Sie waren es an ihrer alten Schule gewohnt, die Benotung nach der offiziellen Leichtathletiktabelle des Hessischen Leichtathletikverbandes zu erhalten. Hier hatten dann die Leistungssportler eine Note „Eins" oder „Zwei", die restlichen Schüler aber bestenfalls eine „Vier", die meisten sogar eine „Fünf" oder eine „Sechs". Das hätte ich auch machen können. Dies entspricht aber in keiner Weise unserem Bildungsauftrag, die Menschen zu animieren, lebenslang Sport zu treiben. Ich hatte vor Jahren einen Berufsschüler, der 158 kg wog. Es war klar, dass er mit seinem Gewicht nicht länger joggen konnte. Dies wäre auch für seine Knie, Hüften und seinen Rücken fatal gewesen. Er bekam von mir ein eigenes Walking-Programm. Er walkte unsere wunderschöne Waldstrecke im Grünen, einen Kilometer langer Rundweg, zum Schluss sechs Mal am Stück durch. Natürlich bekam er auch bei meiner angepassten Tabelle keine Note „Eins" oder „Zwei", aber ich honorierte seine Motivation, die ich in ihm wecken konnte. Jetzt, nach fünf Jahren, teilte er mir mit, dass er schon 23 kg durch regelmäßiges Walking abgenommen habe und er mir sehr dankbar sei, dass ich ihn zum Laufen animieren konnte. An seinen alten Schulen hatte er sich immer Atteste besorgt, wenn es um ausdauerndes Laufen ging. Genauso kommen die neuen Schüler mit unendlich vielen Asthma-Bescheinigungen in der ersten Woche auf mich zu. Die meisten habe ich über das Einstiegswalken zum ausdauernden Laufen bekommen, weil ich ihnen die große Angst vor der „Bedrohung" nehmen konnte. Das vorgelegte Asthma-Attest war eher ein Angst-„Trauma", da sie an ihrer alten Schule schlechte Noten für den Ausdauersport bekommen hatten.

Ich nutzte als „Bildungszentrum im Grünen" – so der Slogan an der Schule – unsere Laufstrecke, vor allem in den ersten vier Wochen, wenn die Klassen noch neu an der Schule waren, für persönliche Gespräche mit jeder einzelnen Schülerin und jedem einzelnen Schüler. Dadurch konnte ich sie richtig kennenlernen. Wir laufen in verschiedenen Kleingruppen. Ich bin wechselweise in jeder Kleingruppe dabei und kann so mit jedem Lernenden persönliche Gespräche führen. Das Tempo ist noch nicht zu hoch, sondern so angepasst, dass man sich während des Laufes gut unterhalten kann. So kann ich mir von jedem Schüler einen guten Eindruck verschaffen, bin schnell mit ihren Namen vertraut. Dadurch kann ich wesentlich besser eine Bindung aufbauen. Dies ist später im Sportunterricht nicht so einfach, da es mit der gesamten Lerngruppe gleichzeitig schlechter funktioniert. Ich habe im Laufe der Jahre gemerkt, dass das individuelle richtige Lauftempo jeden Schüler unheimlich locker werden lässt. Denn während des Laufes kann man sich wesentlich besser unterhalten als in einer festgelegten Unterrichtssituation im Klassenzimmer. Die Lernenden berichten von ihren Hobbys, ihrem schulischen Werdegang, von ihren Geschwistern, Eltern, sprechen über persönliche Schicksalsschläge und Ziele, tolle Urlaubserinnerungen, ihre Erwartungen an unsere Schule und über alles, was ihnen sonst noch einfällt. Ich von meiner Seite erzähle ihnen auch von meinen Aktivitäten, zum Beispiel unserem großen Sportfest für Schüler mit Behinderung, von der „Gesunden Schule", von anderen Projekten, an denen sie sich beteiligen können. Sie bekommen von mir Tipps für den privaten freizeitlichen Sport, zu unserem Volleyballturnier und zu vielem mehr.

Durch diese im Laufen geführten ungezwungenen Gespräche bekomme ich die Lernenden dahin, sich für unsere Schule zu engagieren, für meine Projekte zuverlässig einzustehen. Ich baue dadurch eine Bindung zu mir und zu unserer Schule auf. Durch die gegenseitige Wertschätzung und entgegengebrachte Empathie sind ein viel fokussierteres Lehren und Lernen möglich. Oftmals wundern sich die Schüler, was ich alles behalten habe, wenn ich sie irgendwann später auf gewisse Dinge anspreche. Ich denke, dass dieses interessierte, interaktive Verhalten in der heutigen Zeit für die Schule wichtig ist. Wir haben es früher selbst gehasst, wenn unser Lehrer nach vier Jahren immer noch nicht unseren Namen kannte. Man fühlte sich wie eine Nummer und nicht als ein akzeptiertes Individuum.

Die Akzeptanz der Verschiedenartigkeit jedes Einzelnen spiegelt sich auch im Philosophie- und Ethikunterricht wider. Hier geht es in interessanten Diskussionsrunden vor allem nach Habermas um den zwanglosen Zwang des besseren Arguments. Jede gut begründete Meinung hat im Philosophie- und Ethikunterricht ihre Daseinsberechtigung. Ein Highlight der letzten Jahre war unser neu eingeführtes Filmprojekt in der Oberstufe. Hier werden ethische Frage- und Problemstellungen anhand aktueller Filme, die mit der Lebenswirklichkeit unserer Jugendlichen zu tun haben, in Präsentationen vorgestellt, kritisch hinterfragt und diskutiert. Solche Beispiele sind Filme wie „Das Schicksal ist ein mieser Verräter" (Umgang mit Krankheit, Leid, Tod und Hoffnung), „Beim Leben meiner Schwester" (Organtransplantation), „Ziemlich beste Freunde" (Freundschaft, körperliche Behinderung, Rassismus), „Ein ganzes halbes Jahr" (Trauer, körperliche Behinderung, Tod, Krankheit), „Honig im Kopf" und „Das letzte Rennen" (Demenz, Umgang mit alten Menschen, Hilflosigkeit, Ungewissheit), „Der Pianist" (Nationalsozialismus, Machtmissbrauch), „Dead Man Walking" (Todesstrafe) oder „Das Experiment" (Autorität und Gehorsam).

Dieses Projekt soll die Jugendlichen berühren, sie zum Diskurs anregen und zu einer sinnvollen Reflexion führen.

Abschließend kann ich sagen, dass das Erfolgsrezept für den Unterrichtserfolg und das Schulklima darin liegt, Beziehungen herzustellen. Der von mir gespürte starke Wunsch danach ist intuitiv und leitet mich fast immer in die richtige Richtung. Er ist ganz fest in mir verankert. Mit den Menschen, mit denen ich zusammenarbeite, möchte ich eine Beziehung eingehen. Meistens beschränkt sich diese Beziehung, wie vorhin anhand des Laufbeispiels beschrieben, nur auf die Arbeit. Aber manchmal entstehen auch jahrzehntelange großartige persönliche Kontakte. Ich kann nicht genau beschreiben, was in den vielen Gesprächen und Beziehungen geschieht, woran es liegt, dass diese Methode so produktiv ist und funktioniert. Für mich fühlt es sich aber richtig an, mit den Menschen eine intensive Kommunikation zu pflegen, ich mag dies und lebe es auch dementsprechend. Sicherlich gibt es auch andere Wege, die erfolgsversprechend sind. Für mich steht der Mensch im Mittelpunkt.

Sportfest für Schüler mit Behinderung

Ein für mich faszinierendes, schönes Erlebnis ist das jährliche Zaubern eines Lächelns in die Gesichter von rund 450 Kindern und Jugendlichen. Mein ehemaliger Abteilungsleiter und Sportkoordinator, initiierte soziale Projekte und erwarb große Verdienste für unsere Schule. Wir teilten beide unser Hobby, den Tennissport, und sind heute immer noch freundschaftlich verbunden. 2009 ließ ich mich von seiner Idee von einem einzigartigen Projekt mit großer Reichweite überzeugen. Und so kam es einige Jahre später zu einem Sportfest für Kinder mit Behinderung mit allen Förderschulen aus dem Kreis Offenbach.

Für dieses Großprojekt benötigten wir mindestens 250 helfende Schüler unserer Schule, die die Schüler mit Behinderung in einer Hospitation in den beteiligten fünf Förderschulen kennenlernen und viel über den Umgang mit ihnen erfahren sollten. In unser Sportzentrum kamen rund 450 Schüler mit zum Teil schwersten Behinderungen. Sie wurden von unseren Schülern betreut. Dieses Projekt wurde von mir dann ab dem Jahre 2011 weitergeführt. Es ist ein außerunterrichtliches Projekt der Mitmenschlichkeit, das die Empathiefähigkeit und Solidarität unserer Schüler und den Zusammenhalt an unserer Schule fördert.

Ich kann aus langjähriger Erfahrung sagen, dass viele Schüler, die anfangs genauso wie ich starke Berührungsängste im Umgang mit Menschen mit Behinderung hatten, diese nach einiger Zeit nicht mehr haben. Bei meinem ersten Sportfest im Jahr 2009 wusste ich nicht genau, was mich erwarten würde. Ich sah zwei Schüler mit extremer Behinderung im Rollstuhl, die fast nur den Kopf bewegen konnten. Dies hat mich damals so betroffen gemacht, dass ich erst mal die Toilette aufsuchte, wo ich weinte und mich beruhigen musste. Jetzt, nach elfjähriger Tätigkeit an diesem Sportfest, ist dies für mich Normalität geworden. Und auch sonst eher freche, pubertierende Schüler zeigen nach dieser, für sie absolut neuen Lebenserfahrung, ein ganz anderes Gesicht und mehr Zuvorkommenheit, Hilfsbereitschaft und Sozialkompetenz.

Dies ist die gelebte Inklusion und bringt unserer Schule viel Anerkennung ein. Wir als Lehrer werden mit den Schülern zu einer Einheit, was sich wiederum auf das Lernklima positiv auswirkt. Immer wieder werden wir von ehemaligen Schülern auf das große Sportfest angesprochen. Dies ist gelebte Schulkultur und ein Beitrag zum demokratischen Grundverständnis. Was auch lobend erwähnt werden muss ist, dass viele meiner Klassen, vor allem Sportklassen, beim Sponsorenfest an einem Wochenende in ihrer Freizeit helfen, damit das Sportfest finanziert werden kann. Dieser Sponsorenkreis besteht aus befreundeten Geschäftsleuten und Förderern, die das Sportfest unterstützen. Der Förderkreis wird beim großen Sponsorenjahresfest von unseren Schülern bewirtet. Unsere Schüler sorgen auch für den organisatorischen Aufbau der Veranstaltung. Ich bringe ihnen für ihre geleistete Arbeit maximale Dankbarkeit entgegen. Wir ehren die helfenden Schüler mit der Schulleitung und der Organisatorin des Landkreises Offenbach in einer großen Feierstunde in unserer Aula. Diese Veranstaltung bleibt im Herzen aller Teilnehmer verankert und verbindet uns. Durch verbesserte gegenseitige Aufmerksamkeit und Achtung sind die Schüler auch bereit, zu helfen und für ihren Lehrer durchs „Feuer" zu gehen. Das füllt die Schule mit Leben und macht mich stolz.

Praktikum bei Kickers Offenbach: Ein Mythos?

Einige Male habe ich meine Vorliebe für den Fußball erwähnt. Doch eigentlich müsste ich in erster Linie von meiner Liebe Kickers Offenbach sprechen. Der OFC bedeutet für die Fans und mich, viel Leid ertragen zu müssen. Trotz einer eigentlich guten Ausgangsposition in den 60ziger Jahren als zweimaliger Deutscher Vizemeister 1950 und 1959 sowie DFB-Pokalsieger 1970, kamen die Kickers einfach nicht mehr richtig in den höheren Sphären des Deutschen Fußballs an. Möglicherweise waren immer wieder unseriöses Wirtschaften und Profilneurosen der Entscheidungsträger ausschlaggebend für das „Rumdümpeln" der letzten drei Jahrzehnte. Mittlerweile spielt Offenbach seit 2014 in der viertklassigen Regionalliga, hat einige Insolvenzen hinter sich und kämpft jedes Jahr um das wirtschaftliche Überleben. Der in der Region bei den Fans ungebrochen beliebte Verein bekam das Image des ewigen Verlierers, der einfach nicht mehr nach oben kommen wird.

Einen tieferen Einblick in den Verein bekam ich in meinem 6-wöchigen Praktikum während meines Sportstudiums an der TU Darmstadt im März/April 1998. Der damalige Cheftrainer Hans-Jürgen Boysen, der mit den Kickers 1999 und 2005 den Aufstieg in die 2. Bundesliga schaffte, nahm mich sehr nett auf und ließ mich in vielen Bereichen hinter die Kulissen schauen. Da ich selbst die B-Lizenz des Hessischen Fußballverbandes erworben hatte, konnte ich hier mein praktisches Wissen bei den Videoanalysen, Scouting, Terminen oder konditionellen Trainingseinheiten einbringen. Interessant waren auch die vielen Presse-Termine und der richtige Umgang mit den Presse-Vertretern. Hans-Jürgen Boysen hatte sehr viel Herzblut für den Verein und war in der Lage, trotz eines geringen Spielerbudgets, immer eine schlagkräftige Truppe auf die Beine zu stellen. Er schaffte es, die unterschiedlichsten Charaktere zu einer homogenen Mannschaft zusammenzufügen. Unter seiner Leitung waren viele Spieler, die bei Kickers Offenbach Regionalliga-, und zum Teil Zweitbundesliga-Niveau unter Beweis stellten. Viele Spieler, die den Verein nach der Boysen-Ära verließen, fühlten sich zu Höherem berufen. Die meisten von ihnen fielen in der Folge aber nicht einmal in der Oberliga Hessen auf.

Der Trainer schaffte es, diese zum Teil durchschnittlichen Kicker auf ihrer optimalen Position einzusetzen, wo sie der Mannschaft den größtmöglichen Nutzen brachten. Er hatte ein unglaubliches Auge dafür, wie er das Puzzle einer Mannschaft zusammensetzen musste. Die Fans wussten das damals sehr zu schätzen und freuten sich über einen sehr schnellen, ansehnlichen Kombinations- und Offensivfußball mit vielen Toren. Boysen hatte ein hervorragendes Gespür für das Zusammensetzen eines Teams mit älteren Spielern und jungen Talenten; die Mischung stimmte bei ihm einfach.

In den sechs Wochen konnte ich auch das Herzblut der vielen ehrenamtlichen Mitarbeiter kennenlernen. Im Organisationsstab auf der Geschäftsstelle und im erweiterten Umfeld arbeiten noch heute viele ehrenamtliche Kräfte, weil der Verein immer die Kosten im Blick haben muss und sich gewisse Dinge nicht leisten kann. Diese ehrenamtlichen Helfer unterstützen zum Beispiel bei der Bewirtung in den VIP-Räumen, sind die guten Seelen des Vereins und tragen das Feeling „Bieberer Berg" weiter nach außen. In meinem Praktikum besuchten wir viele Fanclubs des OFC. Ich war verblüfft, was diese Fanclubs alles privat durchführen und wie sie ihr komplettes Freizeitverhalten auf Kickers Offenbach abgestellt haben. Sie organisieren interne Feste, veranstalten viele Ausflüge, planen Urlaube und begleiten im Trainingslager die Mannschaft, beteiligen sich zum Teil zusätzlich als Sponsoren. Die Fans merkten, dass wir von diesen vielfältigen Aktivitäten tief beeindruckt waren. Wir brachten ihnen viel Demut entgegen, was bei ihnen wiederum sehr gut ankam. Herr Boysen merkte auch, dass ich mich sehr für den Verein begeistern konnte und tauschte sich mit mir über alle Themen des Vereins aus (Organisation der Jugendmannschaften, medizinische Betreuung, psychologische/mentale Hilfestellungen für Spieler, Risiken eines Fußballprofis und Ähnliches).

Ein absolutes Highlight der Offenbacher Fanszene ist das OFC-Fan-Radio. Hier stellen zehn Fans und der Gründer und Fanradio-Pionier in Deutschland, Lars Kissner, der als Teamchef mit Gesamtverantwortung agiert, ihre ganze Freizeit ihrem Verein zur Verfügung. Ihr Bestreben ist es, Kickers Offenbach „lebendig" und auch in der viertklassigen Regionalliga präsent zu halten. Dieses für mich einzigartige Projekt eines Viertligisten in Deutschland wird durch mehr als 300 Fans und Unterstützer finanziert, die 40 Euro im Jahr dazu beitragen, damit Livestreaming, Benzin, Internet, Lizenzen, GEMA, Laptops, Webspace, Mikrofone etc. abgedeckt werden. Es werden alle Ligaspieltage live übertragen, zusätzlich alle Testspiele. Und selbstverständlich werden auch alle anderen OFC-Veranstaltungen wie Pressekonferenzen, exklusiv in voller Länge übertragen. Außerdem führt das Fan-Radio Interviews mit allen neuen Spielern durch, macht bei aktuellen Themen immer wieder Sondersendungen. In den letzten Jahren ist das Fan-Radio auch in den Trainingslagern immer dabei. Zu diesen fahren für einen Viertligisten immer extrem viele Fans mit und unterstützen ihre Mannschaft, ihren Verein.

Ich gestehe es offen: Ich bin von dem Kickers-Virus befallen. Egal in welcher Liga der OFC spielt: Ich bin dabei.

In der Saison 1996/97 spielten die Offenbacher in der Oberliga Hessen, der damals vierthöchsten Spielklasse in Deutschland. Als Tabellenzweiter erreichten die Kickers die Aufstiegsrunde zur Regionalliga Süd. Am 30. Mai 1997 wurde auf neutralem Boden beim VFR Mannheim gegen den FC Pforzheim gespielt. Dieses Spiel besuchte ich mit meinem Vater, der mich in Darmstadt an der Uni einsammelte. Wir fuhren gemeinsam nach Mannheim, mischten uns dort unter die 10.000 angereisten Offenbacher Fans. Der schlafende Riese aus der Oberliga sollte auf neutralem Boden geweckt werden. Ich hatte das Gefühl, in einer tollen Gemeinschaft unter Fußballverrückten zu sein. Dies gab mir positive Emotionen, die mich auch für andere Bereiche motivierten.

Die Atmosphäre bei diesem Flutlichtspiel war einzigartig. Die Stimmung elektrisierte mich. Wir feuerten unseren Verein das ganze Spiel lang lautstark an, veranstalteten Choreografien oder schwenkten die Fahnen im Fahnenmeer. Dies ist der Mythos Kickers Offenbach, der Verein, der niemals aufgeben wird und sich in den unteren Fußball-Ligen mehr schlecht als recht herumschlagen muss. Diese Atmosphäre fesselte mich und meinen Vater. Sie war besser als die in der Bundesligasaison 1983/84 und auch besser als 1970 in Hannover beim einzigen DFB-Pokalsieg, den nur 6.000 Offenbacher live im Stadion erlebt hatten. In Mannheim, das war die einzigartige Atmosphäre der Sehnsucht, wieder etwas nach oben klettern zu wollen. Kein Wunder, dass die knapp 500 Pforzheimer Fans das ganze Spiel über nicht zu hören waren. Das Stadion in Mannheim, in dem sich bei Ligaspielen 300 bis 800 Zuschauer verloren, platzte aus allen Nähten. Alles war in Rot-Weiß gehüllt. Die bengalischen Feuer und die frenetischen Gesänge sorgten gefühlt für eine Stimmung wie bei Real Madrid, Boca Junior Buenos Aires oder beim FC Liverpool. Das Spiel der Kickers war nicht filigran, aber es war ehrliche Arbeit. Und die Fans wollten eine kämpfende Mannschaft sehen. Verlieren ist für die OFC-Fans absolut annehmbar. Aber die Fans wollen das Gefühl haben, dass jeder Spieler alles gegeben hat. Die damaligen Ikonen aus der Oberliga hießen Oliver Roth, Rene Keffel, Stefan Simon, Stefan Dolzer, Oliver Speth, Bernd Gramminger oder Patrick Dama. Das waren alle nicht die begnadetsten Fußballer. Aber es waren Typen, die für den OFC ihr Herzblut gegeben haben. Der OFC gewann dieses Spiel im Elfmeterschießen 2:1, nachdem die Mannschaft zuvor in der Nachspielzeit das 2:2 hinnehmen musste. Torwart Rene Keffel machte das Spiel seines Lebens. Im Elfmeterschießen hielt er einige Strafstöße und wurde damit zum Offenbacher Helden. Das Stadion glich einem Tollhaus. Es war eine Explosion der positiven Emotionen. Dies bleibt für mich ein legendäres Ereignis, das meiner Meinung nach, kaum noch einmal getoppt werden kann.

Hab' ich gedacht: Aber dieser Wahnsinn wurde noch einmal gesteigert. Schon eine Woche später im Finale um den Aufstieg in die Regionalliga Süd. Am 6. Juni ging es wiederum im Stadion des VfR Mannheim gegen den FC Memmingen. Auch an diesem Freitagabend pilgerten 10.000 fanatische Offenbacher Fans gen Mannheim. Der OFC hatte den Nachteil der 120 Minuten plus Elfmeterschießen aus dem Pforzheim-Spiel in den Knochen, während Memmingen ausgeruht in die Partie gehen konnte. Zur Halbzeit stand es 2:0 für die frischeren Memminger. Der OFC wirkte platt und ausgelaugt. Doch die enthusiastischen Fans verwandelten das Stadion wieder in einen Hexenkessel, peitschten die müden Spieler nach vorne. Das half enorm: Die Kickers glichen aus. Doch postwendend fiel das 2:3, und das in der 89. Minute. Die Mannschaft war körperlich am Limit, alle hatten sich bereits mit dem Scheitern abgefunden. Und da geschah das unfassbare Wunder: Das Flutlicht ging aus, auf den Rängen machte sich eine elektrisierende Endzeitstimmung breit. Es gab nur noch Licht durch die bengalischen Feuer der vielen Offenbacher Fans. Der Block sang fanatisch seine Lieder und veranstaltete eine Wahnsinnsstimmung, gepaart mit der Ungewissheit, ob dieses Spiel als verloren gewertet werden würde. Fünfzig spannende Minuten mussten wir bangen. Dann wurde verkündet, dass die Partie abgebrochen wurde und ein Wiederholungsspiel ausgetragen würde. Dieser Abend trug viel zum Mythos Kickers Offenbach bei. Diesen schicksalhaften Abend werde ich niemals vergessen. Ebenso wenig wie alle Fans und Beobachter, die damals dabei waren.

Der Süddeutsche Fußballverband setzte ein Wiederholungsspiel am darauf folgenden Mittwoch im Stuttgarter Gottlieb-Daimler-Stadion an. Wegen des frühen Anpfiffs um 16 Uhr reisten dieses Mal „nur" 5.000 Offenbacher in die schwäbische Metropole. Die Kickers gewannen 2:0, der Aufstieg in die Regionalliga Süd war perfekt, wäre aber ohne den in der DFB-Geschichte einmaligen Flutlichtausfall am 6. Juni 1997 nie möglich gewesen. Dass ich dabei sein durfte, war wohl Schicksal. Es bleibt nur nachzureichen, dass der Offenbacher Erfolgstrainer Hans-Jürgen Boysen mit einer fast unveränderten, nur punktuell verstärkten Mannschaft, die von den Fachleuten als nicht regionalligatauglich eingestuft wurde, in der Saison 1998/1999 den Aufstieg in die 2. Fußballbundesliga schaffte.

Magische Spiele am Bieberer Berg, die mir nachhaltig in Erinnerung blieben, gab es einige. Vor allem die Pokal-Begegnungen, die der Underdog Kickers Offenbach in Festtage verwandelte. Viele höherklassige Mannschaften fürchteten, bei der Auslosung die Reise zum gefürchteten Bieberer Berg zu erwischen. Ein unvergesslicher Abend war der 27. Oktober 2010. Der damalige Drittligist Kickers

Offenbach zwang Borussia Dortmund, die in dieser Saison Deutscher Meister wurden, in der 2. Runde des DFB-Pokals nach einem torlosen Unentschieden mit 4:2 im Elfmeterschießen in die Knie. Mit zwei Monatsgehältern eines Robert Lewandowski hätte locker der gesamte Trainer- und Spieleretat von Kickers Offenbach bezahlt werden können. Jürgen Klopp, der heute vielleicht beste Vereinstrainer der Welt und Ikone des FC Liverpool, stellte in Offenbach eine Weltklassemannschaft auf. Gestandene Stars wie Barrios, Kagawa, Götze, Lewandowski, Sahin, Schmelzer, Hummels, Subotic, Piszcek, Großkreutz und Weidenfeller rannten pausenlos auf das von Robert Wulnikowski glänzend gehütete Tor. Es schien nur eine Frage der Zeit, bis Dortmund in Führung gehen würde. Aber die OFC-Elf fightete, schmiss sich in jeden Ball und rannte um ihr Leben. „Wulle" hielt sechs unhaltbare Bälle und machte das beste Spiel seiner Karriere, zudem hatten die Kickers das nötige Quäntchen Glück. Das phantastische Publikum im ausverkauften Stadion am Bieberer Berg feierte jede Grätsche, jeden Einwurf und jede auch nur ansatzweise gelungene Aktion der Mannschaft. Im Elfmeterschießen hielt Robert Wulnikowski zwei Elfmeter in Weltklassemanier und brachte das Stadion zum Kochen. Den letzten Elfmeter verwandelte Sead Mehic sicher und die Kickers waren eine Runde weiter. Das Stadion verwandelte sich in ein Tollhaus. Dies war wieder ein Zeichen: Der Mythos Kickers Offenbach und der Bieberer Berg lebt.

Der DFB-Pokal hat in Offenbach eine große Tradition. So waren die Kickers 1970 DFB-Pokalsieger, 1973, 1974 und 1990 Halbfinalisten, 2013 als Drittligist Viertelfinalist und 2015 Achtelfinalist. 2012/ 2013 gewannen sie sensationell gegen die Zweitligisten Greuther Fürth und Union Berlin, dann auch noch gegen den Bundesligisten Fortuna Düsseldorf. In der DFB-Pokalsaison 2014/2015 gewann der

OFC gar als Viertligist gegen die Zweitligisten Ingolstadt und Karlsruhe. Dies waren alles Spiele, die die Fans und Unterstützer von besseren Zeiten träumen ließen.

Die Fans besitzen eine unheimlich große Macht in Offenbach. Ein Grund, weshalb sich viele ehemalige Vorstände zu diesen zu waghalsigen wirtschaftlichen Aktionen hinreißen ließen und oft noch Spieler verpflichteten oder in organisatorisches Personal investierten, obwohl dafür eigentlich gar kein Geld mehr da war. Der Wunsch, in diesem tollen Zweitligastadion wieder Dritt- oder gar Zweitligafußball zu sehen, ist riesig. Der Verein hält sich durch seine Fans und Unterstützer am Leben und hofft auf bessere Zeiten. Ein neues Präsidium hat im Jahr 2019 für neuen Schwung gesorgt, seitdem peilt man Jahr für Jahr den Aufstieg an, der am Ende immer nur knapp verfehlt wurde.

Durch seine Fans, Gönner und Sympathisanten sorgt der Verein auch in der Viertklassigkeit immer wieder für Furore. Wenn die Not am größten war, halfen die Fans. Sie waren es, die mit Sammelbüchsen dem ehemaligen Präsidenten Waldemar Klein halfen, Geld einzutreiben. Es liefen unzählige Spendenaktionen, in denen der Verein nur durch seine Fans überhaupt überleben konnte. Auch während der COVID-Krise kauften Fans, Gönner und Sympathisanten Geistertickets für Spiele, die dann nur unter Ausschluss der Öffentlichkeit ausgetragen wurden. Es wurden auch schon TV-Beteiligungen für die Zeit, in der die Kickers wieder in der ersten oder zweiten Fußballbundesliga spielen, verkauft. Die Käufer dieser TV-Beteiligungen haben nie einen Cent gesehen. Doch dies war den meisten von ihnen nicht wichtig. Wichtig war ihnen das Gefühl, ihrem Verein Kickers Offenbach in einer schwierigen Zeit geholfen zu haben.
Die Entscheidungsträger des Vereins waren immer sehr kreativ, den

treuen Fans weitere Gelder durch immer weitere anders benannte Sammelaktionen oder irgendwelche Indexzertifikate zu entlocken. Alle Aktionen sind, wie schon erwähnt, „verpufft". Die Gelder sind in „schwarzen Löchern" verschwunden. Trotz der finanziellen Probleme des Vereins sind die fanatischen Fans immer noch da. Die Unterstützer und Fans sehnen sich nach besseren Zeiten. Auch in der 4. Liga und bei sportlich ansprechenden Leistungen und Tuchfühlung zur Tabellenspitze kommen zu interessanten Spielen 8.000 bis 10.000 Zuschauer.

Abschließend möchte ich noch auf ein schönes Erlebnis vom achten August 2013 hinweisen. Damals, nach einer der zahllosen Insolvenzen am Bieberer Berg, machte Trainer Rico Schmidt ein Sommer-Casting, um aus Nobodys eine Mannschaft zu formen. Beim ersten Spiel kannte der Coach noch nicht einmal alle Namen der Spieler auswendig. Der OFC gastierte in Hoffenheim. Der Anhang spürte, dass diese Mannschaft Unterstützung benötigte. Und so fuhren an einem Abend unter der Woche über 2500 Kickers Fans nach Hoffenheim und pilgerten den langen Weg bergauf zum Dietmar-Hopp-Stadion. Dort hallte es 90 Minuten lang durch die Ränge und durch den Wald: „Scheißegal in welcher Liga, immer wieder OFC." Diese Casting-Truppe, gepuscht durch die Fans, wurde in der Saison 2014/2015 mit zehn Punkten Vorsprung Meister der Regionalliga Südwest. Leider scheiterte die Mannschaft in zwei denkwürdigen Spielen in ausverkauften Stadien am sehr starken 1. FC Magdeburg. Die Magdeburger Fans, die neben mir saßen, waren mir und meinem Sohn gegenüber voller Anteilnahme. Sie dümpelten selbst mit ihrem ebenfalls traditionsreichen 1. FCM über zehn Jahre in den Niederungen des Fußballs umher und wussten genau, welche Konsequenzen diese Niederlage für Kickers Offenbach bedeutete. Die Fans und der Verein hätten es als souveräner Meister verdient, aufzusteigen. Der DFB schaltete aber diese skurrile Aufstiegsrelegation dazwischen, die mittlerweile zum Teil wieder abgeschafft wurde. In diesen Aufstiegsrunden liegen vor allem bei den zahlreichen Fans der Traditionsclubs die Nerven blank. Hier kam es des Öfteren zu Platzstürmen oder Spielabbrüchen.

Ich möchte an dieser Stelle allen Unterstützern, Gönnern und Fans der Offenbacher Kickers sagen: Solange wir leben, dürfen wir unseren Traum auf bessere Zeiten des OFC weiterleben. Ich hoffe, dass ich diese besseren Zeiten mit den Kickers noch erleben darf und auch meinen Kindern ein volles Stadion in toller Atmosphäre präsentieren kann. Kürzlich fand ich in den Unterlagen meines mittlerweile verstorbenen Vaters, der über 40 Jahre OFC-Mitglied war, einen interessanten Briefwechsel mit dem damaligen Erstligapräsidenten von Kickers Offenbach, Horst-Gregorio Canellas. Dieser schrieb in seinem Schlusssatz an meinen Vater:

„Bleiben Sie auch in schlechten Zeiten unseren Kickers immer treu und glauben Sie immer an das Gute für die Kickers. Wir brauchen Sie.
Nur der OFC!"

Diese Zeilen sind für mich heilig. Denn für meinen Vater und mich war der OFC eine Leidenschaft und ein Hobby zugleich, das uns sehr verbunden hat und an dem wir uns immer mit viel Freude festhalten konnten.

Deutsche Meisterschaften Bad Neuenahr

Meine große Liebe bleibt ewig der Fußball. Und da speziell, wie eben erwähnt, mein Verein Kickers Offenbach. Aber meine sportliche Welt war und ist der weiße Sport. Bereits während meines Studiums war ich vor allem bei den weiblichen Profispielerinnen des Hessischen Tennisverbands ein sehr beliebter Trainingspartner. Vor allem mit den früheren Bundesligaspielerinnen des TC Rot-Weiß Neu-Isenburg, Petra Winzenhöller und Meike Babel, trainierte ich sehr oft. Wir spielten viele Trainingsmatches. Später, während meiner Zweitbundesliga- und Hessenligazeit beim TC Steinbach, Offenbacher TC, TC Rosenhöhe und TK Langen trainierte ich bei den Herren mit unseren ausländischen Profispielern. Hier zu nennen sind vor allem Igor Kornienko, Rolandos Muraschka und Daniel Lustig. Das intensivste und körperlich anstrengendste Training war das mit Daniel King-Turner.

Diesem Training verdanke ich viel. Doch die Tatsache, dass ich 2018 bis 2019 für die deutsche Nationalmannschaft Tennis spielen durfte, verdanke ich eher einem schicksalhaften Zufall. Meine Trainings- und Mixed-Partnerin Monika Kamen hatte mich am 10. Juli 2017 um 23:55 Uhr, also nur fünf Minuten vor dem Meldeschluss, ohne mein Wissen für die Deutschen Meisterschaften in Bad Neuenahr angemeldet. Ich konnte mich zuvor für diese Seniorenturniere (ab 40 Jahren) überhaupt nicht begeistern und sah einfach keinen Sinn darin. Zudem waren diese Turniere für mich mit einem großen Zeit- und Reiseaufwand verbunden. Aus diesem Grund spielte ich fast ausschließlich Turniere bei den Aktiven in meiner nächsten Umgebung. Was nicht einfach war: Mit 47 Jahren gegen Top-U18-Jugendliche aus ganz Deutschland zu spielen ist allein schon von der Geschwindigkeit her eine enorme Herausforderung. Ich musste meine Spielstärke ständig unter Beweis stellen. Aber wie gesagt: Ich sah keinen Sinn darin, bis an den Tegernsee oder gar nach Büsum zu reisen, um gegen Gleichaltrige zu spielen und dabei noch einen enormen Zeitaufwand in Kauf zu nehmen. Auch die vielen beruflichen Verpflichtungen sprachen gegen die Turniere, die meistens eine ganze Woche andauerten.

Doch die Deutschen Meisterschaften 2017 führten zu einem Umdenken. Das Bild, welches mir in Bad Neuenahr, dem Mekka des Deutschen Seniorentennis, vermittelt wurde, sprach für Monika. Es war eine unglaubliche Werbung für den Deutschen „Amateur"-Tennissport. Der HTC Bad Neuenahr veranstaltet ein Turnier, das über zwei Wochen lang geht, auf 13 Plätzen gleichzeitig gespielt wird und das mit 18.000 Zuschauern in zwei Turnierwochen glänzen kann. Jeder Platz verfügt über eigene Stuhlschiedsrichter sowie über eigene Balljungen. Das Turnier wird jedes Jahr von rund 300 engagierten ehrenamtlichen Helfern auf die Beine gestellt. Die Turnierleiterin Annette Bartsch zeigt seit Jahren, welch riesige Möglichkeiten auch der Deutsche Amateur- und Seniorensport bietet. Dafür gilt ihr mein allerhöchster Respekt.

Monika Kamen meldete mich, wie schon gesagt, ohne mein Wissen für meine ersten Deutschen Meisterschaften an. War es Zufall, Schicksal, Glück? Oder hat das alles einen tieferen Sinn gehabt? Ich kam erst einen Tag vor dem Turnier aus meinem Jahresurlaub mit meinen Kindern aus Fuerteventura zurück. Dort spielte ich zwar nur wenig Tennis, absolvierte jedoch mit einer österreichischen Fitnesstrainerin ein straffes Konditionstraining, das mir glücklicherweise sehr helfen sollte. Nach einem durchwachsenem Turnierbeginn und anfänglicher Nervosität, verursacht durch die ungewohnten Bedingungen, konnte ich als „Nobody" und ungesetzter Spieler bis ins Finale vorstoßen. Von der Turnierleitung wurde es als eine Sensation gewürdigt. Im Finale spielte ich übernervös und verkrampft. Die rund 600 Zuschauer hemmten mich eher, als dass sie mich beflügelt hätten. Mein Gegner Matthias Müller-Seele war ein sehr erfahrener, routinierter und taktisch gut spielender Gegner. Er konnte mit der Situation viel besser umgehen und nutzte meine extreme Nervosität gnadenlos aus. Es stand 4:6, 2:5 und ich hatte in den darauffolgenden fünf Minuten vier Matchbälle gegen mich. Da die anderen Endspiele bereits beendet waren, hielten sich plötzlich 1.200 Zuschauer rund um unserem Centre Court auf.

Das Spiel war eigentlich verloren. Ich überlegte, ob ich es nach dem Spiel zeitlich noch schaffen würde, mit meinen Kindern Abend zu essen und ins Kino zu gehen. Denn ich feierte an diesem Sonntag des Finalspiels meinen 45. Geburtstag. Doch es sollte ganz anders kommen. Ich spielte nicht besser. Aber angesichts der sich abzeichnenden Niederlage wurde ich etwas lockerer. Es gelang mir, meine viel zu hohe Körperspannung zu reduzieren. Dadurch wurde ich beweglicher und schneller. Trotzdem hatte mein sehr guter Gegner bei einem Matchball einen für ihn recht leichten Schmetterball und beim zweiten Matchball mit seiner Vorhand, die er vorher sicher im Schlaf verwandelt hätte, einen „Elfmeter" verschlagen. Ich schaute ungläubig auf die Ballabdrücke, der Stuhlschiedsrichter und die Zuschauer ebenso. Beide Bälle waren ganz knapp im Aus. War dies Glück, Schicksal? Oder hatte es einen tieferen Sinn?

Das Publikum feuerte mich auf einmal an. Ich stand mit dem Rücken zur Wand und die Tennis-Fans puschten mich, spürten die aufkommende Dramatik. Mir gefiel diese Atmosphäre. Ich mag grundsätzlich die Situationen, in denen man aussichtslose Partien drehen kann. Diese Augenblicke machen den Sport so attraktiv. Ich konnte zwei weitere Matchbälle abwehren und war wieder im Spiel. Den zweiten Satz gewann ich nach fünf gewonnenen Games noch 7:5. Im dritten Satz war dann der körperliche Abbau nach dem unerbittlichen Kampf bei beiden deutlich spürbar. Ich hatte meinerseits beim Stand von 5:4 und 40:30-Führung den ersten Matchball, returnierte seinen Aufschlag gut ins Feld. Dann gelang mir nach einem endlosen Ballwechsel ein gefühlvoller, unerreichbarer Rückhand - „kurz-cross Passierball". Was für ein grandioses Ende. Spiel, Satz und Sieg! Komplett entkräftet rannte ich am Netz vorbei auf die andere Seite, umarmte meinen fairen Gegner Müller-Seele und zollte ihm höchsten Respekt für seine Leistung.

Ich war total erschöpft. Aber gleichzeitig glücklich und sehr stolz, dass ich dieses Turnier gewinnen konnte. Im Augenblick des Sieges liefen mir viele Bilder durch den Kopf. Einmal das jahrzehntelange Training, das jetzt mit dem Deutschen Meistertitel belohnt wurde. Aber auch die harten Workouts mit der Fitnesstrainerin Gudrun im Urlaub. Und nicht zuletzt, dass mein langjähriger Trainer Hans Müller jetzt stolz auf mich sein würde. Ich spürte ein ganz tiefes Gefühl der Freude. Die 1200 Zuschauer waren begeistert. Es war kein hochklassiges Match, aber an Dramatik kaum zu überbieten. Nun musste ich aber meinen Kindern erklären, dass der Kinofilm und das Abendessen leider ausfallen müssen, da das Spiel mit über vier Stunden mir jegliche Kraft geraubt hatte. Mein Sohn Lars, mit seinem Maskottchen Eddie-Bär (sein geliebtes Stofftier), hatte vollstes Verständnis. Meine Tochter Svea schlug vor, auf der Rückfahrt noch ein schönes Eis zu essen. Das war ein aufregender, unvergesslicher 45. Geburtstag. Ich war froh, dass meine Kinder an diesem Finaltag mit mir fuhren und mein persönliches Highlight miterleben durften. Das machte uns alle drei sehr stolz.

Den Deutschen Meistertitel widme ich Monika Kamen, die mich für das Turnier in Bad Neuenahr angemeldet hatte. Dank ihr konnte ich erfahren, dass auch im Seniorentennissport großartige Veranstaltungen möglich sind. Ich war beeindruckt von der Begeisterung der älteren Tennisspieler und der extrem hohen körperlichen Leistungsfähigkeit der älteren Generation. Am meisten aber beeindruckte mich die Hilfsbereitschaft der vielen ehrenamtlichen Helfer und der Turnierdirektorin Anette Bartsch, die dafür zwei komplette Wochen ihres Jahresurlaubs opferten. Das ist leidenschaftliches Engagement und im deutschen Tennisturniersport einmalig.

Abbildungen siehe Seite 248 – 249

Europameisterschaften in Seefeld

Infiziert von Bad Neuenahr, beschlossen Monika Kamen und ich, zur Europameisterschaft nach Seefeld zu fahren. Es war mein erstes ITF-Weltranglistenturnier. Da ich an das Ritual der Anmeldung von Bad Neuenahr glaubte, bat ich Monika, uns anzumelden. Zuerst musste sie für mich eine Identifikationsnummer bei der ITF (International Tennis Federation) beantragen, damit ich überhaupt die Erlaubnis bekam, mitzuspielen. Es sollte für uns beide ein ganz tolles Turnier werden. Monika gewann im Einzel ganz souverän den Europameistertitel. Ich stieß als ungesetzter Spieler, ohne jegliche Weltranglistenplatzierung, bis ins Finale vor. Mein Endspielgegner war die Nummer Eins der Weltrangliste, der Österreicher Clemens Weinhandl. Ich spielte auf meinem Lieblingsbelag „Teppich" Serve-and-Volley-Tennis in Perfektion und führte 7:6, 3:0 sowie 40:15. Dann schlug ich einen Schmetterball ins Feld, so 40 cm vor die Linie. Und dann gleich einen Volley direkt auf die Linie. Clemens Weinhandl gab aber beide Bälle aus und der österreichische Oberschiedsrichter schaute, als ich ihn verdutzt anstarrte, verstohlen weg und korrigierte den Ruf meines Gegners nicht. Darüber regte ich mich innerlich so wahnsinnig auf, dass ich die Konzentration verlor und die nächsten beiden Sätze mit 4:6, 4:6 abgab. Ich zahlte bitteres Lehrgeld, wurde aber bei meinem ersten Weltranglistenturnier immerhin Vize-Europameister. Insgesamt war ich auf meine Leistung sehr stolz, hatte auch das Gefühl, alles gegeben zu haben. Im Mixed konnte mich Monika wieder aufbauen. Wir gewannen den Europameister-Titel und kletterten bald danach durch drei weitere erfolgreiche Turniere auf Rang sechs der Mixed-Weltrangliste.

Im Einzel konnte ich mich durch Siege bei Weltranglistenturnieren in Singen und Ottersweier sowie einem dritten Platz bei der Europameisterschaft in Baden-Baden auf Platz 20 der Einzel-Weltrangliste nach vorne arbeiten. Durch jeweils einen guten 3. Platz bei den Deutschen Meisterschaften in Bad Neuenahr 2018 und 2019 sowie den dritten Platz bei der Deutschen Hallenmeisterschaft in Essen 2019 wurde ich vom Deutschen Tennisbund (DTB) für die Mannschafts-Weltmeisterschaften in Miami 2018 und 2019 nominiert. Dies machte mich insgesamt sehr stolz. Schließlich hatte ich mir diese Nominierung trotz der hohen beruflichen Verpflichtungen erkämpft. Das fühlte sich gut an. Und motivierte mich auch ungemein.

Abbildungen siehe Seite 250

Reflexion zu Miami

Die Nominierung für die Nationalmannschaft war für mich als Sportler die größte Wertschätzung, die ich erfahren konnte. Ich konnte viele Dinge im Sport durch die eigene Leidenschaft, Disziplin, Willensstärke und die Hilfe meines Trainers und Mentors erreichen. Irgendwie hatte ich das Gefühl, wenn ich an Dinge glaube, dafür kämpfe und einstehe, dass sich schon alles in die richtige Richtung fügen würde. Mein sportlicher Werdegang, der mich zufällig vom 13-jährigen Anfänger bis in die Nationalmannschaft geführt hat, ist ein in meinen Augen vorgegebener schicksalhafter Weg. Diese Spur wurde mir vorgegeben durch einige schicksalhafte Begegnungen, die mich zum sportlichen Höhepunkt Miami leiteten.

Es gab so viele Eckpfeiler: Die fehlende Bereitschaft meines Vaters zur Unterstützung meines Fußballsports, das Kennenlernen von Hans Müller im Tennisverein TC Rodgau-Dudenhofen, die Banklehre, die mich zu einer sportlichen Entscheidung zwischen Fußball oder Tennis zwang, die nicht wissentliche Meldung Monika Kamens für die Deutschen Meisterschaften und last but not least die private Unterstützung meiner Familie und Freunde. Dieses gesamte Puzzle ergibt im Rückblick einen schicksalhaften Weg, den Sinn meines sportlichen Lebens.

Durch sehr viel Engagement und Fleiß konnte ich im Leben wunderbare Dinge vollbringen und viel positiv beeinflussen und bewirken. Ich erlangte den Glauben, dass sich alles fügen wird. Allerdings musste ich auch feststellen, dass der Mensch verwundbar ist und – um mit Heraklit zu sprechen – „in der Geburt schon der Tod verankert ist. Die größte Stärke seines eigenen Seins und Schaffens und die beste Gesundheit sind bedroht von Verletzlichkeit, plötzlicher Krankheit oder dem Tod." Im Leben ist für mich nicht alles kontrollierbar. Ich kann nicht alles überwachen und beherrschen und das muss ich akzeptieren. Horst Stumpf, ein guter Tennisfreund sagte mir einmal: „Nichts im Leben ist beständiger als die Veränderung, es gibt keine Sicherheit." Mit diesem Satz sollte er Recht behalten, wie sich auf den folgenden Seiten dieses Buches zeigen wird.

Teil 2

Vom gesunden, erfolgreichen Leben in die Krebsklinik

Wie schon erwähnt, steigerte ich mich im von mir sehr geliebten Tennissport kontinuierlich. Aus dem Anfänger wurde inzwischen eine Nummer vier der Deutschen Rangliste, dreizehnmaliger Hessenmeister, Deutscher Hochschulmannschaftsmeister, mit 48 Jahren immer noch 555 ster der Deutschen Herren-Rangliste (LK 1) und im Oktober 2019 Kapitän der deutschen Nationalmannschaft.

Doch das Leben schreibt leider nicht nur fröhliche und erfolgreiche Kapitel. In diesem Teil geht es nun um die Verletzlichkeit des Menschen und um Schicksalsschläge, die das Leben von einer Minute auf die andere verändern können. Mein Leben wurde insbesondere durch Schicksalsschläge schlagartig verändert. Alles begann im März 2012 in einer Tennishalle im Stadtteil Rodgau-Niederroden. Mein langjähriger Trainingspartner und Mannschaftskollege Andreas Ainalides vom TK Langen machte mich nach unserem Training beim Wechseln der Socken auf eine Rundung auf meinem Fußrücken aufmerksam. Ich selbst hatte diese nicht bemerkt. Wenn ich den Fuß überstreckte, konnte ich es dann schließlich auch selbst sehen und wahrnehmen: Es war geschätzte drei cm groß, wenn ich den Fuß überstreckte. Ich hatte keinerlei Schmerzen und auch die befreundete Orthopädin meiner damaligen Freundin fand während der Hessenmeisterschaften im Juni 2015 beim Ultraschall nichts Beunruhigendes. Meine Freundin, eine angesehene Nephrologin und Mitchefin einer großen Gemeinschaftspraxis in der Nähe von Frankfurt, war auch der Meinung, dass, so lange nichts schmerzt oder mich behindert, nichts zu unternehmen sei. Ich konnte meinen Alltag und meinen Sport in den weiteren Jahren ganz normal ausüben, beachtete dieses runde Teil auf meinem Fuß nur beiläufig. Alles lief wie gehabt. Wie schon beschrieben, konnte ich sportlich auch internationale Weltranglistenturniere gewinnen und Finals erreichen.

Im Dezember 2018 gewann ich zum zweiten Mal in Folge die Bezirksmeisterschaften in der offenen Aktivenklasse bei den Herren im Tennisbezirk Offenbach. Ich war gut gerüstet für meine zweite Europameisterschaft im Januar 2019 in Seefeld. Monika und ich reisten wieder eineinhalb Tage vor Turnierbeginn an, um uns an die besonderen Gegebenheiten zu gewöhnen. In einer Höhenlage von 1200 m über dem Meeresspiegel muss man sich zum Beispiel an ein höheres Absprungverhalten der Bälle gewöhnen: Slice-Bälle springen extrem schnell und flach ab, Aufschläge sind wesentlich schwieriger zu retournieren. Ich war extrem gut vorbereitet und stieß locker ins Halbfinale vor, in dem ich, wie bereits 2018, gegen die aktuelle Nummer eins der Weltrangliste spielen durfte. Mein Gegner war Gerhard Fahlke aus Hamburg. Wir kannten uns aus verschiedensten Bereichen im Tennissport schon gut 25 Jahre. 2008 spielten wir sogar zusammen in der Hessenligamannschaft des TK Langen. Wir schätzen uns gegenseitig sehr. Mich beeindruckten vor allem seine Professionalität und die Disziplin, mit der er seine Ziele im Sport verfolgte. Er war im letzten Jahrzehnt der konstanteste Spieler in der ITF-Seniorenweltrangliste (Weltbester bei den Herren 35, 40 und 45). Durch meine guten Hallenturnierergebnisse rechnete ich mir eine Außenseiterchance aus. Nachdem ich den ersten Satz knapp im Tiebreak gewonnen hatte, wurde Gerhard unruhig und wollte mich mit verschiedenen provozierenden Verhaltensweisen aus dem Konzept bringen. Für mich nichts Neues, denn seine Spielchen kannte ich aus unserer gemeinsamen Mannschaftszeit beim TK Langen bestens. Wenn jemand in sein „Revier" eindrang, wurde er zum Tier und ging dabei auch deutlich über die Regeln des Fair-Play hinaus. Das wurde im zweiten Satz noch extremer, da ich auch in diesem immer leicht vorne lag. Neben der Tasche von Gerhard lagen mittlerweile sieben abgezogene Griffbänder, rund acht Schläger, die permanent auf ihre Härte getestet wurden, mindestens acht Flaschen mit Wasser und Elektrolyten, Bananenstauden und etliche Schmerztabletten wegen einer leichten Lendenwirbelblockade.

Er wurde immer wütender und provozierte mich mit bösartiger Mimik und verbalen Entgleisungen. Da ich aber so im „Flow" war, schaffte ich es im zweiten Satz auch in den Tiebreak und hatte in diesem bei 6:5 einen Matchball. Er schlug seinen berüchtigten Linkshänder-Aufschlag von links nach außen und ich musste fast in den seitlichen Zaun springen, um den Return mit einem sehr guten flachen Slice in die Mitte des Feldes zu retournieren. Dieser Ball war so flach, dass man ihn eigentlich gar nicht voll durchziehen konnte. Gerhard Fahlke gelang es. Er schlug den Ball mit der Vorhand mit brachialer Härte an die Netzkante, von dort sprang der Ball einen Meter nach oben, stand in der Luft still und tropfte in Zeitlupe knapp auf meine Seite. Gerhard entschuldigte sich mehrmals mit einem leichten Zwinkern bei mir. Ich verlor die nächsten zwei Punkte ganz unglücklich und somit den zweiten Satz mit 6:7. Im dritten Satz ging es dann schnell: Ich machte keinen Punkt und verlor 0:6. Die Leere, die ich danach fühlte, muss auch Matthias Müller-Seele, mein Gegner bei den Deutschen Meisterschaften in Bad Neuenahr 2017, nach seinen Matchbällen gegen mich gefühlt haben. In diesem Moment musste ich an ihn denken.

Im Sport gibt es permanent schicksalhafte Erlebnisse, die in die eine oder andere Richtung kippen können. Was war jetzt der Sinn dieses Matches in Seefeld, unglücklich zu verlieren, oder bei den Deutschen Meisterschaften 2017 glücklich, aber eher unverdient zu gewinnen? Ich glaube, es ist einfach Schicksal.

Dennoch war dieses Halbfinale, zumindest in den ersten beiden Sätzen, mein bestes Match auf Teppichboden. Gefühlt verschlug ich keinen Volley, spielte nach seinen Hochgeschwindigkeitsreturns, die vor meinen Füßen einschlugen, unglaubliche Halbvolley-Winner. Gerhard fluchte während des Matches, dass er solche „Glücksvolleys" noch nie gesehen hätte. Übrigens gewann Fahlke dann das Finale gegen einen ehemaligen Ex-Profi aus Prag glatt in zwei Sätzen.

Einen Tag später saßen Gerhard Fahlke, seine Freundin, meine Mixed-Partnerin Monika Kamen und ich beim Mittagessen, die Emotionen waren inzwischen wieder „herunter gekocht". Monika und ich wurden zumindest im Mixed und ich auch im Herrendoppel mit meinem Partner Toby Mitchell immerhin Vize-Europameister. Monika gelang dies im Doppel ebenfalls. Und so konnten wir doch mit vielen positiven Erlebnissen nach Hause fahren.

Abbildungen siehe Seite 251

Wahrnehmung der Veränderung am Fuß

Anfang Februar 2019 spielte ich zur Vorbereitung auf die Deutschen Meisterschaften in Essen ein regionales Vorbereitungsturnier. Ich verspürte häufig einen Schmerz an der linken Fuß-Seite, den ich schon in Seefeld bei dem harten Match gegen Gerhard Fahlke verspürt hatte. Dieses Turnier gewann ich trotz sehr starken Schmerzen, die mich bewogen, anschließend sofort zum Arzt zu gehen.

Er stellte eine Prellung am Knochen, ein Knochenödem, fest. Auf dem Ultraschall und den MRT-Bildern kam auch wieder meine Schwellung in der Nähe des Sprunggelenks zum Vorschein, die inzwischen sichtlich vergrößert war, dennoch keinerlei Schmerzen verursachte. Das „Ei" war nun rund 5,5 cm groß. Das Hauptaugenmerk der Untersuchung lag aber auf dem Knochenödem und der Fragestellung, ob mir der Arzt für die Deutschen Meisterschaften in Essen grünes Licht geben würde. Der Orthopäde erlaubte mir nach seiner Untersuchung die Teilnahme. Der Turnierarzt in Essen behandelte mein Knochenödem vor jedem Match mit Ultraschall und Laser-Therapie. Ich konnte durch einen Druckstützverband eine gute Stabilität erreichen und belegte einen guten 3. Platz. Ab dem Viertelfinale hatte ich jedoch bei jedem Schritt extrem starke Schmerzen im Fuß und nach dem Turnier konnte ich einige Wochen kaum laufen.

Mein Fuß erholte sich erst langsam im Laufe der nächsten Wochen. Im Sommer konnte ich dann einige Finals bei internationalen Weltranglistenturnieren erreichen. Es kam der Zeitpunkt, dass die Verdickung meines Knöchels am linken Fuß spürbar immer größer und für jeden auffallend sichtbar wurde. Ich kann es nicht genau auf den Tag datieren, aber es war irgendwann zwischen Juli und

September 2019, als ich nachts sehr oft aufwachte und einen massiven Schmerz wie bei einem starken Reizstrom im linken Fuß fühlte. Ich merkte, dass etwas in meinem Fuß arbeitete, und wollte es nachsehen lassen. Der Sportmediziner Karsten Reimann nahm sich im Oktober 2019 dieser Geschwulst an, genauso wie mein sehr guter Freund, der Radiologe Robert Merget. Man ging von einem Ganglion aus, was aber nicht hundertprozentig radiologisch abgesichert war, da einige Schatten auf den MRT-Bildern auch einen Tumor vermuten ließen. Wir wollten die Entwicklung nach meiner Weltmeisterschaft Anfang Dezember mit einem erneuten MRT-Bild kontrollieren. Nachdem mein Sportmediziner keinerlei Flüssigkeiten mit verschieden großen Nadeln aus meinem mittlerweile sieben Zentimeter großen und stark gewachsenen „Tennisball" herausbekommen hatte, war der Verdacht eines Tumors gegeben.

Die vormals eher entspannte Beachtung meines Fußes ohne größere Aufgeregtheit schlug nun in große Besorgnis um.

In Miami, Ende Oktober 2019, hatte ich in den Nächten schon starke Schmerzen in meiner mittlerweile sieben Zentimeter großen Kapsel. Es war ein komisches Gefühl, das aber verdrängt wurde. Wir hatten unser Ziel bei der Team-Weltmeisterschaft vor Augen, wollten eine gute Rolle spielen. Mein Sportmediziner verwies mich an den Fußchirurgen Dr. Papst. Dieser konnte nicht glauben, dass ich seit 2014 diesen wahrscheinlich gutartigen Tumor sichtbar im Fuß hatte, der vermutlich bereits 2012 entstanden war.

Chirurgischer Eingriff und die Folgen

Am 20. Dezember fand dann die Entfernung des Tumors, der laut Dr. Papst gut entfernt werden konnte, statt. An einer Stelle war der Tumor 1,3 cm aufgerissen, was auch meine nächtlichen Schmerzen in den letzten Wochen und Monaten erklärte. Dr. Papst beruhigte mich und sah es als sehr positiv an, dass die „Kugel" nur so klein aufgerissen war und sich hoffentlich nicht mehr verflüssigt und weitflächiger im Fuß verteilt hatte. Am 27. Dezember 2019 fuhr mich meine Freundin Kerstin zum Verbandswechsel ins Krankenhaus. Dr. Papsts Augen und seine ruhige Stimme zeigten mir, dass etwas nicht stimmte. Er sagte mir, dass es noch kein histologisches Ergebnis und somit keinen Befund gäbe. Nach Ansicht des Chirurgen war dies kein gutes Zeichen und ich sollte mit dem Schlimmsten rechnen.

An diesem Abend des 27. Dezember 2019 war ich allein in meiner Wohnung. Ich sah die Bilder meiner Kinder auf der Kommode stehen: Mein elfjähriger Sohn mit seinem Eddi-Bär, den er als Glücksbringer bei den Deutschen Meisterschaften ganz fest bei sich hatte und meine 20-jährige Tochter mit mir vor einem Restaurant im Sommerurlaub. In meinem Leben bin ich noch nie so in Tränen ausgebrochen. Ich musste so heftig weinen, dass ich kaum noch atmen konnte. Es war ein totaler Zusammenbruch. Es war für mich einfach nicht real, dass eine Geschwulst am Fuß ein bösartiger Krebstumor sein konnte. So etwas gibt es eigentlich nicht an dieser Stelle, ist absolut unvorstellbar. Wie kann so etwas passieren? Was hat dies zu bedeuten? So etwas kommt vielleicht bei einer von drei Millionen Personen vor. Für mich stellte dies eine Apokalypse dar.

Ich hatte das Gefühl, dass alles ganz schnell vorbei sein könnte. Die Auseinandersetzung mit dem Tod war auf einmal ganz nahe. Nachdem ich zwei Stunden geweint hatte, breitete sich in mir ein inneres Gefühl der Reinigung und Leere aus. Es war eine Leere, für mich der Punkt null, an dem ich mich noch nicht geschlagen geben wollte. Ich wollte für meine Familie da sein und kämpfen. So wie ich es im Sport gelernt hatte. Die Bedeutung von Freundschaft und Ängsten sollte ich noch auf eine mir ganz neue Art kennenlernen. Es scheint, als ob es das Schicksal so gewollt hätte.

Diagnose: Der Anfang vom Ende?

Am 6. Januar 2020 gab es wieder dasselbe Prozedere beim Verbandswechsel; die Universitätsklinik Frankfurt hatte noch immer keinen genauen Befund. Diese Wochen der psychischen Folter waren schlimm. Am 14. Januar verfasste die Uniklinik einen Nachbericht. In diesem wurde ein bösartiger Tumor im Weichteilgewebe vermutet, ein sogenanntes Synovialsarkom. Das bedeutete für mich im Nachhinein, dass der Schmerz, den ich nachts in Miami spürte, ein bösartiger und damals schon verflüssigter Weichteiltumor gewesen war oder – etwas bildhafter formuliert – der Ausbruch des dunklen Schmetterlings aus dem Kokon. Mein Radiologenfreund Robert Merget erklärte mir, dass mir in Miami bei einer eventuellen Sportverletzung an meinem Fuß, wenn der Tumor noch weitflächiger aufgerissen, bzw. aufgebrochen wäre, eine sofortige Amputation gedroht hätte.

Dieses Synovialsarkom ist derart selten, dass es fast unmöglich erschien, einen kompetenten Ansprechpartner zu finden. Meine Freundin und ich riefen in den ausgewiesenen Kliniken für Sarkome an. Wir kamen einfach nicht durch und auch E-Mails blieben von Seiten der Kliniken unbeantwortet. Auch von Dr. Papst kam keinerlei Unterstützung. Professor Hellmann konnte mir einen Kontakt zum Tumorzentrum in Mannheim herstellen und ich fuhr am 20. Januar 2020 mit Unterstützung meines Freundes Matthias nach Mannheim. Es fühlte sich an wie ein schlechter Traum. Vom Anblick im Wartezimmer wurde ich erst einmal komplett erschlagen. Nur hier auf dieser Station waren rund zehn Spezialärzte beschäftigt. Ich saß in einem Wartezimmer mit 60 weiteren Krebspatienten, die alle mit einer Nummer aufgerufen wurden. Vor drei Monaten trainierte ich noch in Miami als Nummer 20 der Weltrangliste mit dem ehemaligen Weltklassespieler Andrej Tscherkassow. Und jetzt, auch wenn ich mich topfit fühlte, war ich hier in der Krebsklinik in Mannheim. Unweit vor mir stürzte eine Frau beim Aufstehen, sie hatte kaum Kraft zu gehen. Ich sah das Leid der zum Teil etwas älteren, aber auch jüngeren Menschen. Sie waren gezeichnet und hatten schon einiges mitgemacht. Ich war die Nummer 2176 und Professor Hartenberger bat mich und Matthias herein. Meinen Befund nahm er nüchtern zur Kenntnis und zeigte mir Optionen auf, mit denen ich mich auseinandersetzen müsste. Es wurde von einer Amputation gesprochen, aber auch von Chemotherapie, Hyperthermie und einer wahrscheinlichen Nachresektion, also einer erneuten Operation. Diese Informationen waren für mich sehr hart. Ich war froh, dass mir Matthias, mein aristotelischer Freund fürs Leben, in diesen schweren Minuten beistand. Der Professor gab mir den Rat, schnellstmöglich einen Thorax-CT machen zu lassen, da ich den „dunklen Schmetterling" ja schon so sieben bis acht Jahre im Körper bzw. im Fuß hatte. Die Wahrscheinlichkeit sei sehr hoch, dass sich bei dieser Art von Sarkomen Metastasen in der Lunge bilden können.

Nach dem Gespräch mit Professor Hartenberger rief ich sofort meinen Freund, den Radiologen Robert Merget, an. Danach fuhr ich sofort in die Klinik nach Frankfurt, um eine Computertomographie des Brustkorbes zu machen. Während der Fahrt von Mannheim nach Frankfurt raste mein Puls. Matthias wollte mich beruhigen, dass es gar nicht so schlecht sei, mit einer Amputation zu leben. Auch damit könne man ein aktives Leben führen. Matthias fand an allem etwas Positives. Wie er mir später erzählte, schrie ich im Auto wild umher und beschimpfte ihn. Ich war voller Angst, überfordert und orientierungslos. Robert Merget hatte in Frankfurt in seiner radiologischen Abteilung schon alles vorbereitet. Ich legte mich fast apathisch auf den Tisch und über mich kam die Röhre, die die

Bilder machte. Ich konnte fast gar nichts mehr denken und nahm das positive Ergebnis von Robert fast ohne Anteilnahme auf. Positiv hieß in diesem Falle, es hatte nicht metastasiert oder gestreut. Ich war nicht mehr in der Lage, ein Auto zu steuern, Matthias brachte mich nach Hause und ich legte mich völlig erschöpft aufs Bett.

Universitätsklinik für Plastische Chirurgie Bochum

Meine Freundin Kerstin versuchte tagelang parallel, einen Kontakt zum Tumorzentrum in Heidelberg herzustellen, leider ohne Erfolg. Wir waren vollkommen frustriert. Ich versuchte, über einen befreundeten Professor in unserem Tennisclub einen Ratschlag einzuholen. Professor Christian Jackisch stellte über sein Netzwerk den Kontakt zur Universitätsklinik Bergmannsheil in Bochum her. Eine bekannte Klinik für Plastische Chirurgie, Schwerbrandverletzte und Zentrum für Handchirurgie. Des Weiteren werden dort Operationen bei gut- oder bösartigen Weichgewebstumoren durchgeführt. Professor Jackisch konnte innerhalb von drei Tagen einen Termin bei Professor Marcus Lehnhardt in Bochum organisieren. So fuhr ich mit meiner Freundin am 23. Januar 2020 in die Universitätsklinik nach Bochum. Hier wurden die letzten Jahre die meisten Sarkompatienten in Deutschland operiert. Und vor allem ist die Klinik für Plastische Chirurgie auf die Erhaltung von Gliedmaßen spezialisiert. Mit der Idee der Amputation aus Mannheim konnte und wollte ich mich noch gar nicht auseinandersetzen.

Prof. Lehnhardt machte auf mich einen sehr gut vorbereiteten, offenen, konzentrierten und strukturierten Eindruck. Er erklärte uns die Vorgehensweise und informierte mich umfassend darüber, was in meinem Fall bisher passiert war. Er machte mir am Ende des Gesprächs deutlich, dass es für mich nur einen alternativ- und kompromisslosen Vorschlag geben könnte: die großflächige Nachoperation mit Entfernung des gesamten umliegenden Gewebes sowie Durchtrennung der Strecksehnen am Fuß. Mit Hilfe der Plastischen Chirurgie würde aus dem rechten, gesunden Oberschenkel Gewebsmaterial, sogenannte Hautlappen, entnommen und unten im linken Fuß eingesetzt werden, damit der Fuß nicht ausgehöhlt bleibt. Aus meinem linken Unterschenkel sollte eine Sehne entnommen werden, um wenigstens zu versuchen, die Funktionalität des Zehenstreckermuskels wieder herzustellen. Professor Lehnhardt sprach von einer sieben- bis zehnstündigen Operation. Zwar sei eine Wiederherstellung der Funktionsfähigkeit des Fußes auch durch diese Operation fraglich, doch jetzt ginge es ums Überleben und nicht mehr um meinen geliebten Tennissport.

Am 27. Januar kam von einem Speziallabor aus Münster der endgültige pathologische Zweitbefund meiner Operation vom 20. Dezember, in dem die negative Diagnose erwartungsgemäß bestätigt wurde. Das Ganze hieß jetzt nur nicht mehr Synovialsarkom, sondern myxoides Liposarkom.

Die Pathologin und Professorin der Universitätsklinik Münster war von dem Befund regelrecht begeistert. Sie bedankte sich bei den Kollegen von der Universitätsklinik in Frankfurt und bat um die Verwahrung für weitere Forschungszwecke meines „dunklen, geschlüpften, einzigartigen Schmetterlings". Ich konnte mich hingegen überhaupt nicht begeistern, einen seltenen Weichteiltumor zu haben, der für Forschungszwecke weiterverwendet wird. Im Nachhinein hoffe ich, dass mein Fall der Forschung hilft, mehr Wissen über diese Art von Tumor zu erfahren und damit andere Menschen mit derselben Erkrankung besser heilen zu können.

In der Zwischenzeit musste ich eine Entscheidung treffen, in welcher Klinik ich die weiteren Behandlungsschritte durchführen lassen möchte. Nach einem intensiven Gespräch mit meinem freundschaftlichen Berater Professor Jackisch war klar, dass nur die Universitätsklinik Bergmannsheil in Frage kommen würde. Auch meine Freundin bestärkte mich bezüglich dieses Vorhabens. Doch ich war immer noch etwas unschlüssig. Dass meine Entscheidung dann endgültig für die Klinik in Bochum fiel, hat folgenden Grund: Nach der Operation im Dezember war mein Fuß immer noch öfter geschwollen und ich konnte meinen Knöchel nicht sehen. Nach allmählicher Abheilung fiel mir im Januar 2020 eine Schwellung am Fußrücken des operierten Fußes auf. Inzwischen war ich im Umgang mit meinem Fuß wesentlich sensibler und aufmerksamer. Deshalb schrieb ich den Professor in Bochum an und schickte ihm die Bilder per WhatsApp. Er trug mir auf, ein neues MRT-Bild zu machen. Mein Freund Robert Merget übernahm erneut diese Aufgabe. Für mich wurde zum ersten Mal in meinem vollen tieferen Bewusstsein ersichtlich, dass mein Gegner immer sichtbarer wurde. Der ausgebrochene dunkle Schmetterling vergrößerte sich rasend schnell. Das MRT ergab zusätzlich zwei neue Befunde, die Robert sehr traurig stimmten. Er erklärte mir die Ergebnisse bis ins letzte Detail. Viel hätte nicht gefehlt, dass wir beide zu weinen angefangen hätten. Es stellte sich heraus, dass es ein sogenannter „High Grade Tumor" der höchsten Kategorie, der Stufe 3, war. Diese Sarkome wachsen rasend schnell und sind oft tödlich. Das war eine Schockdiagnose.

Mir wurde sofort klar: Die Klinik in Bochum ist meine einzige Wahl und wahrscheinlich auch meine letzte Alternative oder wie Professor Lehnhardt mir sagte: „Es ist alternativlos."

Am Rosenmontag, es war der 24. Februar, begleitete mich meine sehr fürsorgliche Freundin Kerstin in die Universitätsklinik Bergmannsheil. Die Klinik sollte für die nächsten vier langen Wochen meine neue Heimat werden. Die Entscheidung war ein harter, aber wie schon gesagt, alternativloser Schritt. Ich hatte nach der ersten Operation ab dem Silvestertag 2019 ein sehr konsequentes Rehabilitations- und Aufbautraining für den Oberkörper und den Rumpf durchgeführt. Etliche Wochen konnte ich nicht laufen, musste mich disipliniert verhalten. Hier half mir der Leistungssport wieder zurückzukommen, um auch dieses Aufbautraining mit eisernem Willen durchzuführen und durchzustehen.

Jetzt hieß es nach zehn Wochen wieder bei Null anzufangen und die ganzen Übungen wieder diszipliniert durchzuziehen. Dies wurde für mich eine große mentale Herausforderung. Denn mir war klar, dass die kommende Operation um einiges heftiger sein würde als die vorherige im Dezember. Mein Weg des Aufbaus könnte Monate oder gar Jahre dauern, wie mir der Assistent von Herrn Lehnhardt mitteilte. An diesem und dem darauf folgenden Abend jagten mir sehr viele Gedanken durch den Kopf: „Verlierst du deinen Fuß?" „Verlierst du das Gefühl in deinem Fuß?" „Kannst du jemals wieder normal laufen und mit deinen Kindern toben oder Sport machen?" „Kannst du deinen Job wieder ausüben?" „Ist dein Leben überhaupt noch lebenswert?" Ganz ehrlich: Krebs als Sternzeichen wäre mir lieber gewesen!

Eine willkommene Ablenkung war der Besuch meines Nationalmannschaftskollegen und Freundes Martin und seiner Frau Eva, die in der Nähe von Bochum leben. Mit meiner Freundin und den beiden Besuchern verbrachte ich einen wunderschönen Abend in einem italienischen Restaurant. Natürlich merkte ich, dass Martin und Eva sehr bedrückt und traurig wegen meiner Erkrankung waren. Aber sie hielten die Stimmung hoch, wir haben den ganzen Abend viel gelacht. Am Tag vor der ersten Operation ging ich mit meiner Freundin noch einmal ausgiebig spazieren. Sie tat alles, um mich, so weit es nur ging, irgendwie aufzubauen. Ich absolvierte noch ein kleines funktionelles Kräftigungsprogramm und versuchte zu schlafen. Nach einer unruhigen Nacht wurde ich dann gegen sieben Uhr in den OP-Saal gefahren. Ich gab mir Mühe, positiv zu denken.

Um die Mittagszeit herum wachte ich nach der Operation auf, wurde dann in mein Zimmer gefahren. Der Professor und sein Assistenzarzt mussten mir leider mitteilen, dass die Streckung meines großen Zehs nicht mehr möglich ist. Ein ganz bitteres Gefühl: Im daneben liegenden Zeh hatte ich ebenfalls kein Gefühl, zudem bemerkte ich an dieser Stelle auch den Verlust des Strecksehnenreflexes. In den nächsten Tagen kamen Unmengen von Blut und Wundsekret aus der riesigen Wunde. Der Professor sprach von einem 14 Zentimeter breiten Schnitt (fast die vollständige Fußbreite) und vom Schienbeinansatz 22 Zentimeter in die Tiefe fast an die Zehen angrenzend. In die Tiefe wurde bis zum Knochen alles entfernt und entnommen. „Alles" bedeutet in diesem Fall das Gewebe- und Sehnenmaterial. Jetzt musste ich auf den pathologischen Befund warten und hoffen, dass der Chirurg alles vom Tumor und Tumorgewebe erwischen und ausräumen konnte. Wie schon im Dezember war dies eine unerträgliche Zeit des Wartens, eine mentale Extremsituation, man könnte fast schon von einer psychischen Folter sprechen. Während meines Aufbautrainings im Fitnessstudio unterhielt ich mich in den letzten Wochen oft mit Richard. Er ist Anfang 30 und hatte bereits mit 18 Jahren einen extrem aggressiven Lymphdrüsenkrebs gehabt. Seine Überlebenschance wurde mit 40:60 % eingeschätzt. Momentan erfreute er sich guter Gesundheit. Die Gespräche mit ihm gaben mir den letzten kämpferischen Feinschliff, den ich dringend benötigte, um den harten Kampf anzunehmen.

Richard sagte mir oft, dass alles jetzt nur noch über den Kopf, den Willen und das positive Denken zu bewältigen sei. Ich versuchte seine Worte immer zu beherzigen und dachte sehr oft im Krankenhaus an ihn. Und hoffte, dass es das Schicksal jetzt mit mir endlich gut meinen würde.

Der pathologische Befund kam am 4. März. Für mich fiel er positiv aus. Denn darin hieß es, dass das gesamte tumorartige Gewebe und die bösen Zellen entfernt werden konnten. Bei dem, was jetzt schon herausgeschnitten worden war, wäre es im Falle, dass das komplette Tumorweichteilgewebe nicht hätte entfernt werden können, zu einer Amputation gekommen. Diese Hürde wurde also genommen. Jetzt konnte die nächste, noch größere Operation geplant werden. Mittlerweile hatte ich in meinem linken Fuß so gut wie kein Gefühl mehr. Er fühlte sich taub, abgestorben und steif an. Und die Nachblutungen sowie die Wundsekretabsonderungen waren auch nach fünf Tagen nicht weniger geworden. Beim Verbandswechsel konnte ich meinen Fuß mit der provisorischen Schaumstoffeinlage sehen. Beim Anblick der weitflächigen Wunde erlitt ich einen Schock. Es sah aus wie eine Kriegsverletzung, tief blutdurchtränkt, einfach komplett irreparabel. Dennoch hoffte ich, dass es in dieser Klinik eine Möglichkeit geben würde, den Fuß zu erhalten. Professor Lehnhardt führte mit mir viele Gespräche, bei denen oft auch andere Oberärzte sowie ein weiterer Professor dabei war. Professor Lehnhardt berief dazu die besten Kapazitäten, die es in Bochum für Plastische Chirurgie gab. Diese Experten erklärten mir am Abend des 4. März, dass bei der am nächsten Tag stattfindenden Operation zwei Sehnen, eine seitlich vom Fuß und eine im Bereich des seitlichen Wadenkopfes, transplantiert werden würden. Drei andere Spezialisten würden parallel dazu an der Lappenplastik an meinem rechten Oberschenkel die Gewebs- und Gefäßdeckung meines linken Fußes vorbereiten. Denn die Belastung für den Oberschenkel wäre zu groß, die Funktionalität des zu deckenden Fußes wäre samt plastischer Transplantation der Sehnen sonst nicht sichergestellt. Die Ärzte versprachen mir, dass sie ihr Bestes geben würden. Sie erklärten mir noch einmal die Reihenfolge ihrer Ziele:

1. Befreiung vom kompletten Weichteiltumorgewebe samt befallener Sehnen.

2. Plastische Deckung des Fußes mit Oberschenkelgewebsmaterial und Rekonstruktion der Zehenstreckersehne.

3. Versuchte Herstellung der Funktionalität.

Ich erkundigte mich bei Professor Lehnhardt, wie die Folgebehandlung nach der Operation wahrscheinlich aussehen würde. Seiner Meinung nach müsse ich zu 90 Prozent damit rechnen, dass eine Bestrahlung als zusätzlich verstärkende Sicherheitsmaßnahme sechs bis acht Wochen lang durchgeführt wird und erst danach mit einer Rehabilitation in einer Klinik angefangen werden könne, da die Bestrahlung eine belastende Komponente für den „frischen Fuß" darstellen und wieder Strukturen zerstören würde.

Am 5. März wurde die Operation durchgeführt. Ich wurde um sieben Uhr wieder einmal aus dem Zimmer in den OP-Saal gebracht. Einerseits war ich nervös, andererseits positiv gestimmt, denn ich wusste, dass die Ärzte ihr Bestes geben würden. Die Operation dauerte bis 12:07 Uhr, danach wurde ich in den Aufwachraum gefahren, zweieinhalb Stunden später wurde ich auf die Intensivstation verlegt

Intensivstation

Die nächsten dreieinhalb Tage musste ich auf der Intensivstation verbringen. Was ich nach der Operation spürte, waren die stärksten Schmerzen meines Lebens. Ich halte meine Leidensfähigkeit für relativ hoch, bin sicher nicht jemand, der gleich wehleidig jammert, wenn es ein wenig weh tut. Aus dem Leistungssport war ich es schließlich gewohnt, mit Schmerzen umzugehen. Aber diese Schmerzen waren definitiv zu viel.

Das entnommene Gewebsmaterial passte perfekt auf den zu deckenden Fuß. Allerdings hätte es noch zwei bis drei Zentimeter mehr Hautlappen benötigt, damit der Zug auf dem Oberschenkel geringer ausfällt. Der erfahrene Chirurg Professor Lehnhardt meinte lächelnd, dass ich die Schmerzen ihm zu verdanken habe. Diese würden aber nach zwei bis drei Tagen nachlassen. Ich bekäme eine Menge Schmerzmittel und Opiate verabreicht, um die Schmerzen ertragen zu können. Das zentimetergenaue Einpassen des Oberschenkelmaterials könne so nicht bleiben, da durch den immensen Druck das Gewebe absterben würde. Also müsste die Wunde wieder geöffnet und eine Schaumstoffeinlage installiert werden. Deswegen müsse man in der kommenden Woche eine erneute Operation durchführen, die aber nicht so lange ausfallen würde, versicherte mir mein Chirurg. Doch zurück zur Intensivstation: Mein Körper kämpfte und mein Fieber stieg immer weiter an. Meine Freundin Kerstin war mir in dieser Zeit eine große Unterstützung. Ich war vorher noch nie auf einer Intensivstation. Es war sehr anstrengend. In meinem damaligen Zustand empfand ich den Lärm, das Durchspülen der Duschköpfe und Sortieren der Glasflaschen als stark belastend. Auch wenn mir klar ist, dass es der Hygiene auf der Intensivstation geschuldet war, war dies ein irrer Geräuschpegel, der mich drei Nächte lang am Schlafen hinderte. Ferner kamen die Pfleger

und Ärzte alle ein, zwei Stunden, um zu kontrollieren, dass alles in Ordnung sei. An Schlaf oder gar eine Erholung ist unter solchen Umständen kaum zu denken. Nachdem ich also keinen Schlaf finden konnte und ohnehin schon körperlich geschwächt war, bekam ich langsam leichte Panikattacken, die Schweißausbrüche verursachten. Verstärkt wurden die Schweißausbrüche durch die Komplettverbände an beiden Beinen, was natürlich eine unheimliche Wärme verursachte. Da mein linker Fuß immer warm gehalten werden musste, wurde die Wärme mit einem Heizgerät unterstützt. Auch die zusätzlichen Decken trieben mir Schweißperlen über den gesamten Körper. Ich hatte das Gefühl, keine Luft zu bekommen und zu ersticken. Innerlich fühlte ich mich irgendwie zerrissen: Einerseits den Fuß warmhalten, andererseits auch nicht zu viel Wärme, da ich das Gefühl hatte, dass das Fieber unaufhörlich weiter stieg.
Mir war jetzt als „Komplettverbundener an beiden Beinen" immer klarer: Der linke Fuß ist steif, die neue Zehenstreckersehne wurde aus dem linken Unterschenkel entnommen, rekonstruiert und mit zwei Metallnägeln von 15 Zentimeter Länge installiert, um den Fuß in der richtigen Position zu halten. Ansonsten war mein linker Fuß gefühlt taub und total steif. Das rechts verbundene Bein war mit einem großen Loch durch die Entnahme des Gewebelappens gekennzeichnet und musste noch einer Hauttransplantation unterzogen werden.

Das schlimmste Erlebnis auf der Intensivstation war aber die medizinische Assistentin und Pflegekraft Olga P. Ich hatte das Gefühl, dass mein Fieber unaufhörlich stieg und dass etwas mit mir nicht stimmte. Mein Ruhepuls, der sonst bei 40 bis 50 liegt, stieg auf 140/150 an. Dies lag daran, dass mein Körper mit den ganzen Strapazen fertig werden musste. Ich fragte Frau P., ob sie mein Fieber messen könnte. Als Antwort schrie sie mich an, was bei mir im Leben falsch gelaufen wäre und dass sie auch noch andere Patienten zu betreuen hätte. Ich lag da, wehrlos wie ein Häufchen Elend. Und war fassungslos. Diese Pflegekraft brüllte die ganze Nacht, deutlich hörbar in sämtlichen Pflegekabinen und auf dem Gang. Sie war nie ansprechbar, knallte mir das tägliche Essen vor mein Gesicht und schimpfte in ihrer Muttersprache. Diese Frau bereitete mir dreieinhalb Tage lang eine psychische Hölle. Trotz Beschwerden bei der jungen Stationsärztin musste ich Olga P. diese dreieinhalb Tage ertragen. Damit kein Irrtum entsteht: Generell habe ich sehr großen Respekt und viel Wertschätzung für Menschen, die in Pflegeberufen arbeiten. Mein Verständnis und Mitgefühl für die Krankenschwester Olga P. hielt sich angesichts meiner sehr schlechten körperlichen und psychischen Verfassung allerdings in Grenzen. Ich kannte einige russische Schimpfwörter von meinem langjährigen Trainingspartner und unserem damaligen Spitzenspieler in Offenbach Igor Kornienko. Und deshalb kann ich sagen, dass ihre Schimpftiraden in der russischen Sprache teilweise schwere Beleidigungen der Patienten waren.

Durch den Kopf ging mir in diesen Tagen: „Ich bin Vollinvalide". Dies ist die höchste Strafe für jemanden, der bislang ein bewegungsorientiertes, aktives Leben geführt hat. Für jemanden, der gerne durch die schöne Landschaft joggte oder mit Leidenschaft Tennis spielte, war das absolute Höchststrafe. Fünf Tage lang durfte ich mich nicht aus meinem Krankenhausbett bewegen, weil mein neuer Gewebslappen und die Gefäße sich in meinem Fuß neu miteinander verbinden mussten. Mit meinem rechten Bein konnte ich mich auch nicht auf die Seite rollen. Dies bedeutete fünf Tage lang nur in der Rückenlage zu liegen. Die Schmerzen waren kaum auszuhalten. In der unteren Lendenwirbelsäule war das Gefühl vergleichbar mit zwanzig heftigen Tritten von dem härtesten Fußball-Defensivspieler

Vinnie „die Axt" Jones. Meine Gesäßmuskulatur war so entzündet, dass ich bei der leichtesten Berührung vor Schmerzen schreien musste und fühlte sich so an, als sei sie mit blauen Flecken übersät. Das Liegen auf dem Gesäß wurde immer schmerzhafter und unangenehmer.

Schmerzhafte Erfahrungen hatte ich bereits früher, aber dies war ein ganz anderer Level. Bereits als Auszubildender in der Bank fühlte ich mich einer Art „Folter" ausgesetzt. Damals sagte ich mir, dass im Nachhinein alles einen tieferen Sinn hat. Nun lag ich auf der Intensivstation, und litt Höllenschmerzen und fragte mich: „Was ist der tiefere Sinn einer solchen Krankheit?"

Am vierten Tag der Unbeweglichkeit im Bett sprach mit mir bei der morgendlichen Visite Professor Lehnhardt über die Anschlussbehandlung. Um die Rückfallgefahr des Krebses zu verringern, wäre nach seiner Erfahrung eine Strahlenbehandlung angemessen. Dabei bestehe die Gefahr, dass die Sehne stark beschädigt und schlimmstenfalls sogar reißen könnte. Das trübte meinen schon ohnehin trüben Gemütszustand zusätzlich. Für was diese ganze Tortur mit der Sehne, wenn sie dann vielleicht doch nicht erhalten werden kann? Ich fühlte mich miserabel. An was sollte ich mich hochziehen oder mental aufbauen? Es war ein absoluter Tiefpunkt. Ich merkte, dass die bewegungslose Zeit nicht nur an meinen physischen Kräften (wahrnehmbarer Muskulaturabbau), sondern auch an meiner psychischen Widerstandskraft zerrte. Den Muskulaturabbau zu spüren, traf mich hart.

Mit dieser erstmals deutlich schlechteren psychischen Grundeinstellung musste ich mich auf die letzte Operation einstimmen. Ich konnte, wie soeben beschrieben, kaum noch liegen. Jetzt stand noch die Hauttransplantation von der nebenliegenden Oberschenkelwunde an. Das bedeutete, dass etwas Spalthaut entnommen wurde, ähnlich einer Schürfwunde, um den offenen Oberschenkel zu verschließen. Am 12. März war es so weit. Weil die Operation, die vor meiner durchgeführt wurde, länger als erwartet dauerte, musste ich eineinhalb Stunden im Vorbereitungsraum verbringen, was meiner psychischen Verfassung abträglich war. Mir gingen tausend Dinge durch den Kopf. Ich dachte an meine Kinder, meine Schüler in der Schule und an meinen verstorbenen Vater. Und dann fing ich an zu weinen.

Abbildung Seite 252

Erneute Operation und zweiter Zusammenbruch

Mir stand bereits die dritte Operation innerhalb von drei Wochen bevor. Die Tränen liefen mir herunter. Ich wollte einfach nicht mehr. Neben mir lag mit Sichtschutz eine etwa 75jährige Frau, die vor dem Anästhesiepfleger hemmungslos weinte und ähnlich wie ich mit den Nerven völlig fertig war. Das verstärkte meine Gemütslage, ich wollte nur noch den Eingriff hinter mich bringen.

Nach der Operation kam ich langsam im Aufwachraum zu mir. Apathisch starrte ich durch den Raum und an die Decke. Weit und breit war niemand zu sehen, bis endlich auf mein Rufen hin ein Pfleger kam. Ich wurde auf mein Zimmer gefahren. Hier merkte ich dann wieder die unfassbaren Rückenschmerzen und die Schmerzen im unteren Gesäßbereich. Ich schob mir ein ganz dickes Kissen unter den unteren Rücken und lag quasi im totalen Hohlkreuz, damit ich die Schmerzen aushielt. Nach einer Stunde in dieser eigentlich „rückenfeindlichen" Lage ging es etwas besser, ich versuchte, mich zu entspannen. Und dabei kam alles raus. Ich würde es als meinem zweiten Zusammenbruch seit dem 27. Dezember 2019 bezeichnen. Es kam hemmungslos, das Ventil war offen, die ganzen Bilder schwirrten in meinem Kopf. Ich wollte nur noch eins: nach Hause. Es erschien mir alles so perspektivlos. Ich war Vollinvalide, hatte mein ganzes Leben immer viel Sport gemacht und musste jetzt durch die härteste Zeit meines Lebens. Die vielen Tränen, die ich dabei vergoss, wirkten immerhin reinigend. Am nächsten Tag war ich wieder aufgeräumter, versuchte, positiver nach vorne zu schauen. Ich wusste, dass jetzt erst mal keine Operation mehr anstand. Mein Umgang mit schwierigen Situationen im Leistungssport war dabei hilfreich. Ich versuchte, mich aufs Wesentliche zu fokussieren. Einen Tag nach meiner letzten Operation bekam ich ein sogenanntes „Lappentraining" meines neu gedeckten Fußes verordnet. Der

„Lappen" war mein altes Material aus meinem rechten Oberschenkel, der jetzt quasi als Lappen auf meinem Fuß lag. Nach fast zehn Tagen musste ich den Fuß für fünf Minuten aus dem Bett nach unten hängen lassen. Das war für meinen Fuß mit der neu rekonstruierten Sehne schon eine Belastung. Trotz des positiven Denkens dachte ich: Du bist auf dem untersten Niveau angekommen. Anschließend sollte ich mit dem „neu gedeckten" Oberschenkel mit den Gehstützen, von einem Krankenpfleger geführt, vom Bett bis zur Zimmertür und wieder zurück hangeln. Das war mein Sportprogramm für den ersten Tag. Natürlich hatte ich aber auch meine Tubes und Therabänder mitgenommen, die ich so gut es ging für ein Oberkörpertraining im Sitzen und mit einem Bein hochliegend verwendete. Auf die Dauer war das mit den Tubes als Training bestimmt nicht so wahnsinnig effektiv. Aber es tat meinem seelischen Frieden gut und beruhigte mich auch ein wenig. Es gab mir nämlich eine Tagesstruktur. So konnte ich Verbindungen zu meinen sehr disziplinierten Trainingsjahren im Leistungssport herstellen.

Die nächsten Tage wurde mein „Fußlappentraining" nach und nach gesteigert. Jetzt hangelte ich schon zwei Mal am Tag für fünf bis zehn Minuten mit meinen Krücken, auf dem rechten Bein leicht hüpfend, auf dem Gang vor meinem Zimmer. Dies wurde bald schon auf drei Mal am Tag gesteigert, auch die Minutenzahl wurde sukzessive erhöht. Nach rund sechs Tagen versuchte ich mit den Krücken und mit Hilfe des Therapeuten, ganz langsam die Treppen hoch und runter zu hoppeln. Dies war schon sehr, sehr anstrengend, vor allem für mein rechtes Bein, das die ganze Last meines Körpers abfedern musste. Ich hatte immer das Gefühl, es könnte etwas im rechten Oberschenkel reißen. Irgendwann dachte ich: Es ist ja vielleicht gar nicht so schlecht, dass ich meinen rechten Oberschenkel wieder etwas auftrainiere, auch wenn es schmerzhaft ist. Nach vier Wochen, am 20. März, wurde ich mit einem Krankentransport nach Hause gebracht. Was hinter mir lag, waren die längsten vier Wochen meines Lebens. Ich verbrachte diese Zeit ausschließlich in meinem Krankenzimmer, nur sporadisch fuhr ich mit meinem Rollstuhl herum oder lief mit Hilfe der Krücken auf dem Gang unserer Station hin und her. Es wäre wegen der COVID-19-Krise und in meinem geschwächten Zustand zu gefährlich gewesen, in die relativ voll besetzte Krankenhaus-Cafeteria zu fahren. So kann sich jeder vorstellen, wie enthusiastisch ich war, als ich an diesem 20. März meinen Sohn und meine Tochter wiedersehen konnte. Ich wollte sofort nach der Ankunft mit meinen beiden Kindern mit den Krücken zu unserem kleinen Bach laufen, der rund 200 Meter von unserer Haustür entfernt war. Doch an unserer wirklich nicht sehr schwierigen und relativ flachen Gartentreppe war ich nicht in der Lage, mein Gleichgewicht mit den Krücken zu halten, und stürzte die Treppe hinunter. Die Kinder waren völlig schockiert und verängstigt, dass ich diese Mini–Treppe nicht unfallfrei bewältigen konnte. Wir schauten uns an und ich hatte Tränen in den Augen. Vor Wut auf mich selbst. Und auch wegen der erschöpfenden vier Wochen im Krankenhaus. Nachdem ich quasi vier Wochen in Quarantäne war, war es nur logisch, dass ich schnell an die Luft, in die Natur kommen wollte. Durch den Sturz wurde mir wieder vor Augen geführt: Ich bin ein Vollinvalide.

Dies hatten nun auch meine Kinder registriert. Aber sie zeigten es mir nicht, sondern versuchten, mich aufzumuntern und aufzubauen. Noch am selben Tag bestellten wir einen Rollstuhl für zuhause, um mehr Sicherheit auch im eigenen Haus zu verspüren. Ein zweites Schockerlebnis folgte vier Tage später. Beim Waschen meines Gesichts verlor ich im Bad, mit Belastung auf meinem rechten Bein stehend, einfach das Gleichgewicht und kippte nach hinten weg.

Ich versuchte, mich mit meinem verletzten linken Fuß zu retten, trat deshalb zwei, drei Mal mit dem linken Fuß voll durch, rollte konkret voll ab, was ich auf keinen Fall durfte. Ich hatte mich im Rückwärtsfallen gerade noch an der Tür in starker Schräglage halten können. Ich verspürte ein Knacken und irre Schmerzen im operierten Fuß und stand unter Schock. Dass ich nicht in der Lage war, im Stehen mein Gleichgewicht zu halten, war für mich unfassbar.

Chemotherapie: Die Allzweckwaffe?

Nach dieser brutalen Bewährungsprobe in der Klinik Bergmannsheil standen jetzt unzählige Beratungsgespräche bei Onkologen und Strahlentherapeuten in verschiedenen Frankfurter und Offenbacher Kliniken an. Mein Chirurg in Bochum empfahl mir in seiner Tumorkonferenz noch einmal das onkologische Fachgespräch. Hier stand Professorin Elke Jäger aus dem Nordwestkrankenhaus im Mittelpunkt, die bei mir drei Risikofaktoren sah:

1. die Größe des Tumors,

2. die aggressive Zellteilung und

3. die vergangene Zeit von etwa neun bis zehn Wochen zwischen der ersten Operation am 20. Dezember 2019 und der zweiten Operation am 26. Februar 2020.

Sie veranlasste noch am selben Tag eine MRT-Untersuchungen der Lunge (Thorax), der Bauchregion und des Beckens (Lymphsysteme), um eine Bildung der Metastasen ausschließen zu können. Zum Glück wurde bei der Untersuchung nichts gefunden. Trotzdem machte mich Frau Jäger auf die zusätzliche Möglichkeit der Chemotherapie aufmerksam. Sie merkte aber an, dass ich es erst einmal nur mit der Bestrahlung probieren könnte. Diese wäre für mich sehr wichtig bezüglich des weiteren Vorgehens und würde auch das Risiko des Rückfalls minimieren. Das Gespräch beim Strahlentherapeuten in der Offenbacher Sana-Klinik war klar strukturiert. Er machte mir schnell deutlich, dass die achtwöchige tägliche Bestrahlungszeit alternativlos sei und ich auch mit einigen Nebenwirkungen im Gewebe am Fuß und den Sehnen, zum Beispiel Verklebungen, rechnen müsse.

Am 26. März 2020 wurde anhand von Computertomographie, Analyse der alten MRT- und OP-Bilder aus Bochum der Plan der Bestrahlung im Sana-Klinikum erstellt.

Bestrahlung und Auswirkungen

Danach glichen die Tagesabläufe wie ein Ei dem anderen. Am Vormittag wurde ich von einem Taxi daheim abgeholt und in die Bestrahlungsklinik nach Offenbach gebracht. Nach der Rückkehr versuchte ich zuhause auf dem Stuhl sitzend mit verschiedenen Therabändern mein „Fitnessprogramm" durchzuziehen. Es war verdammt schwierig, monatelang die Motivation aufrecht zu erhalten. Doch ich habe es jeden Tag, bis auf die Zeit auf der Intensivstation, eisern durchgezogen. Diese Übungen waren eine Konstante in meinem Tagesablauf. Drei- bis viermal in der Woche war ich auf den Pflegedienst angewiesen, der mir zuhause immer die Verbände am Fuß und am Oberschenkel auswechselte. Am Nachmittag kam dann mein Sohn, mit dem ich dann spazieren ging. Immer einige Meter auf den Krücken, dann wieder im Rollstuhl. Immer im Wechsel. Nach diesen Spaziergängen war ich stets sehr erschöpft und hatte das Gefühl, mich ausruhen zu müssen. War ich am späteren Abend doch einmal fit, versuchte ich zu schreiben oder zu lesen.

Ich nahm die Ereignisse bei den Ärzten hin, so wie sie vorgegeben waren. Ich funktionierte irgendwie nur noch und musste aufpassen, dass ich nicht in ein mentales Loch fiel. Bei der Bestrahlung wurde ich so hingelegt, dass der Fuß stets im gleichen Winkel lag. Ich lag auf dem Rücken und durfte mich nicht bewegen. Vom Gefühl her war es wohl ähnlich wie in einem Astronautencockpit. Die Geräte hatten lange Krakenarme, fuhren um mich herum und sie bestrahlten meinen Fuß aus verschiedenen Winkelpositionen. Die Dosis der Bestrahlung war sehr hoch. Ich spürte während der Bestrahlung auf meinem Fußrücken erst einmal nichts. Mein Oberschenkellappen lag auf meinem Fuß, den ich aber irgendwie nicht spüren konnte. Ich hatte kein Gefühl auf meinem Fuß und auch die Zehen konnte ich nur relativ gefühllos nach unten bewegen. Und dies selbst noch nach der vierten Bestrahlungseinheit. Ich war entsprechend frustriert. Auch die vielen kranken Menschen im großen Bestrahlungsvorraum hoben die Stimmung nicht gerade. Ich war wie schon in Mannheim mit Abstand der jüngste Patient. Hinzu kam eine sehr starke Entzündung an meinem rechten Oberschenkel. Unter der Kruste an meinem Oberschenkel hatte sich eine eitrige Substanz gebildet, die eine unangenehme, schmerzhafte Entzündung hervorrief. Deshalb musste ich in die Chirurgie, wo mir der Professor mit einem Skalpell die Kruste freilegte. Dabei kamen die Vereiterungen sowie eine undefinierbare Flüssigkeit zum Vorschein. Er stellte klar, dass dies notwendig sei, weil sich sonst die Entzündung unter der Kruste weiter verschlimmern würde. Aus dem Oberschenkel kamen Blut und Eiter, bei jedem Schritt mit den Krücken verspürte ich wieder eine Spannung im Bein. Es wurde mir viel Geduld abverlangt. Insgeheim dachte ich, dass ich schon seit dreieinhalb Monaten Geduld bewiesen hatte und dass es irgendwann genug sein dürfte. Mein zweites Problem war die starke Schwellung meines bestrahlten Fußes. Ich rief Herrn Lehnhardt an, meinen Chirurgen aus der Klinik Bergmannsheil, der mich beruhigen konnte. Er erklärte mir, dass mein Fuß mehr nach unten hängt, nicht bewegt wird und deshalb keine Muskelpumpe aktiviert ist. Dies führe zu dem starken Anschwellen des Fußes. Das Ganze hätte nichts mit der hohen Dosis der Bestrahlung zu tun.

Auf der linken Seite der geschwollene Fuß, auf der rechten Seite der entzündete und vereiterte Oberschenkel: dies war eine ganz langwierige Herausforderung, mit der ich mich arrangieren musste. Nach Ostern ging ich wieder zur Wundkontrolle. Die Entzündung und die Vereiterung am Oberschenkel wollten nicht richtig weggehen. Der Chirurg machte mich darauf aufmerksam, dass der Heilungsprozess des Oberschenkels baldmöglichst beendet sein muss.

Sollte es nicht der Fall sein, könne er eine weitere Hauttransplantation nicht ausschließen. Ich war fertig mit meinen Nerven, ich wollte nicht noch eine fünfte Operation in so kurzer Zeit über mich ergehen lassen müssen. Wut und Zorn kamen bei mir hoch und ich merkte, dass sich leider auch eine gewisse Resignation einstellte. Die Vernunft sagte mir aber, dass diese Resignation in mir keine Überhand gewinnen dürfe. Sonst wäre es mit mir vorbei. Wobei vorbei in diesem Fall hieße, sich innerlich aufzugeben. Mir war klar: Sollte ich einmal in diese negative Spirale geraten, würde ich nicht mehr herauskommen. Ich atmete tief durch, sammelte mich innerlich und dachte an die Worte meines Tennisfreundes Bastian Brück: „Sven, du bist ein Mythos, du bist unzerstörbar. Es gibt niemanden, der so fighten kann wie du." An diesen Worten konnte ich mich wieder hochziehen. Auch die vielen aufmunternden Briefe und Karten von meinen Schülern und Kollegen gaben mir die nötige Kraft, weiter zu kämpfen.

Mitte April erklärten mir die Ärzte bei der Bestrahlung, dass das Level und die Intensität der Strahlenbelastung immer weiter ansteigen würden. Nach der achten Bestrahlungseinheit bekam ich auf einmal stärkere Kopfschmerzen, fühlte mich unheimlich abgeschlagen und schlapp. Auf die Möglichkeit solcher Symptome hatten mich die Ärzte vor der Therapie auch hingewiesen. Damit nicht genug: Der Fuß schwoll wegen der Bestrahlung ziemlich dick an und auch die Farbe des Fußes veränderte sich. Er wurde dunkler, das heißt dunkelrot, leicht bräunlich. Dies machte mir Sorgen. Deshalb fragte ich die Ärzte, ob dies für mich gefährlich sei. Sie gaben mir zu verstehen, dass die Muskelpumpe einfach nicht arbeitet und die Schwellung durch das vermehrte Herunterhängen des Fußes zustande kam. Die Hautrötung sei zudem eine Folge der Bestrahlung und könnte jederzeit auftreten.

Im Laufe der Behandlung sah ich im Wartezimmer immer die gleichen Personen sitzen, die auf ihre Bestrahlung warteten. Sie schauten mich ungläubig an und fragten mich auf eine sehr nette Art und Weise, warum ich eigentlich hier wäre. Sie sagten verwundert, ich würde so durchtrainiert wirken, dass es für sie unvorstellbar sei, ich könnte krank sein. Ich erzählte ihnen dann meine Geschichte und wir wechselten einige nette Worte. Wir versuchten uns gegenseitig Mut zuzusprechen, der regelmäßige Austausch im Warteraum tat uns seelisch allen gut.

Ende April suchte ich wieder den Chirurgen zur Wundkontrolle auf. Er wollte den nur langsam heilenden Oberschenkel gerne mit frischer Haut versorgen, überließ die Entscheidung aber meinem Bochumer Chirurgen, Professor Lehnhardt, der mich einige Tage später zur Untersuchung bat. Ich schickte meinem Chirurgen die aktuellen Bilder vom linken Fuß und vom rechten Oberschenkel. Er sah die Entzündung am Oberschenkel und schrieb mir: „Hautentnahme ist nicht so gut. Das werden wir am Donnerstag optimieren." Diese zwei Sätze lösten in mir eine nicht greifbare Wut aus. Ich wusste, was in meinem Fall das Wort optimieren für den Chirurgen bedeutet: Erneute Hauttransplantation! Meine Laune verschlechterte sich zusehends. Ich regte mich selbst über völlig belanglose Dinge auf, warf meine Krücken durch die Wohnung und schrie ultraaggressiv herum. Die Vorstellung, wieder neue Schmerzen und wieder eine langwierige Wundheilung auf mich nehmen zu müssen, frustrierte mich total. Ich schimpfte mit meinen Kindern, mit meiner Mutter, ohne dass dafür ein triftiger Grund vorlag. Innerlich hasste ich mich dafür abgrundtief.

Ich fuhr dann wieder mit dem Taxi zur Bestrahlung nach Offenbach. Zum ersten Mal hatte ich wegen COVID-19 eine Schutzmaske auf.

Auf dem Rücksitz des Taxis fing ich an zu weinen. Da merkte ich, wie sehr die letzten Monate an meinen psychischen Kräften gezehrt hatten. Allerdings spürte ich, dass ich die Wut ab und zu rauslassen musste und dies auch irgendwie heilsam wirken konnte. In dieser kritischen Phase war mir mein Sportprogramm hilfreicher denn je. Zwei Nächte vor der Fahrt nach Bochum hatte ich einen schlimmen Albtraum. Ich sah die Chirurgen mit einem Skalpell vor mir stehen; alle grinsten mich an! Ich wollte fliehen, konnte aber nicht weglaufen. Sie hielten mich fest und operierten mich. Irgendwann wachte ich schweißgebadet auf, hatte Herzklopfen und war fix und fertig.

Dann war es endlich so weit. Da ich selbst nicht fahren konnte, fuhr mich meine Freundin Kerstin mit dem Auto nach Bochum. Während der Fahrt gingen mir viele Dinge durch den Kopf. Ich dachte an die Schule, an meine Kinder, daran, dass ich eventuell keinen Sport mehr treiben könnte. Mich plagten im Kopf existenzielle Ängste wegen der COVID-19-Krise und meiner Krankheit. Auch die frische Bestrahlung, die an diesem Tag ganz früh stattfand, damit ich mittags den Termin in Bochum wahrnehmen konnte, ging mir nicht aus dem Sinn. Der hartnäckigste Gedanke war aber der an die Skalpelle und die bevorstehenden Schmerzen. Nach unserer Ankunft meldete ich mich im Sekretariat von Professor Lehnhardt an. Schon kurze Zeit später nahm mich der Professor in Empfang: „Mein Lieblingspatient aus Hessen", sagte er zur Begrüßung. Wir scherzten und ich sagte ihm, dass ich nach seiner heutigen Behandlung mit ihm joggen gehen wolle. Er lachte verschmitzt und antwortete, dass er beim Joggen mit Sicherheit gewinnen würde. Diese Albernheiten als Ablenkung waren für meine Seele gut. Ich wusste schließlich, dass es jetzt ernst werden würde. Zuerst nahm sich Professor Lehnhardt meinen Oberschenkel vor, der verschiedene Flüssigkeitsbelege und Wundverkrustungen enthielt. Er warnte mich, dass ich ihn wahrscheinlich für das, was er jetzt vorhabe, gleich hassen würde. Dann nahm er einen chirurgischen Löffel, mit dem er relativ tief in meine große Wunde griff und die verwilderte Haut aus meinem Oberschenkel löffelte und kratzte. Dies tat er mit der Präzision eines Schweizer Uhrwerks. Ich bekam alles mit, denn eine Narkose wollte ich nach den vielen vorangegangenen Operationen nicht. Aus meinem Oberschenkel schoss Blut. Professor Lehnhardt zog seinen Job durch. Irgendwie hielt ich die Prozedur bis zum Ende aus. Der Professor gab mir dann für daheim wichtige Tipps zur Pflege des Oberschenkels. Damit war der erste Teil der Tortur geschafft. Jetzt ging es um meinen linken Fuß. Die Metallnägel mussten entfernt werden. Während der Assistenzarzt die geeigneten Zangen holen ging, versuchte ich, etwas zu erzählen, um mich abzulenken. Dann machte sich Professor Lehnhardt mit einer riesigen Zange an die Arbeit. Ich konnte nicht mehr hinschauen. An die Sachen, die ich in dieser Zeit erzählte, erinnerte ich mich später nicht mehr. Der erste Nagel, der ebenfalls ohne Narkose gezogen wurde, war 20 Zentimeter lang. Ich bat meine mitleidende Freundin, von dem Eingriff Fotos zu machen. Das war das Einzige, woran ich mich erinnere. Es fühlte sich an, als würde mir jemand mein linkes Bein vom Knie abwärts herausreißen. Endlich, nach einer mir endlos scheinenden Zeit, war der Metallnagel draußen. Ich lag auf dem Rücken und hielt die Augen zu. Denn damit war es noch nicht getan. Jetzt kam der zweite Metallnagel an der Außenseite des Fußes an die Reihe. Es war noch einmal um zwei Stufen schmerzhafter als das Ziehen des ersten Metallnagels. Mein ganzer Körper wurde in Mitleidenschaft gezogen. Ich konnte kaum noch reden und vernahm, obwohl ich meinen Fuß nach den acht Wochen noch nicht richtig spüren konnte, ein Ziehen, das durch den ganzen Körper ging. Ich versuchte, die starken Schmerzen auszuhalten. Der Arzt gab alles, um seine Arbeit möglichst schnell zu beenden. Ich fragte ihn, ob der Metallnagel entfernt sei. Er verneinte und sagte mir, dass er mit der Zange leider abgerutscht sei. Dann machte er weiter, zog wieder mit voller Intensität den Nagel heraus. Ich hatte die Augen zu und hoffte, dass es gleich vorbei sein würde. Schließlich hatte Professor Lehnhardt das schwere Werk vollbracht. Er freute sich sehr, dass keiner der beiden Metallnägel gebrochen war. Ich war fix und fertig. Mein Fuß fühlte sich an, als wenn er die höchste Stufe eines Reizstroms erhalten hätte. Trotzdem war ich erleichtert, dass ich die Behandlung aushielt.

Abbildung siehe Seite 253

Als Belohnung für diese Tortur besuchten wir zum Kaffee und Kuchen Martin und Mathias, mit denen ich im Oktober 2019 in Miami in der Nationalmannschaft spielte. Der Besuch in der Nähe von Düsseldorf war eine willkommene Abwechslung. Wir verbrachten einige unterhaltsame Stunden mit sehr netten Gesprächen. Wir gingen in das Dachgeschoss von Mathias. Dort zeigte er uns seine alten 250 Schläger aus seiner bisherigen Profikarriere, ferner seine Medaillen- und Pokalsammlung. Ich merkte, dass die beiden trotz der Fröhlichkeit, die im Raum herrschte, über meinen körperlichen Zustand erschüttert waren. Ich brauchte einige Minuten, um die zwei Stockwerke nach oben zu kommen. Die Bestrahlung am frühen Morgen sowie die anstrengende Behandlung im Krankenhaus hatten mich viel Kraft und Energie gekostet. Nach der dreistündigen Heimfahrt war ich richtig erschöpft. Aber zugleich auch glücklich, dass wir diesen Tag gut hinter uns gebracht hatten. Am späten Abend unternahm ich daheim den ersten Versuch, den Fuß ganz langsam mit Unterstützung der Krücken aufzusetzen. Es war ein fremdes, ungewohntes Gefühl, das mich verunsicherte. Professor Lehnhardt hatte mir mit auf den Weg nach Hause einige Übungen für meinen Fuß gegeben, und auch die Erlaubnis, ab sofort mit der Krankengymnastik und der Lymphdrainage am geschwollenen Fuß zu beginnen. Die nächsten Tage, an denen die Bestrahlung fortgesetzt wurde, versuchte ich einmal am Tag, mit Hilfe der Krücken spazieren zu gehen. Es war eher frustrierend. Schon beim leichtesten Aufsetzen mit meinem linken Fuß verspürte ich sehr starke, undefinierbare Schmerzen unter dem Fuß. Ich würde sagen, es waren Nervenschmerzen. Ich konnte nur ganz kleine Schritte machen. Im gefühlten Minustempo benötigte ich für einen Kilometer zwei Stunden. In meinem Sprunggelenk spürte ich eine Steifheit, der Oberschenkellappen auf meinem Fuß fühlte sich wie ein Fremdkörper an. Er war wie ein steifer Klumpen, den ich mit mir herumschleppte. Mein Sohn und meine Freundin liefen freundlicherweise mit mir mit. Ehrlich: Da dachte ich, nie wieder mit ihnen gemeinsam Sport treiben zu können. Das gemeinsame Tennisspielen, Fußballspielen im Garten, Tischtennisspielen oder nur das einfache Rumtollen würden mir ebenso wie meinem Sohn sehr fehlen. Dies hier machte mich sehr traurig und ich fühlte in mir Angst aufsteigen, dass eventuell keine Besserung eintreten würde. Es hatte nichts mit Ungeduld oder Panikmache zu tun. Ich kannte meinen Körper sehr genau und wusste, wie sich die Dinge in ihm anfühlen. Als Sportler kann man sehr gut in seinen Körper hineinhören, bekommt schnell ein gutes Gespür dafür, ob sich etwas positiv oder negativ anfühlt. Dies fühlte sich definitiv nicht gut an. Ich hatte Angst davor Sportinvalide zu werden. Denn sollte es eintreffen, wäre es für mich eine radikale Einschränkung und Verringerung meiner Lebensqualität. Wie viele schöne Dinge könnte ich dann nicht mehr erfahren? Auch der aktive Sportunterricht mit meinen „Schüler" wäre ein schmerzlicher Wegfall in meinem Leben. Nein: Dieses drohende Inferno wollte ich einfach nicht wahrhaben. Anfang Mai fing ich bei meinem Physiotherapeuten Thomas Wiegand mit leichter Krankengymnastik an. Ich wollte alles dafür unternehmen, damit ich zumindest langfristig wieder einigermaßen gehen könnte. Das war mein Ziel. Der erste Termin bei meinem „Physio“ war von gegenseitiger Freude des Wiedersehens geprägt. Wir hatten uns durch meine Erkrankung länger als vier Monate nicht gesehen. Er, der mich schon über acht Jahre behandelte, nahm sich meinen linken Fuß mit größter Vorsicht vor. Thomas zog ihn ganz sorgsam in seine Richtung. Ich musste versuchen, dagegen zu halten. Dann begann er, den Fuß ganz leicht in meine Richtung zu bewegen. Dies war nicht sehr viel, aber umso schmerzhafter. Mehr war fürs erste Mal nicht drin. Nach 20 Minuten wurde mir erstmals ein Kompressionsstrumpf angelegt, den ich mir zuvor im Sanitätshaus besorgt hatte. Das Anziehen war sehr schwierig, weil er sehr stark gepresst anlag. Abends, beim Wiederausziehen des Strumpfes, sah ich, dass vier Wunden durch den gepressten Strumpf aufgegangen waren. Auf Nachfrage in Bochum entschied Professor Lehnhardt, dass der Fuß, wie zuvor auch, wieder kompressionshaft gewickelt werden sollte. Generell merkte ich, dass meinem linken Fuß und dem Gewebe die Bestrahlung schwer zu schaffen machten. Es hatten sich viele Blasen gebildet, am Fuß gab es immer mehr offene Stellen, die zum Teil etwas eitrig waren und Flüssigkeit absonderten. Außerdem sah der Fuß dunkelbraun bis fast schon schwarz aus. Auf Nachfrage beim Chef-Strahlen-Therapeuten sagte dieser, dass der Fuß ja auch gegrillt werden würde, so dass es ganz normal sei. Ich müsste es akzeptieren, bald würde ich es ja ohnehin geschafft haben. Für mich war mein Fuß ein dunkelbrauner Klumpen, den ich kaum spürte. Wenn ihn jemand berührte, fühlte ich gar nichts. Er war einfach nur taub.

Es war der 8. Mai 2020. Ich hatte 22 Bestrahlungen hinter mir und elf weitere noch vor mir. Vier Tage später erschien ich nach der Bestrahlung wieder beim Chirurgen im Sana-Klinikum Offenbach zu meiner wöchentlichen Wundkontrolle. Der Oberarzt empfing mich, wir unterhielten uns offen über alles. Er begutachtete die Wunden am linken Fuß und war zufrieden. Ich äußerte meine Bedenken, dass ich meinen Fuß so gut wie nicht mehr spürte und kein Gefühl in ihm sei. Der Chirurg sah mich ernst an und machte mir unmissverständlich klar, dass ich froh sein müsste, um eine komplette Amputation herumgekommen zu sein und den Fuß noch überhaupt dran zu haben. Ferner gab er mir zu verstehen, dass es niemals mehr so sein würde, wie es einmal war. Ich irrte mit meinen Blicken im Arztzimmer umher und fühlte in mir eine Leere aufsteigen. Dann fuhr er unbarmherzig fort: „Schließlich ging es bei Ihnen um das nackte Überleben und um sonst nichts!" Alle von mir bezüglich der Zukunft geschmiedeten Pläne fielen in diesem Augenblick in sich zusammen.

Zuhause angekommen war ich meinen Kindern gegenüber relativ apathisch. Mir schossen viele Gedanken durch den Kopf. Ich wollte mich nicht damit abfinden, sagte immer wieder zu mir selbst: „Warte jetzt die Bestrahlung ab und fokussiere dich dann ganz auf die Anschlussbehandlung in der Rehaklinik." Erst danach würde ich sehen, wo ich eigentlich stehe. Das große Problem wegen der tobenden COVID-19-Pandemie, war es, eine geeignete Rehaklinik zu finden. Viele hatten geschlossen oder nahmen keine Patienten mehr auf. Ich versuchte, mit der Leiterin der Sozialstation eine möglichst gute Lösung für mich zu finden. Meine Verfassung war schlecht. Im Laufe der Woche kamen in mir immer wieder negative Gedanken hoch. Bei meinen täglichen Spaziergängen hatte ich das Gefühl, dass die Beweglichkeit des linken Fußes eher schlechter und nicht besser wurde. Ich merkte meine Ungeduld und in mir stieg eine Unzufriedenheit auf, die gepaart mit der Angst war, dass es nicht mehr vorwärts gehen und besser sein würde. Wie immer in solchen Situationen kontaktierte ich wieder einmal Professor Lehnhardt. Und wie immer zeigte er Mitgefühl und versucht gleich, mich zu beruhigen. Er führte an, dass die täglichen Bestrahlungen neben den vielen Wundblasen und zum Teil Verbrennungen auch zu massiven Verklebungen des Gewebes führen würden. Deshalb sei es wichtig, dass der Physiotherapeut anfängt, meinen Fuß in die Hand zu nehmen, ihn bewegt und mobilisiert, damit er nicht zu sehr versteift. Allerdings sollte er auf die Schmerzverträglichkeit achten. Die Bestrahlungstherapeuten rieten von dieser Mobilisation ab, da sie der Meinung waren, dass der Zeitpunkt noch zu früh wäre. Professor Lehnhardt empfand den Beginn der Mobilisation als einen Mittelweg, ausgedrückt in seinen Worten: „Die Wahrheit liegt immer in der Mitte." Das Gespräch mit ihm half mir, den Blick wieder nach vorne zu richten.

Was die Sache für mich noch schlimmer machte, war die Tatsache, dass ich zuvor noch nie eine schwere Sportverletzung hatte, die eine Operation notwendig gemacht hätte. Ich hatte immer sehr viel Wert auf die Verletzungs-Prophylaxe gelegt, weshalb ich so gut wie verletzungsfrei durch mein Leben kommen konnte. Dass mir jetzt fast der komplette Fuß durchtrennt und abgenommen worden war, lag nicht in meiner Hand, war von mir nicht beeinflussbar. Was aber in meiner Hand lag, das waren meine Therabänder und Tubes, die ich bei meinen täglichen Übungen im Sitzen und im Liegen einsetzte. Bedingt durch meine eben beschriebene Unzufriedenheit, erhöhte ich die Trainingsintensität, so dass ich seit Februar 2020 mein mittlerweile zwölftes Tube und Theraband beim Training durchreißen sah. Das sogenannte „Auskotzen" im Training half mir im Umgang mit den schlechten Prognosen. Es hatte eine befreiende Wirkung, die mich zu meinen letzten sechs Bestrahlungseinheiten begleitete. Nach meiner 30. Bestrahlung Ende Mai wirkte mein Fuß äußerlich wie durchgegrillt und die vielen Wunden sonderten sehr viel gelbe und weiße Flüssigkeit ab. Der Oberschenkel war auch noch nicht zugeheilt und musste weiter wöchentlich mit dem chirurgischen Löffel behandelt werden. Nach der Bearbeitung wurde die Wunde geätzt. Der Professor der Bestrahlungsklinik machte mir klar, dass eine Anschlussbehandlung in der Rehaklinik aufgrund der vielen nicht geschlossenen Wunden noch etwas nach hinten geschoben werden müsste. Er peilte als Termin Mitte Juni an.

Der 26. Mai war der Tag der letzten Bestrahlung. Ich wurde wie immer vom Taxi abgeholt. Im Auto gingen mir wieder viele Gedanken durch den Kopf. Einerseits war ich stolz, den nächsten Abschnitt meiner Behandlungstherapie geschafft zu haben. Andererseits war wieder dieses Gefühl der Unsicherheit da. Und so kamen wie schon einige Male zuvor Fragen in mir hoch. „Hat die hohe Bestrahlungsbelastung eventuelle andere Schäden in meinem Körper verursacht?" „Hat die Strahlungsbelastung mein Immunsystem extrem geschwächt?" „Gibt es irgendwelche Langzeitfolgen? „ „Heilen die vielen Wunden an meinem linken Fuß gut ab?" Und die für mich elementarsten Fragen: „Hat die Bestrahlung überhaupt etwas gebracht?" „War diese Prozedur überhaupt notwendig?"

Was blieb mir übrig, als einfach auf die gute Arbeit der Mediziner zu bauen? Ich musste ihnen mein Vertrauen entgegenbringen und hoffen, dass das Richtige gemacht wurde und auch weiter gemacht werden würde. Ohne dieses Vertrauen hätte ich mich nicht positiv auf die ganzen Therapien einlassen können. Nur wenn ich von den Therapien überzeugt bin, können sie zu einer besseren Heilung und zum Gesundwerden führen, so meine damalige Annahme.

Das Abschlussgespräch fiel dann recht kurz aus. Mir wurden Anschlussvorsorgetermine mitgeteilt, dann sprachen wir noch über die anschließende Rehamaßnahme, die über die Sozialstation des Sana-Klinikums organisiert wurde. Wie eingangs schon erwähnt, war hinter mir ein weiterer Therapieabschnitt, bei dem ich einfach physisch funktionieren und vor allem mental stark sein musste. Ich sah nach der Bestrahlungseinheit beim Herausgehen zum letzten Mal die vielen Patienten im Warteraum und verabschiedete mich von ihnen. Es lagen auch Bestrahlungspatienten in ihren fahrbaren Krankenhausbetten vor den verschiedenen Bestrahlungsräumen. Diese leidenden Menschen werde ich nie vergessen. Allen von ihnen sind verschiedene Schicksale widerfahren, sie alle kämpfen würdevoll um ihr Leben. Diese Eindrücke haben mir einen zusätzlichen Blick auf das Leben gegeben. Für mich und diese Menschen heißt es mit den schlimmen Krankheiten umzugehen, damit zu leben und trotz aller Unwägbarkeiten positiv in die Zukunft zu schauen und sich an den schönen Erlebnissen zu erfreuen. Diese sind nicht mehr die gleichen wie diejenigen vor der Krankheit. Aber auch sie können der Seele positive Impulse geben. Bei mir sind dies die täglichen Spaziergänge mit den Krücken, das Lesen oder das Aufschreiben meiner Gedanken in diesem Buch gewesen.

Reha in Bad Wiessee

Doch kehren wir zurück zu der Zeit der Planung für die anstehende Anschlussheilbehandlung Mitte April 2020. Mein Handy klingelte, es war ein Rückruf aus dem Medical Park Bad Wiessee. Dies ist eine angesehene Rehaklinik am Tegernsee. Nachdem ich vergeblich versucht hatte, die Klinik telefonisch zu erreichen, meldete ich mich dort mehrfach per E-Mail. Bisher hatte ich keine Antwort erhalten, was vor allem an der COVID-19-Pandemie lag. Professor Thomas Wessinghage rief mich persönlich an und erklärte mir, dass momentan wegen der COVID-19-Krise überhaupt keine Patienten in der Klinik wären und sogar alle Operationen der Hüft-, Knie- und Sprunggelenke abgesagt waren. Die Klinik stand quasi leer, der Betrieb still. Er hoffe, dass es Ende Mai nach meinem Bestrahlungsende wieder besser aussehen würde. Dann könnte ich meine Reha beginnen. Ich solle mich Anfang Mai wieder telefonisch bei ihm melden, um weitere Details zu klären.

In diesem sehr informativen und netten Gespräch mit Professor Wessinghage sagte ich ihm, dass ich schon einmal gegen seinen Sohn in einem DTB-Herrenranglistenturnier Tennis gespielt hätte und sein Sohn in diesem Turnier von der ehemaligen deutschen Profispielerin Eva Pfaff betreut wurde. Dass ich dies noch sehr gut vor Augen hatte, lag daran, dass ich das erste Mal gegen jemand gespielt hatte, der von einer früheren Weltklassespielerin bei einem Turnier betreut wurde. Als 15-jähriger war ich 1987 Linienrichter bei einem Schaukampf in der Tennishalle in Babenhausen zwischen Eva Pfaff und der damaligen Weltklassespielerin Zina Garrison.

Professor Wessinghage war begeistert, dass ich mir solche Details gemerkt hatte. Er war am Telefon sehr fokussiert und gab mir deutlich zu verstehen, dass er einen Fall wie mich noch nie hatte. Für ihn war ein myxoides Liposarkom am Fußrücken ein außergewöhnlicher Fall in seiner medizinischen Laufbahn. Durch die Sehnentransplantation bestand ein riesiges Fragezeichen bezüglich der Wiederherstellung des Fußes. Er gab mir auf nette Art und Weise zu verstehen, dass ich mir bezüglich meiner eigenen sportlichen Aktivitäten wahrscheinlich nicht sehr große Hoffnungen machen dürfe und es erst einmal darum gehen müsse, wieder gehen zu lernen.

Die ruhige Stimme von Professor Wessinghage am Telefon sowie seine fundierten, fachlichen Bezüge zu meiner Situation faszinierten mich sehr. Ich musste an meine Kindheit denken, als ich Thomas Wessinghage bei Europa- und Weltmeisterschaften sowie Deutschen Meisterschaften als Weltklasseläufer bewundert hatte. Er war zweimaliger Olympiateilnehmer, 1982 Europameister über 5000 Meter, viermaliger Hallen-Europameister über 1500 Meter und 22-maliger Deutscher Meister auf den Mittel- und Langlaufstrecken. Bis heute hält Thomas Wessinghage den ältesten, immer noch gültigen deutschen Rekord bei olympischen Laufdisziplinen, den er 1980 in 3:31,58 Minuten über 1500 Meter aufgestellt hat. Als Jugendlicher war ich ein großer Fan von ihm.

In einem weiteren Gespräch machte er mich darauf aufmerksam, dass er mich aufgrund meiner speziellen Erkrankung und meiner Sehnentransplantation mit verschiedenen Spezialtherapeuten, auch aus der benachbarten Klinik, zusammenbringen würde. Ein speziell auf mich bezogenes Rehaprogramm solle die Basis für meine anstehende Reha sein. Sein Programm würde auf fünf Wochen ausgerichtet sein und ich müsste danach auf jeden Fall zuhause in einer ambulanten Rehaklinik weiterarbeiten. Meine Geduld sollte somit für weitere Monate auf die Probe gestellt werden. Am 19. April schickte ich der Klinik in Bad Wiessee alle Operationsberichte, ärztliche Gutachten und Bilder zu, damit sich Professor Wessinghage ein noch besseres Bild von meiner gesundheitlichen Lage machen konnte. Am 14. Mai rief ich ihn erneut an. Er teilte mir mit, dass die beiden Kliniken, die er betreute, immer noch geschlossen seien. Zwei Tage später surfte ich nach der Bestrahlung im Internet und gab die beiden Kliniken in Bad Wiessee ein. Ich war ziemlich geschockt, weil in der Klinik, die für Sportler und ehemalige Sportler, die für mich vorgesehen war, 33 Patienten lagen, die an COVID-19 litten oder unter Verdacht standen, das Virus zu haben. Auch 20 Mitarbeiter wurden positiv getestet. Daraufhin versuchte ich noch andere Möglichkeiten der Reha zu prüfen. Ich bekam von einer Bekannten den Geheimtipp, die Klinik im Alpenpark, auch in Bad Wiessee. Die Chefin der Orthopädie gab an, dass sie für mich ein individuell abgestimmtes Therapiekonzept erstellen würde. Der Vorteil dieser Klinik war, dass ich als Patient mit einem negativen COVID-19-Test, der nicht älter als 48 Stunden ist, anreisen durfte. Und hier könnte man sofort mit den Rehamaßnahmen beginnen. Dies sagte mir natürlich deutlich mehr zu, als auf die Reha in der anderen Klinik zu warten. Nach Rücksprache mit der Sozialstation im Sana-Klinikum Offenbach, entschied ich mich für die Klinik im Alpenpark. Ich hoffte, unter den schwierigen Bedingungen während der COVID-19-Pandemie die für mich beste Lösung gefunden zu haben.

Mitte Juni 2020 fuhr mich mein guter Freund Matthias nach Bad Wiessee. Es war eine sehr schöne und lustige Fahrt. Es erinnerte mich an unsere vielen Lern-Sessions. Klar, dass wieder lustige Dinge passierten. Wir hielten auf einer größeren Raststätte hinter Würzburg an und Matthias holte aus seinem „Kiosklager" im Auto drei Head-Tennisschläger. Erst machte er eine kleine Dehnungs- und Aufwärmgymnastik auf dem Parkplatz. Dann führte er seine knallharten „Schattenschläge" zwischen den vielen Lastwagen und PKWs durch. Die LKW-Fahrer und andere Personen beobachteten Matthias und mich und dachten bestimmt: „Was sind denn das für durchgeknallte Idioten?" Ich stand mit meinen Krücken herum und musste meine Krücke leicht senkrecht nach vorne strecken, damit Matthias den richtigen Schwung, die schleifenförmige Ausholbewegung, durchführen konnte. Manche wegfahrenden Fahrzeugfahrer hupten zum Teil und zeigten uns mit den Händen einen Scheibenwischer. Trotz der dreiwöchigen Pause zwischen der Bestrahlung und dem Beginn der Reha waren die Wunden an meinem linken Fuß immer noch nicht geheilt. Dies war für mich äußerst frustrierend, weil ich, egal in welchem Schuh ich mich bewegte, sehr starke Wundschmerzen hatte. Einen Tag vor unserer Fahrt war ich noch einmal bei dem Chirurgen im Sana-Klinikum gewesen, der die entzündeten Wunden noch einmal gesäubert hatte. Hier musste er die stark entzündeten Flüssigkeitsbelege abtragen, was natürlich meinen Wundschmerz noch vergrößerte. Das „Parkplatz-Schattentennis" mit Matthias brachte mich trotz meiner Schmerzen auf andere Gedanken. Unsere zweite Rast machten wir kurz vor unserem Ziel auf einem direkt am See gelegenen Parkplatz. Hier kam ich auf sehr schöne Gedanken, wie z.B. an alte Sommerurlaube in Kärnten am Wörthersee. Die Berge und das Wasser wirkten beruhigend auf mich.

Abbildung siehe Seite 253

Leider durfte mich Matthias wegen der strengen COVID-19-Regeln in Bayern nur bis zur Rezeption begleiten. In der Klinik durfte man sich nur mit einer Gesichtsmaske bewegen. Auch die Anwendungen bei den Therapeuten mussten mit der Maske durchgeführt werden, was zum Teil wirklich anstrengend war. Am ersten Behandlungstag wollte sich der Chefarzt der Orthopädie, Dr. Zuber, eine Übersicht über meine Wundverhältnisse machen. Er betrachtete meine beiden tiefen Wunden am linken Fuß. Er sagte, dass dies eine sehr schwierige Situation sei. Jetzt wäre es elementar wichtig, dass die Wunden dreieinhalb Monate nach der Operation verheilen. Er hätte aber auch einen Therapieplan mit mir vor, der aufgrund der nicht abgeschlossenen Wundheilung nicht durchgezogen werden könnte. Des Weiteren bildete sich an meinem vermeintlich verheilten Oberschenkel eine relativ große Blase, die ihm ebenfalls Sorgenfalten ins Gesicht trieben. Oberste Priorität hatte jetzt die Wundheilung, nicht die Trainingstherapie. Es könnte noch Monate dauern, würde ich jetzt zu viel machen. Dies beunruhigte mich natürlich, meine Stimmung sank rapide. Seit Dezember 2019 hielt ich still und wollte einfach mal wieder verstärkt aktiv sein. Das war meiner Meinung nach auch der Grund meines Aufenthaltes in dieser Rehaklinik. Die mir zugeteilte Therapeutin führte mit mir Manuelle Therapie und Krankengymnastik für meinen Fuß an speziellen Geräten durch. Des Weiteren achtete sie auf meine Gangtechnik und machte mir klar, dass ich keine angemessene Gangtechnik mit meinen Krücken durchführen könnte. Deshalb hätte ich auch meine augenscheinlichen Dysbalancen im Hüft- und Beckenbereich sowie im unteren Rückenbereich, der Lendenwirbelsäule. Ich fühlte mich in der Tat einfach schief und völlig im Ungleichgewicht. Überall merkte ich die Verkürzungen im Hüftbeuger- und Oberschenkelbereich, auf der Oberschenkelrückseite sowie im Waden- und Schienbeinbereich. Ich besaß gefühlt keine Dehnfähigkeit mehr. In den letzten Wochen hatte ich eine, wie ich meinte, effektive Zweistocktechnik eingesetzt, mit der ich mich mit den Krücken relativ schnell fortbewegen konnte. Diese Technik verstärkte allerdings meine Dysbalancen, wie mir die Physiotherapeutin nun erklärte. Sie und ihre jüngere Kollegin führten eine Gangschule mit mir durch und zeigten mir auch Übungen zur Verbesserung der Beweglichkeit für meinen Fuß. Diese sollte ich dosiert auch selbst durchführen. Die neue Stocktechnik sah eine Vollbelastung für meinen Fuß vor. Die Stöcke wurden nicht mehr gleichzeitig eingesetzt, sondern abwechselnd mit einem Armeinsatz, der mit dem normalen Gehen oder Laufen übereinstimmte. Ich belastete den linken Fuß jetzt wesentlich stärker, was mir starke Schmerzen unter der Fußsohle bereitete. Der Druck beim Abrollen war wesentlich höher, aber das Ziel war, dass die Bewegung einfach runder wird, damit auch meine vielen Dysbalancen mit der Zeit weggehen würden. Die beiden Therapeutinnen stellten mir diese Technik als alternativlos dar. Durch die Schmerzen lief ich wesentlich langsamer als vorher mit meinen Gehhilfen. Es überholten mich selbst alte Männer und Frauen mit ihren Krücken. Das war frustrierend. Im Stillen dachte ich: „Es geht überhaupt nicht oder wenn, dann nur kaum voran." „Ich kann fast gar nichts mehr." „Der Fuß verheilt nie." „Ich habe die Beweglichkeit eines 90-jährigen." Ich kann nie wieder arbeiten." „Wie soll ich mich motivieren, wenn es nicht voran geht und ich es vom Kopf her einfach nicht mehr schaffe?"

Ich hatte wirklich nicht das Gefühl, ungeduldig zu sein. Ich wollte nur schmerzfrei und normal laufen. Dies waren meine Gedanken am dritten und vierten Tag meiner Reha. Was mich etwas in der Spur hielt, waren die Gespräche mit den anderen Klinik-Patienten. In den ersten zwei Tagen konnte ich diese Vielzahl der kranken Menschen kaum ertragen. Es zog mich emotional nach unten. Die Patienten, mit denen ich mich unterhielt, konnten kaum glauben, dass es einen noch so jungen Menschen mit einem Tumor am Fuß treffen könnte. Ich war mit Abstand der jüngste Patient in der Klinik und sah immer noch relativ fit aus. In den vielen Gesprächen mit den anderen Patienten konnte ich mich langsam besser einfinden. Die Klinik hatte nur 125 Zimmer, war recht übersichtlich und individuell organisiert. In den intensiven Gesprächen erfuhr ich, dass jeder Patient sein eigenes Päckchen mit sich herumtragen musste. Es gab diverse Krankheitsbilder. Unter anderem Bauchspeicheldrüsenkrebs, Hüftoperationen, Knieoperationen, Brustkrebs und psychosomatische Erkrankungen. Ich hatte gute und tiefgehende, mich zum Teil stark berührende Gespräche mit anderen Patienten. Diese Gespräche machten mich sehr nachdenklich und führten mir wieder die Vergänglichkeit des Lebens vor.

Viele Gespräche führte ich mit einer pensionierten Richterin, die eine extrem schwere zwölfstündige Operation wegen ihres Bauchspeicheldrüsenkrebses hinter sich hatte. Ihr Mann begleitete sie liebevoll in die Reha. Er versuchte, sie zu beruhigen und ihr den nötigen psychischen Halt zu geben. Sie sollte in der Reha körperlich gestärkt werden und möglichst zunehmen, um für die nachfolgende kräftezehrende Chemotherapie vorbereitet zu sein. Wir bauten uns in netten Gesprächen am See immer wieder gegenseitig auf. Sie war schockiert, dass wir beide, die wir uns immer gesund ernährt, keinen Alkohol getrunken und keine Zigaretten geraucht hatten, so hart vom Schicksal getroffen wurden. Sie war auch Sportlerin, spielte leidenschaftlich gerne Tennis und Golf. Wir versprachen uns gegenseitig, dass wir positiv bleiben und immer kämpfen werden, egal wie schlecht es uns auch gehen würde.

Berührt hat mich auch das Schicksal eines nur wenig älteren Mannes, der einen schweren Motorradunfall nur mit viel Glück überlebt hatte. Wäre der Aufprall seiner Halswirbelsäule nur drei bis vier Zentimeter höher ausgefallen, wäre er querschnittsgelähmt gewesen. Er war jetzt vier Wochen nach seiner Operation schon wieder so weit fit, dass es fast an ein Wunder grenzte. Er erzählte mir, dass dies bereits sein zweiter schwerer Unfall war, den er überlebt hatte.

Er glaubte an die schicksalhaften Fügungen im Leben und meinte, dass irgendjemand noch etwas mit ihm vorhätte. Sonst hätte er diese Unfälle unmöglich überlebt. Wir hatten tolle Gespräche und verabredeten uns öfter zum Sport im Fitnessraum. Dies waren nette Bekanntschaften, die eine Abwechslung im sonst eintönigen Alltag der Klinik darstellten. Ich vergaß während dieser Gespräche oft meine Sorgen und Ängste.

Am 22. Juni, es war der sechste Tag meiner Reha, stand wieder eine Wundkontrolle bei Dr. Zuber an. Er zeigte sich nicht begeistert von der Wundheilung des Fußes und stellte meine Fähigkeit zur Rehabilitation in Frage. Das stimmte mich nicht nur traurig, es verunsicherte mich auch. Mein Bauchgefühl sagte mir, dass er sich irgendwie nicht so richtig an meine Wunde herantraute. Er gab mir zu bedenken, dass unter der fibrinen Flüssigkeit meine „frisch" transplantierte Sehne liegen würde und dass man im Falle, dass die Wunde nicht heilen würde, eine erneute Operation nicht ausschließen könnte. Dies war natürlich ein weiterer Tiefschlag für mich. Dr. Zuber bat mich, die Bilder von meiner Wunde zu fotografieren und Professor Lehnhardt nach Bochum zu senden. Dies machte ich bereitwillig. Professor Lehnhardt meldete sich sofort. Er erklärte, dass die Beläge, die sich in meiner Wunde gebildet hatten, möglichst schnell mit einem chirurgischen Löffel entfernt werden müssten und die Wunde müsse von innen zu granulieren. Selbst wenn danach die Sehne zu sehen wäre, müsste das sofort gemacht werden. Der Professor machte mir auch die Wichtigkeit der Fortführung meiner Reha deutlich. Ich dürfe diese auf gar keinen Fall abbrechen, weil mein Fuß von den vielen Bestrahlungen sehr in Mitleidenschaft gezogen worden war. Es wären etliche Verklebungen und Gewebsverletzungen an meinem Fuß hinzugekommen, weshalb ich meinen Fuß unbedingt in Bewegung halten müsste. Bei einem Abbruch könnte es langfristig zu kaum reparablen funktionellen Einschränkungen kommen. Im Klartext: Der Fuß könnte steif und unbeweglich bleiben. Professor Lehnhardt forderte mich auf, Dr. Zuber zu informieren, dass er ihn schnellstmöglich anrufen soll. Ich informierte auch meine Therapeutin von diesem Gespräch mit dem Chirurgen und machte ihr deutlich, für wie wichtig er ihre Arbeit bezüglich meiner Mobilisation und langfristiger Beweglichkeit hielt. Sie sagte mir: „Wir werden bestmöglich unter Berücksichtigung ihrer Wunden weiterarbeiten."

Am 24. Juni sandte mir Professor Lehnhardt dann eine WhatsApp-Nachricht: „Ich habe mit ihm telefoniert. Ich habe ihm gesagt, dass er radikaler mit der Entfernung des abgestorbenen Gewebes umgehen soll. Heilen kann es nur, wenn die abgestorbenen Anteile entfernt sind. Halten sie mich auf dem Laufenden … ." Am selben Nachmittag rief mich Dr. Zuber mit seiner Assistentin in das Arzt- und Verbandszimmer. Er folgte der Meinung meines Chirurgen und säuberte die beiden großen Wunden in der Tat radikal. Für mich bedeutete das erneut viel Wundflüssigkeit und eine Menge Wundschmerzen. Ich hatte bei einer zweiten Therapeutin noch ein tägliches individuelles Gehtraining, was sie mit mir sehr gewissenhaft durchführte. Meine Frustration war sehr hoch, weil mir die Fußsohle durch die neue Gangtechnik bei jedem Schritt unglaublich weh tat. Oft hielt ich keine 30 Meter am Stück durch, weil mein Fuß dem Aufpralldruck auf Dauer nicht standhalten konnte. Dann reagierte ich wieder mit Ausweichbewegungen, was wiederum nach der Aussage der Therapeutin wenig hilfreich war, weil sich wieder Dysbalancen im gesamten Körper einstellen würden. Die Fortschritte beim Gehen mit meinen Krücken waren minimal, weshalb ich meine maximale Frustrationstoleranz benötigte. Ich hatte das Gefühl, dass meine Widerstandfähigkeit fast aufgebraucht wäre und wollte schon aufgeben, das ganze Programm hinschmeißen. Aus dem mentalen Loch konnte mich meine Haupttherapeutin immer wieder herausholen. Sie machte mir Mut und versuchte mich immer, auch wenn es nur ganz kleine Fortschritte waren, aufzubauen. Dafür war und bin ich ihr bis heute sehr dankbar. Meine Hoffnung lag auf der besseren Wundheilung sowie dem Nachlassen der Schmerzen unter meiner Fußsohle, was dann hoffentlich zu einem besseren Gangbild führen würde. Das Prozedere war unter der Woche fast immer gleich: Manuelle Therapie, Einzelgehtraining, Krankengymnastik am Gerät, Lymphdrainage und eine Motorschiene am Fuß, die ihn in verschiedene Richtungen bewegte. Dazu kam die vorhin beschriebene Wundkontrolle, die mit dem Säubern der Wunden alle zwei Tage durchgeführt wurde und immer sehr schmerzhaft war.

Am 29. Juni stand wieder die Wundkontrolle an. Und wieder zweifelte Dr. Zuber die Wundheilung an meinem Fuß an, das Sehnenmaterial heile seiner Meinung nach eben schwerer als ein gerissener Muskel. Er wollte deshalb noch einmal Professor Lehnhardt kontaktieren und ihn fragen, ob dieser ein CO2-Bad für den Fuß befürworten würde, um die Wunden zu reinigen. Die beiden Wunden fingen inzwischen auch an, etwas unangenehm zu riechen. Ich kannte das von meiner großen Oberschenkelwunde, bei der es vor einigen Wochen ähnlich gewesen war. Dies war ein Zeichen dafür, dass etwas nicht in Ordnung war und das sich in den Wunden stark entzündliches Material eingenistet hatte.

Am 1. Juli wurden die Schmerzen unerträglich. Nach dem CO2-Fußbad führte Dr. Zuber wieder die radikale Säuberung bzw. Entfernung des toten Gewebes und der Beläge durch. Es tat höllisch weh, der Fuß war auch immer noch sehr stark geschwollen. Diese Mischung aus alledem ging auch an meine körperlichen Leistungsgrenzen. Wegen der starken Schmerzen musste ich hochdosierte Schmerzmedikamente nehmen. Nach der Behandlung stellte Dr. Zuber fest, dass innerhalb der Wunden keine Verbesserung eingetreten sei und ich deshalb wahrscheinlich auch keine Verlängerung des Klinikaufenthalts bekommen würde. Mittlerweile dachte ich mir selbst, dass es vielleicht besser wäre, wieder nach Hause zu fahren, um bei meinem Chirurgen in Offenbach oder in Bochum eine Einschätzung meiner Wunden zu bekommen. Ich wartete jetzt einfach ab, ob durch die CO2-Anwendung und die radikale Entfernung des Gewebes sowie der Beläge eine Besserung eintreten würde. Am 3. Juli fiel dann die Entscheidung. Nach dem CO2-Bad beobachtete Dr. Zuber meinen Wundheilungsprozess und stellte fest: „Wir müssen die Reha abbrechen, sie macht keinen Sinn mehr. Die Heilung der Wunden wird immer schlechter. Ich kann hierfür nicht die Verantwortung übernehmen."

Ich spürte seine Erleichterung, dass ich so schnell wie möglich verschwinden würde. Ich machte ihm klar, dass es nicht so einfach sei, so kurzfristig einen Fahrservice zu organisieren. Sofort rief ich Matthias, meinen Freund fürs Leben, an. Er sagte, dass er mich am Sonntag abholen würde. Auf ihn konnte ich mich immer verlassen. Im Nachhinein war ich Herrn Dr. Zuber sogar dankbar, dass er die Entscheidung, meine Reha vorzeitig abzubrechen, so verantwortungsvoll getroffen hat.

Für mich war die Zeit gekommen, selbst aktiv zu werden. Nach dem Gespräch mit dem Arzt in Bad Wiessee rief ich am späten Freitagnachmittag die Plastische Chirurgie in Offenbach und Bochum an und konnte leider niemanden erreichen. Ich hinterließ auf beiden Anrufbeantwortern die Nachricht, dass ich wieder vorstellig werden würde. Ich dachte mir: „Es macht jetzt keinen Sinn mehr, über die abgebrochene Reha nachzudenken. Jetzt gilt es einfach nach vorne zu schauen, positiv zu denken." Ich müsste meinen Fuß genauestens von Spezialisten untersuchen lassen, um den Weg in die richtige Richtung einschlagen zu können. Ich versuchte auch, mir nicht die Frage zu stellen, warum das alles passierte und kein Ende nahm. Wenn ich dies permanent tun würde, würde ich verrückt werden. Während der Rückfahrt von Bad Wiessee am Sonntag diskutierte ich mit Matthias über die weitere Vorgehensweise. Diese vielen Monate, in denen ich mich in Geduld üben musste, gingen an mir nicht spurlos vorbei. Ich wollte eigentlich ein Licht am Ende des Tunnels sehen.

Sprung zurück

Bereits einen Tag später bekam ich bei Prof. Dr. Mante, Chirurg im Sana-Klinikum, einen Termin. Er schaute sich die beiden Wunden an und meinte, dass die größere Wunde im mittleren Fußbereich nicht mehr von allein heilen würde, und sprach über die Möglichkeit der benachbarten Hautverschiebung, um die Wunde zu verschließen. Ferner entnahm er einen Abstrich aus der Wunde und verschrieb mir ein hochdosiertes Antibiotikum gegen die Entzündung. Des Weiteren machte er Aufnahmen mit seinem iPhone, die er anschließend mit Professor Lehnhardt besprach. Dieser wollte, dass ich am Mittwoch nach Bochum komme. Ich sollte genügend Kleidung mitbringen, weil ich stationär aufgenommen würde. Sein Plan war, eine genaue Diagnostik durchzuführen, dann in den Operationssaal zu gehen, um meine Wunden richtig sauber zu machen, um danach ein sogenanntes VAC-System anzuschließen. Bei dieser Methode liegt ein Schwamm auf der Wunde und wird durch das Unterdruck-Pumpsystem angesaugt, damit dann eine Granulation aus der Tiefe der Wunde erfolgen kann, was zu einer Anregung zur schnelleren Heilung der Wunde führen soll.

Kerstin fuhr mich am 8. Juli 2020 wieder einmal nach Bochum. In der Universitätsklinik Bergmannsheil kannte ich mich mittlerweile bestens aus. Die meisten Pfleger, Mitarbeiter und Ärzte kannten mich wiederum auch. Ich fühlte mich wie in einem schlechten Traum, aus dem ich endlich wieder aufwachen wollte. Und alles wäre dann wieder gut. Doch es war leider nicht nur ein Traum. Der Horrorfilm ging weiter. Trotz der Befürchtung, was mich erwarten würde, verlor ich nicht meinen Humor. So scherzte ich nach meiner Ankunft zunächst mit Professor Lehnhardt. Doch dann wurden wir beide ernst. Ich bat ihn, nicht mehr in meinen Wunden herum zu kratzen, da es bei der kleinsten Berührung weh tat und ich diese

Folter nicht mehr ertragen wollte. Er sah sich die Wunden an und stellte sofort fest, dass die transplantierte Sehne stark beschädigt und teilweise abgestorben war. Die Wunden wollte er am nächsten Tag unter Vollnarkose reinigen. Das bedeutete, dass das abgestorbene Gewebe und die abgestorbenen Teile der Sehne entfernt werden mussten. Im OP könne er dann genau festlegen, wie der weitere Behandlungsplan aussehen würde. Er plante, das VAC-Pumpensystem an den Wunden anzulegen, das ich von meinen Operationen im Februar und März schon kannte. Professor Lehnhardt verfolgte eine klare Linie. Ich vertraute ihm voll und ganz. Einschließlich des ambulanten Eingriffs unter Teilnarkose Ende April war es jetzt der sechste Eingriff oder Operation in sechs Monaten.

Zwei Tage nach meiner Ankunft erfuhr ich, dass jede Operation anders verläuft. Kurz vor 12 Uhr wurde ich von einem Pfleger aus dem Zimmer geholt und zunächst im Vorbereitungsraum abgestellt. Eine Anästhesistin teilte mir mit, dass ich mich gedulden müsse, da die vorher angesetzte Operation länger als gedacht dauert. Ich musste ganze viereinhalb Stunden warten, bis ich endlich in den Operationssaal geschoben wurde. Dort verlief dann alles wie geplant. Die Wunden wurden gesäubert und die VAC-Pumpe mit Drainage angeschlossen. Die Teile der abgestorbenen Sehne wurden entfernt. Im Aufwachraum verspürte ich allerdings noch wesentlich mehr Wundschmerzen als vor der Operation. Dies lag an dem Pumpsaugsystem, das mit starkem Unterdruck an meinen Wunden ansetzte und Nekrosenreste und Wundflüssigkeit aus der Wunde beförderte. Man gab mir Infusionen mit Novalgin, doch diese zeigten keine Wirkung. Der Schmerz war unerträglich. Deshalb bekam ich noch ein Betäubungsmittel, Targin, ein Opioid, und vor dem Einschlafen noch einmal Novalgin in Tablettenform.

Am nächsten Morgen kam Professor Lehnhardt zur Visite und teilte mir seinen detaillierten Behandlungsplan mit. Er wollte in kleinen Schritten vorgehen. In einer Woche sollte operativ eine erneute Säuberung der Wundgebiete erfolgen. An der inneren Wunde könne ich keine Wundheilung mehr erwarten, da die Wunde - beziehungsweise das Loch – bis zum Knochen führe, der quasi freiliege. Bei der äußeren Wunde in „Nasenlochform" wollte er eine Woche abwarten, ob eventuell eine Granulation stattfindet. Danach plane er eine dritte Operation. Hier sollte dann der schon im März transplantierte Oberschenkellappen auf meinem Fuß angehoben und nach links zu der äußeren Wunde zwecks Schließung versetzt werden. Dies bedeute allerdings, dass das Loch auf der Innenseite noch größer werde und eine Oberschenkeltransplantation, diesmal vom linken Oberschenkel, erfolgen müsste. Das Ganze wäre auch nicht ungefährlich. Aber es sei wichtig, dass die offenen Löcher geschlossen werden. Professor Lehnhardt sagte, dass die offenen Wunden auf die Bestrahlung zurückzuführen seien, die große Teile des Gewebes zerstört und die Wunden aufgerissen hätten. Bei dieser dritten Operation mit Hauttransplantation vom Oberschenkel könne er leider nicht anwesend sein, da er in seinen Jahresurlaub fahre. Dies verunsicherte mich. Selbstverständlich wäre ich die letzten Schritte meiner vermutlich letzten Operation gerne mit Professor Lehnhardt gegangen, der mir immer ein gutes sicheres Gefühl vermitteln konnte. Er versicherte mir aber, dass sein Oberarzt, der ihn vertreten würde, diese Operation genauso gut wie er selbst durchführen werde. Ich kannte ihn schon, denn er war bei meiner Oberschenkeltransplantation am 5. März als einer von vier Operateuren dabei gewesen.

Das war zu viel auf einmal. Ich musste das Ganze erst einmal verarbeiten. Dabei wurde mir bewusst: Ich kann nur weiter kämpfen oder psychisch zusammenbrechen. Während der abgebrochenen Reha hatte ich im zur Klinik gehörenden Sportstudio neben meinen Anwendungen zusätzlich 33 Einheiten für den Oberkörper und den Rumpf absolviert. Nun hoffte ich, dass diese Übungen mir genügend Kraft geben würden, die folgenden mindestens fünf sehr anstrengenden Wochen im Krankenhaus physisch wie psychisch durchzustehen.

Am 15. Juli musste ich mich einer Angiographie an meinem linken Bein unterziehen. Diese Gefäßdarstellung der Beinschlagadern wäre laut Professor Lehnhardt notwendig, da der Fuß voroperiert war und intensiv bestrahlt wurde. Diese Darstellung der Gefäße sei wichtig für die hoffentlich letzte große Operation, um die Wunden zu schließen. Der Zugang zur Darstellung meiner Gefäße geschah über meine Leiste. Um noch detailliertere Informationen zu bekommen, wurde mir ein Kontrastmittel verabreicht. Ich musste ganz ruhig liegen, wurde an der Leiste lokal betäubt und ließ die Prozedur über mich ergehen. Besonders unangenehm war, dass ich nach dieser Untersuchung 24 Stunden lang fast flach liegen bleiben musste, um Blutungen im Leistenbereich zu verhindern. Das war wieder verdammt anstrengend. Die Rückenschmerzen ließen nicht lange auf sich warten. Nach der Untersuchung bekam ich auch Fieber, was den Wunden geschuldet war. Hinzu kamen starke Kopfschmerzen, die ich so bisher nicht kannte. Mir gingen wieder viele Gedanken durch den Kopf. Innerlich verspürte ich Aussichtslosigkeit. Alles schien schlechter geworden zu sein. Ich hatte Angst, nicht in ein normales Leben zurückkehren zu können. Bei den Gedanken an meine Kinder, Familie, Freundin, Freunde sowie an meine Schüler kullerten mir die Tränen über die Wangen. Mir erschien alles so hoffnungslos. Denn ich wusste, dass selbst nach einer einigermaßen erfolgreichen Zeit in Bochum ein sehr langer Genesungsweg vor mir liegen würde. Als das Schlimmste empfand ich aber die minimale Funktionsfähigkeit meines Fußhebers, die allen meinen Physiotherapeuten Sorgen bereitete. Die Prognose diesbezüglich war sehr ungewiss, eher frustrierend. Das spürte ich deutlich.

Mitte Juli gab es dann den nächsten operativen Eingriff: wieder die Säuberung meiner Wunden und der Wechsel der VAC-Pumpe. Bis zum Einleiten der Vollnarkose musste ich die Rückenschmerzen ertragen. Erstaunlicherweise verkraftete ich diese Operation körperlich besser als die vor einer Woche. Am Nachmittag kam Professor Lehnhardt in mein Zimmer, um mit mir vor seinem Urlaub noch alles gründlich durchzugehen. Den Plan, den er mit seinem Oberarzt gemeinsam erarbeitete, sah Folgendes vor: Die große Operation sollte am 23. Juli stattfinden. Hier würden die Wunden mit einem stärker länglich ausgeprägten Oberschenkellappen definitiv geschlossen werden. Der neue Lappen sollte kurz oberhalb meines Knöchels angesetzt und wie eine Zunge eingepasst und von innen und außen „herumgelegt" werden. Eventuell würde der alte bestrahlte Lappen auch in der Mitte aufgemacht und das neue Material eingepasst. Dies sollte der Operateur während der OP entscheiden. Ich solle Vertrauen in seine Oberärzte haben. Das hatte ich durchaus, dennoch war es für mich ein komisches Gefühl, den erfahrenen Professor nicht mit an Bord zu wissen. Doch ich hatte keine andere Wahl. In der Plastischen Chirurgie waren alle in meinen Fall involviert, es machte absolut Sinn, dies hier durchzuziehen. Professor Lehnhardt versuchte, das Positive für mich herauszustellen. Meine Wunden wären jetzt richtig sauber, die Röntgenaufnahmen und die Computertomographie in der Diagnostik hätten keine Entzündungen an den Knochen gezeigt. Wäre es anders, hätte ich ein richtiges Problem. Eine Entzündung wäre aus den Knochen nur ganz schwer herauszubekommen, da würde mir dann tatsächlich die Amputation des Fußes drohen. In diesem Falle würde er mir nicht so entspannt gegenübersitzen, wie er es jetzt tun könne. Er rechne nach der letzten Operation mit einer Genesungszeit von mindestens vier Monaten. Allerdings wolle er mir nicht versprechen, dass ich meinen Fußheber noch wesentlich höher bekommen werde. Auch über die Belastbarkeit des Fußes bezüglich des Schmerzempfindens könne er mir keine Prognose geben. Er hoffe aber, dass es durch die Heilung und Schließung der Wunden zu einer besseren Beweglichkeit und Mobilität des Fußes kommen würde. Der Fuß sei bestrahlt, stark entzündet und jetzt hinsichtlich der Funktionalität nicht hundertprozentig objektiv bewertbar. Während der Operation am Vormittag hätte mein Fuß äußerlich, was die Schwellung des Oberschenkellappens anbelangt, sehr gut ausgesehen. Dies könne durch die zusätzliche Transplantation wahrscheinlich nicht in dieser Passform eingehalten werden. Wenn es mit der Zeit zu problematisch werden sollte, könnte nach drei bis vier Monaten in einer erneuten Operation ein sogenanntes „Abfräsen" des Lappens erfolgen. Problematisch könnte sein, dass ich eventuell nicht mehr in einen Schuh hineinkomme, weil das Volumen der Fußpassform extrem groß geworden sei. Doch soweit solle ich noch nicht denken. Professor Lehnhardt stellte auch nach Schließung und Heilung der Wunden eine erneute Rehabilitationsmaßnahme in Aussicht, dies wäre jetzt aber alles noch nicht absehbar. Nach diesem Gespräch war ich gefühlsmäßig gespalten. Es ist für mich sehr schwierig, mit so einer Ungewissheit umzugehen. Vieles lag einfach nicht mehr in meiner Hand. Ich war plötzlich nicht derjenige, der sein Schicksal selbst bestimmen konnte. Es blieb mir nichts anderes übrig, als mein Schicksal in die Hände der Ärzte zu legen und dann aufs Beste zu hoffen. Früher konnte ich die Dinge gut selbst in die richtige Richtung lenken, jetzt war dies nicht mehr der Fall.

Die hoffentlich letzte große Operation wurde auf den 21. Juli 2020 vorverlegt. Ich versuchte mental, meine letzten Kräfte zu mobilisieren, noch einmal alles zu geben und zu hoffen, dass es gut werden würde. Ich spreche von den letzten Kräften, weil dies bereits meine achte Operation in sieben Monaten war und ich zusätzlich auch noch acht Wochen Bestrahlung im Körper zu verarbeiten hatte. Ich merkte aber vor allem, dass ich durch die vielen Schmerzen und die Stagnation meiner erhofften Genesung, an die Grenzen meiner psychischen Belastungsfähigkeit angekommen war. Vor allem die vielen, trotz Schmerzmittel schlaflosen Nächte im Krankenhaus zehrten extrem an meinen Nerven.

Was mich zusätzlich stresste, waren die vielen WhatsApp-Nachrichten und E-Mails, die täglich zu hunderten auf meinem Smartphone eingingen. Irgendwann konnte ich dieser Reizüberflutung nichts mehr entgegensetzen.

Die hoffentlich letzte Operation

Die Operation, die vom Oberarzt mit seiner jungen Assistentin durchgeführt wurde, dauerte fast fünfeinhalb Stunden. Dies sei die normale Zeit, die man für die Lappenplastik benötige, erklärte mir die Assistentin vom Oberarzt einen Tag nach der Operation. Mein Fuß hatte nun wieder die Tendenz dazu, in eine Spitzfußstellung zu fallen. Man ordnete mir deshalb eine Schiene an, die den Fuß in eine 90-Grad-Stellung bringen würde. Da ich die Schmerzen in meiner Fußsohle und in Teilen des seitlichen Fußgewölbes nicht aushielt, musste mir einen Tag nach der Operation ein Schmerzkatheter in die Beinvene eingesetzt werden. Die Schmerzmittel sorgten dafür, dass ich den Fuß gar nicht mehr spürte. Dadurch konnte der Fuß in der angestrebten 90-Grad-Position mit der Schiene gehalten werden. Die folgenden Tage waren grausam. Ich kannte dies ja schon von der Operation am 5. März. Aber wenn man erneut genau in die gleiche Situation kommt, ist es gefühlt noch viel schlimmer. Ich verbrachte fünf Tage nur auf dem Rücken liegend im Bett, musste dabei mit dem Fuß in der Schiene verharren. Innerlich sagte ich mir: „Halte durch, halte einfach durch. Deine Rückenschmerzen sind nur eine Illusion." Die jungen Pflegerinnen und Pfleger halfen mir, wo sie nur konnten. Verschiedene Oberärzte kamen ständig zur Kontrolle des operierten Fußes. Dies gab mir ein gutes Gefühl. Im Nachhinein weiß ich definitiv, dass die Rückkehr nach Bochum die richtige Entscheidung war. Sie war sogar alternativlos. Sonst hätte ich die Wunden nicht mehr in den Griff bekommen und hätte mit den bereits erwähnten schlimmsten Folgen rechnen müssen. Was für mich absolut neu war, war die Tatsache, dass ich meinen operierten Fuß nicht mehr anschauen konnte. Ich wollte nicht mehr hinsehen. Das begann in Bad Wiessee. Davor konnte ich mir ohne Probleme meine Operationsbilder anschauen und darüber offen diskutieren. Bei den schmerzhaften

Säuberungen im Juni kam es aber dazu, dass ich es plötzlich nicht mehr konnte. Das setzte sich nun fort. Wie gesagt: Das Ganze war ein Trauma.

Am 27. Juli gab es für mich wieder einen sehr heftigen und emotionalen Rückschlag. Man inspizierte den Fuß und erkannte eine erneute Fibrosebildung an einer Nahtstelle. Diese musste dringend entfernt werden. Dies kannte ich leider auch schon aus Offenbach und Bad Wiessee. Das schlechte und abgestorbene Gewebe muss immer entfernt werden. Das zusätzliche Problem war diesmal, dass nach der Entfernung wieder ein Loch entstand, das nicht gerade klein war. Der Oberarzt untersuchte den transplantierten Hautlappen und nahm kleine Optimierungen vor. Chirurgen gehen da nicht gerade zimperlich vor, das wusste ich mittlerweile. Er war ehrlich zu mir, sagte, dass mein Fuß durch die Bestrahlung vorbelastet ist und es dadurch Probleme bei der Heilung geben kann. Er würde die problematischste Stelle und den transplantierten Lappen in den nächsten Tagen genau beobachten. Im schlechtesten Falle müsste ich noch einmal auf den Tisch, um alles zu optimieren. Dies war eine Hiobsbotschaft, von der ich mich wieder erst einmal erholen musste. Eigentlich hatte ich bereits meinen Rücktransport für das kommende Wochenende organisiert und war auch mental schon zu Hause.

Am 3. August kam Professor Lehnhardt aus dem Urlaub zurück. Er inspizierte sofort meinen Fuß und die Wunde. Das abgestorbene Gewebe und die Fibrose wurden von ihm radikal entfernt. Danach wollte er zwei bis drei Tage die Reaktion der Wunde abwarten und hoffte, dass eine Heilung stattfinden würde. Falls nicht, müsste ein weiterer Eingriff erfolgen. Drei Tage später stellte er mir nach einem langen Gespräch in Aussicht, die Klinik in sieben Tagen verlassen zu können. Er würde mir gezielte Vorgaben für meinen Pflegedienst daheim mitgeben. Des Weiteren müsste ich alle zwei Wochen zur Wundkontrolle nach Bochum kommen. Er machte mir klar, dass die Heilung noch Monate dauern kann. Damit wäre aber eine weitere Operation erst einmal kein Thema mehr. Er führte einfühlsam an, dass es für mich nicht gut wäre, jetzt weitere 16 Wochen im Krankenhaus zu liegen. Dies würde meiner Psyche nicht guttun. Recht hatte er: Ich war mit meinen physischen und psychischen Kräften wahrlich am Ende und dachte auch, dass dies das Beste für mich sei. Hinter mir lagen fünf endlos lange Wochen. Und mir war durchaus bewusst, dass der Heilungsprozess sich noch über Monate hinziehen würde. Zu meinem Unwort des Jahres 2020 wählte ich den Begriff „Geduld". Ich stellte mir die Frage, ob ich in den letzten fünf Wochen wieder einen Schritt weiter nach vorne gekommen war, konnte sie aber nicht eindeutig beantworten. Innerlich war ich hin und her gerissen. Trotz dreier Operationen hatte ich wieder eine neue große Wunde, die ein nicht wegzudiskutierendes Risiko für mich darstellte. Dies ist kein Vorwurf an die Ärzte, aber ein beunruhigender Gedanke. Mein Fuß hätte in einem Horrorfilm verwendet werden können. Ich fragte mich, wie ich durch den neuen Oberschenkellappen auf meinem Fuß jemals wieder einen normalen Schuh anziehen können würde und normal gehen und laufen sollte.

Am 12. August verließ ich auf Krücken das Krankenhaus. Nach genau fünf Wochen. Ich versuchte positiv nach vorne zu schauen. Mir war inzwischen klar: Der Weg wird noch ein weiter und beschwerlicher sein, ich werde ihn aber gehen und weiterkämpfen. Der Sprung zurück nach Bochum war geprägt von viel Leiden, aber auch durch die permanente Hoffnung auf Besserung. Und das Erleben bis an meine Grenze reichender schmerzhafter Erfahrungen. Durch die weitere permanente Kontrolle bei Professor Lehnhardt würde ich auch die Nachsorgeuntersuchungen in der Klinik Bergmannsheil durchführen lassen.

In der Klinikzeit hatte ich viel Zeit, über das Leben nachzudenken. Es waren viele Gedanken über meine Zukunft, Existenzängste, aber auch zwischendurch eine völlige Leere. Das Erzeugen von Bildern im Kopf aus schönen Erinnerungen oder zukünftigen Erlebnissen haben mir emotional immer wieder geholfen, aus dieser Leere herauszufinden. Ich musste den Sprung zurück einfach annehmen, mir blieb keine andere Wahl. Gerade in dieser schweren Zeit stand Professor Lehnhardt mit mir ständig in einem regen Austausch und unterstützte mich stets mit Rat und Tat. Hierfür bin ich ihm unendlich dankbar.

In Erinnerung bleibt mir die Wundkontrolluntersuchung, die ich Anfang September bei ihm hatte. Nach der langen Autofahrt nach Bochum wollte er mir die Fäden an meinem transplantierten Lappen ziehen. Dies war schmerzhaft, da die Fäden aus Sicherheitsgründen fast sieben Wochen in meinem Fuß geblieben waren. Zudem musste er die Nekrosen in den Wunden entfernen. Nach der Ankunft versuchte ich abzuschalten. Dabei half es mir, dass ich auf dem Rücken lag und mit Professor Lehnhardt gute Gespräche über verschiedene Themen führen konnte. Er bearbeitete dabei gründlich meine Wunden. Sobald es für mich zu schmerzhaft wurde, hielt ich ganz fest die Hand meiner Freundin. Vor lauter Schmerzen tat ich es so kräftig, dass ich befürchtete, sie ernsthaft verletzt zu haben. Was mich an dieser Behandlung besonders stark beeindruckte, war die extreme Ruhe, die Professor Lehnhardt ausstrahlte. Er war sehr einfühlsam und versuchte mich vor allem dann, wenn es am meisten schmerzte, in ein ernstes Gespräch zu verwickeln. Oder er erzählte mir witzige Anekdoten. Auch dafür bin ich ihm sehr dankbar. So ersparte er mir ein Betäubungsmittel. Zum Schluss erklärte er mir, dass wir auf einem guten Weg sind, die Wunden jedoch noch acht bis zwölf Wochen zum Heilen benötigen. Die Vorgabe war nun, alle zwei Wochen zu ihm zu kommen, damit die Wunden kontrolliert werden konnten.

Mitte September, bei einer diesen Kontrollen, kamen wir nach der Nekrosenentfernung noch einmal ins Gespräch. Hierbei klärte er mich auf meine Frage hin über die Häufigkeit von Sarkomen in Deutschland auf. Es gibt pro Jahr nur 4000 Sarkom-Erkrankungen. Davon gibt es in Deutschland nur rund zehn Personen, die das Sarkom am Fuß bekommen. Dies waren für mich erstaunliche Fakten, die mir mein Schicksal sehr deutlich veranschaulichten. Wir sprachen auch über die immensen Kosten der bisherigen Behandlungen und Rehamaßnahmen, die sich bereits auf einen sechsstelligen Betrag anhäuften. Mir führte die Höhe der Aufwendungen jedenfalls die enormen finanziellen Auswirkungen einer schwerwiegenden Krankheit vor Augen.

SPOREG – Ambulantes Rehazentrum

Professor Lehnhardt sollte mit seiner Einschätzung meiner Wundheilung Recht behalten. Seit der letzten Operation vergingen fast vier Monate, bis die damals riesige Wunde geschlossen war. Als es geschah, war die Erleichterung bei ihm ebenso wie bei mir groß. Schließlich hatte die ganze Zeit die Gefahr einer Infektion bestanden, was fatale Folgen, im schlimmsten Fall gar eine Amputation, hätte haben können.

Mitte November 2020 gab mir mein Bochumer Professor sein Einverständnis für eine erweiterte ambulante Reha (EAP). Ich informierte mich schon Wochen vorher, was mich weiter nach vorne bringen könnte. Durch viele Empfehlungen meiner Freunde kristallisierte sich als beste Alternative das ambulante Rehazentrum Sporeg in Offenbach heraus. Hier traf ich mich mit dem Chef und Inhaber Reinhard Gebel zu einem Informationsaustausch. Er wollte meine Operationsberichte, Bilder und meine Erfahrungsberichte sehen, um sich einen umfassenden Eindruck von meiner Erkrankung machen zu können. Bei der Beurteilung konnte ich auf seine Erfahrung in der Behandlung von über 2500 Profisportlern bauen. Wir hatten vom ersten Moment an einen sehr vertrauensvollen Austausch, der mir ein sehr gutes Gefühl vermittelte. Dieses Vertrauen ist auch für einen positiven Heilungsverlauf wichtig. Reinhard Gebel schlug ein zwei- bis viermal wöchentliches Trainingsprogramm vor, das er persönlich mit seinen anderen engagierten Therapeuten leiten würde. Es ging unter anderem darum, auf dem Laufband bei einer Geschwindigkeit von 1 km/h wieder richtig Laufen zu lernen. Später sollte ich merken, dass es gar nicht so einfach ist, sich bei dieser langsamen Geschwindigkeit auf jeden einzelnen Schritt zu konzentrieren. Das Ziel dieser Übung war, dass mein Fuß wieder lernt, eine längere Stützphase zu halten, und nicht zu früh wegkippt.

Die Atmosphäre im Reha-Zentrum war durch Freundlichkeit, Hilfsbereitschaft, Anteilnahme am Patienten und hohe fachspezifische sportliche Betreuung geprägt. Trotz der Behandlung hatte ich aber immer wieder das Gefühl, dass mein Leistungsstand eher schlechter wurde. Ich musste erst einmal lernen, dass die Rückschritte ebenso wie die bestenfalls minimal erzielten Fortschritte normal seien, wie ich in Gesprächen mit anderen Rehapatienten bestätigt bekam. Wir alle, die zur Reha kamen, machten uns gegenseitig Mut und versuchten, das Beste aus der uns gegebenen Situation herauszuholen.

Emotional sehr nahe stand mir mein Rehatrainingspartner Dietmar Roth, der nach einem ganz schweren Schlaganfall nicht mehr sprechen kann. Wir kommunizierten mit den Augen und Händen, verstanden uns trotzdem, denn der eine wusste genau was der andere ausdrücken wollte. Dietmar war ein Fußball-Profi, absolvierte über 300 Bundesligaspiele und spielte auch zweieinhalb Jahre für meinen Herzensverein Kickers Offenbach. Er versuchte oft, meinen Fuß beim Anheben mit seiner Hand einen Zentimeter weiter zu mir zu bringen und strampelte vor Glück mit seinen Füßen, wenn es tatsächlich gelang. Dies waren rührige Momente, die ich niemals vergessen werde. Ich versuchte wiederum, ihn permanent anzufeuern, ihm Mut zu machen und ihn aufzubauen, was mir zum Glück auch gelang. Zu unserer guten Laune trug auch die Frohnatur Karl-Heinz Volz bei, der als Torwart von Kickers Offenbach einen Legende-Status besitzt. Der Keeper machte nach einer Knieoperation ebenfalls eine Reha. Er war für mich kein Unbekannter. Schließlich erzählte mir mein Vater oft von dem grandiosen DFB-Pokalfinale 1970 in Hannover gegen den haushohen Favoriten 1. FC Köln, das die Kickers durch den überragend gehaltenen Elfmeter von Volz 2:1 gewannen. Jetzt war ich im gleichen Rehazentrum wie der Pokalheld.

Wir machten unsere Übungen teilweise zusammen, was mich emotional positiv beeinflusste.

Als sich das Jahr 2020 dem Ende zuneigte, liefen die Ereignisse wie ein Film vor meinen Augen ab. Meine Fixpunkte in diesem außergewöhnlichen Jahr waren Krankenhäuser, Arztpraxen, Rehazentren, Strahlenkliniken und Heilpraktikerpraxen. Und mir wurde klar, dass dies im Jahr 2021 auch noch so weitergehen würde. Vor allem die drei Monate im Krankenhaus waren sowohl mental belastend als auch körperlich extrem anstrengend. Zusätzlich erschwerend kam die Corona-Pandemie hinzu, die so gut wie keine Besucher im Krankenhaus ermöglichte. In dieser inneren Einsamkeit war für mich das Schreiben dieser Zeilen eine Hilfe, mit dieser für unsere Generation einzigartigen Situation besser umzugehen. Die Corona-Pandemie und meine schwere Erkrankung haben im Jahr 2020 mein komplettes Leben auf den Kopf gestellt. Sie haben mir auch die Zerbrechlichkeit des menschlichen Daseins vor Augen geführt. Für mich bedeutete dies ein Anpassen an ständig neue Situationen, die ich versuche, bestmöglich zu verarbeiten. Die hier gesammelten Erfahrungen haben etwas in mir bewirkt. Sie haben mich nachdenklicher gemacht, ich bin durch sie viel gelassener geworden. Ich muss niemandem mehr etwas beweisen und kann die Dinge besser relativieren und einordnen. Was für mich früher existenziell wichtig war, wie zum Beispiel die akribische Vorbereitung auf ein Tennisturnier, das ich unbedingt gewinnen wollte, ist jetzt nicht mehr wichtig. Mir bereitet heute ein Training mit meinem Sohn und mit meiner Tochter, nach dem ich das Strahlen in ihren Augen sehe, ebenso viel Zufriedenheit, wie der eigene Turniersieg in früheren Zeiten. In meinem Herzen sind viele meiner früheren Erlebnisse verschlossen. Diese kann mir niemand mehr nehmen. Ab und zu schließe ich das Türchen ein wenig auf und denke an die schönen Erlebnisse aus der

Vergangenheit. Danach mache ich das Türchen aber wieder zu. Dies hilft mir, mich auf neue Aufgaben einzulassen, mich weiter zu entwickeln.

Das hier beschriebene Empfinden des Menschseins im Rehazentrum Sporeg ist das, was für mich nun im Leben zählt: Empathie, Begeisterung für kleine Fortschritte, Schwächen zeigen zu dürfen, sich fallen zu lassen, anderen zu vertrauen und ein altruistisches Handeln. Das alles zusammen ist für mich das Menschsein. Wenn ich Dietmar Roth im Sporeg treffe, muss ich immer an meine liebevolle evangelische Religionskollegin und Pfarrerin in der Schule denken, die ebenso wie der Fußballer einen folgenschweren Schlaganfall erlitt.

Ich muss noch einmal auf das Thema Schicksal zurückkommen und eine für mich unfassbare Situation schildern. Ebenfalls im November trainierte ich an einem freien Rehatag im Keller eines Freundes. Ich führte meine TRX-Übungen (zwei Bänder mit zwei Griffen, die an der Decke aufgehängt sind) durch. Es passierte etwas Unglaubliches. Ich ließ mich mit den Bändern gleitend nach hinten fallen und zog mich dann wieder nach oben. Bei einer Wiederholung riss ein Band und ich plumpste wie ein nasser Sack auf den Rücken. Den Kopf ungläubig zur Seite drehend, sah ich die große messerscharfe Metallablage. Es fehlten vielleicht 30 cm und ich wäre mit meinem Hinterkopf in die scharfe Metallablage geknallt. Bei dieser Fallgeschwindigkeit hätte ich sterben können. In diesem Moment durchzuckte es mich, dass es mein Schicksal so gewollt hat, dass das Glück in diesem Moment auf meiner Seite war und dass ich jetzt einfach weiter machen muss. Ein ebenso schicksalhaftes Ereignis war das Wiedersehen mit meinem ehemaligen Ethik-Oberstufenschüler Peter Bonn, mit dem ich seit 2014 dasselbe Fitnessstudio frequentierte. Nach seinem erfolgreich abgelegten Abitur waren wir im Studio regelmäßig im Kontakt. Peter war wegen meiner schweren Erkrankung sichtlich geschockt. Er bot mir an, sobald ich dazu in der Lage bin, für mich ein neuronales Bewegungskonzept zu entwickeln, das insbesondere für die vielen durchtrennten Nervenbahnen sowie die fehlenden und geschädigten Sehnen sinnvoll wäre. Peter hatte nach seinem Abitur ein Studium zum Physiotherapeuten erfolgreich absolviert und sich danach für eine innovative Behandlungstherapie im Bereich Z-health© in den USA und Schweden ausbilden lassen. Hierbei geht es in erster Linie um das Aktivieren neuer neuronaler Strukturen im Gehirn oder um das Reaktivieren der alten nach Verletzungen, schweren Erkrankungen oder Unfällen. Peter nahm sich meiner schwierigen Situation an und konnte hier seine inzwischen erworbenen Fähigkeiten anwenden, ausprobieren und weiterentwickeln. Ein- bis zweimal in der Woche forderte er mich systematisch. Wir freuten uns über jede Verbesserung riesig. Peter war schon als Schüler in der Oberstufe sehr wissbegierig. Er hat eine schnelle Auffassungsgabe, die er nun später in seinem anspruchsvollen Beruf überragend umsetzen kann.

Eine weitere schicksalhafte Begegnung ereignete sich am 10. Dezember 2020 anlässlich meiner Nachuntersuchung bei meiner Onkologin. Ich hatte über ihr Sekretariat einige Emails bezüglich der künftigen Untersuchungen ausgetauscht und dabei mit einer Frau Ciprian-Fernandez kommuniziert. Als ich mich im Sekretariat anmeldete, sprach ich zunächst mit der Chefsekretärin. Dabei dachte ich, dies sei schon die Person, mit der ich korrespondierte. War sie nicht, sondern deren Tochter, wie ich wenig später erfuhr. Personen, die eine Schutzmaske tragen, selbst gute Bekannte, sind nicht zu erkennen. Und so fragte ich die junge Frau aus dem benachbarten Zimmer des Sekretariats, ob sie Frau Ciprian-

Fernandez sei. Sie bejahte, hielt dann für einige Sekunden inne, schaute mich fragend an und sagte, dass ihr meine Stimme bekannt vorkäme. Da ich ein sehr gutes Namensgedächtnis habe, fiel daraufhin bei mir sofort der Groschen. „Herr Voigt, Sie waren mein Ethiklehrer in der Oberstufe, warum bin ich schon bei unserem Email-Verkehr mit Ihnen nicht darauf gekommen?", fragte sie mich. Dann umarmte sie mich herzlich und fing an zu weinen, weil ich so einen bitteren Schicksalsschlag erleiden musste. Auch ich konnte die Tränen nicht zurückhalten. Es war kaum zu glauben, meine ehemalige Oberstufenschülerin in der Onkologie in Frankfurt anzutreffen. Ich konnte mich sehr gut an unsere gemeinsame Unterrichtszeit vor acht Jahren erinnern. Sie war eine wissbegierige, fleißige Schülerin, die ich, wie ich hoffe, auch durch mein Zutun für den Ethikunterricht begeistern konnte. Wir unterhielten uns damals ausgiebig über ihre schulische Laufbahn. Ich wollte sie unbedingt überzeugen, dass sie das Abitur machen muss. Leider konnte ich sie nicht umstimmen. Sie machte nur das Fachabitur. Nun erzählte sie mir, dass sie das Abitur in der Abendschule nachgeholt hatte und bestätigte mir, dass es der wesentlich aufwendigere Weg gewesen war. Auf der Fahrt nach Hause konnte ich dieses zufällige Treffen mit Frau Ciprian-Fernandez kaum glauben. Doch es war kein Traum, sondern die Realität. Das musste ich sofort Matthias erzählen, der natürlich darüber schmunzelte. Wäre ich nicht so schwer erkrankt, wäre es nie zu diesem Treffen in der onkologischen Abteilung der Krebsklinik gekommen. Mittlerweile kam ich mir schon wie in einem Fantasy-Film oder in einem Traum vor. Es war unglaublich, dass in diesem Jahr so viele Zufälle und schicksalhafte Momente stattgefunden hatten. Doch damit nicht genug: Vier Tage später ging es im Rehazentrum Sporeg so weiter. Dieser Traum war allerdings eher ein Albtraum, der mich zutiefst erschütterte. Ich sah eine Mutter, die ihre Tochter dazu animierte, auf dem Laufband – ähnlich wie bei mir - mit einem langsamen Tempo richtig das Laufen zu üben. Die beiden Frauen kamen mir bekannt vor. Auch den Umgang, den sie miteinander pflegten, fand ich vertraut. Nach unserem vierstündigen Programm sprach mich die Mutter an. Sie meinte, ich würde ihr bekannt vorkommen. Als ich sie nach ihrem Namen fragte, sagte sie "Pravdic". In diesem Moment fiel es mir wieder ein: Ich erinnerte mich an meine Tenniszeit beim Offenbacher TC. Marlene Pravdic war eine sehr talentierte und erfolgreiche Spielerin, die akribisch von ihrer Mutter trainiert und von dieser zu Höchstleistungen gepusht wurde. Sie war extrem fit und betrieb den Hochleistungstennissport jahrelang mit großem Ehrgeiz. Die Mutter erzählte mir, was dann passiert war. Ihre Tochter fuhr vor dreieinhalb Jahren mit ihrem Bruder, der ebenfalls ein sehr guter Tennisspieler war, nachts um zwei Uhr nach Hause, als ein Geisterfahrer ihr Auto erfasste und einen schweren Frontalunfall verursachte. Marlenes Bruder war sofort tot, sie überlebte schwer verletzt. 30 Mal musste sie operiert werden – mehrmals davon war es eine Notoperation – lag lange im Koma. Dies hat mich sehr erschüttert und traurig gemacht. Ihre Mutter betreut sie nun in Vollzeit und kann deswegen keinem Beruf nachgehen. Marlene muss jeden Tag trainieren, führt seit Jahren ihr individuelles Rehaprogramm durch. Sie konnte sich nach dem Unfall an nichts mehr erinnern und musste wieder sprechen lernen. Ich bewundere ihren Ehrgeiz, der sie auch schon als Tennisspielerin ausgezeichnet hat. Sie lässt sich nicht unterkriegen und gibt mit Hilfe ihrer Mutter alles, um weitere Fortschritte zu erzielen, egal wie klein sie auch sein mögen. Diese junge Frau ist für mich ein großes Vorbild. Sie lässt mich meine eigene Krankheit realistischer einschätzen.

Am 17. Dezember 2020 kam es zu einem weiteren Besuch in Bochum. Ein MRT meines Fußes sollte sicherstellen, dass nichts Krebsartiges nachgewachsen ist. Das MRT fiel für mich positiv aus: Es war nichts nachgewachsen. Mit Professor Lehnhardt führte ich bei der Gelegenheit ein sehr emotionales Gespräch über die früheren Erkenntnisse aus Mannheim, die eine Amputation vorsahen. Mein Vertrauensarzt führte mir so vor Augen, wie ernst es damals um mich gestanden hatte. Mir war klar, dass ich ihm sehr viel, nämlich mein Bein, verdanke. Diese Erinnerung half mir, meine zum Teil nur kleinen Fortschritte in der Reha positiv zu sehen. Bei Sporeg bestätigten mir alle Physiotherapeuten auch, dass noch vor 20 Jahren bei der Sarkom-Diagnose mein Bein ganz sicher amputiert worden wäre und ich zufrieden über mein noch vorhandenes Bein sein müsse.

Ende Dezember hatte ich in der Reha wieder einmal mit meinem ständig entzündeten Fußrücken zu kämpfen. Dies kam laut Professor Lehnhardt durch die Entzündungen im Vorderfuß zustande. Dadurch, dass die Zehen stark geschwollen waren, war die Reibung der Zehen gegeneinander extrem, so dass sich die Zehen entzündeten. Dies wurde mit antibiotischer Salbe, Fußbädern und Antibiotika erfolgreich behandelt. Generell sahen die alltäglichen Auswirkungen oder Beeinträchtigungen so aus: Ich benötigte morgens beim Aufstehen stets 30 bis 40 Minuten, um überhaupt ansatzweise auf dem Fuß stehen zu können. Der Druck beim Auftreten war extrem schmerzhaft, wobei die Schmerzen jeden Tag an einer anderen Druckstelle am Fuß waren. Ich musste eine extreme Geduld aufbringen, was mich vor allem auch psychisch maximal forderte. Diesen Druckschmerz verspürte ich manchmal auch tagsüber. Beispielsweise nach einem viertelstündigen Sitzen beim Aufstehen danach. Wobei der Schmerz dann nach einiger Zeit langsam nachließ. Ich muss eben lernen, damit längerfristig umzugehen. Was mir ebenfalls schwer zu schaffen macht, sind die extremen Haut-Irritationen durch meine Kompressionsstrümpfe und die Auswirkungen durch die Bestrahlung. Die Haut ist dadurch stark geschädigt und kann sich trotz intensiver Pflege nur sehr langsam regenerieren.

Mitte Februar 2021 verspürte ich plötzlich sehr starke Schmerzen an der Ferse und auf der Fußsohle. Dies wirkte sich negativ auf meinen Gang aus, der dadurch immer instabiler, wankender und unrunder wurde. Die bleibenden Schmerzen schlugen mir natürlich auch aufs Gemüt. Ich war traurig, niedergeschlagen und antriebslos. Da die Schmerzen nicht nachließen, suchte ich nach Rücksprache mit Professor Lehnhardt eine Radiologie in Offenbach auf, wo ein MRT und ein Röntgenbild von meinem Fuß gemacht wurden. Auf dem Röntgenbild war keine Fraktur feststellbar. Beim MRT waren zwei auffällige Formationen zu sehen, die die Radiologen als wiederkehrendes Tumorgewebsmaterial einstuften.

Dies versetzte mich in eine Schockstarre, so dass ich während der Heimfahrt wieder einmal weinen musste. Nachdem die Untersuchungsergebnisse an Professor Lehnhardt weitergeleitet wurden, konnte er mich in einem Telefonat beruhigen. Ich sollte zu einem weiteren MRT unter Hinzunahme von Kontrastmittel nach Bochum kommen. Dort angekommen, hielt sich meine Hoffnung, tumorfrei zu sein, in Grenzen. Wieder einmal lag ich in der Röhre, wieder einmal kreisten meine Gedanken um eine mögliche Amputation des Fußes. Ich fühlte mich einmal mehr wie in einem schlechten Traum oder in einem falschen Film. Das 75 Minuten andauernde Prozedere in der Röhre überstand ich mit geschlossenen Augen. Dabei versuchte ich mir vorzustellen, ich wäre an einem wunderschönen Sandstrand am Meer und das Geräusch, das ich hörte, sei das von Wellen. Es dauerte etwas länger, mir kam es wie eine Ewigkeit vor, bis Professor Lehnhardt endlich mit dem Ergebnis in das Untersu-

chungszimmer kam. Er streckte mir seinen erhobenen Daumen entgegen und lachte mich an: „Es ist kein Rezidiv. Die Ärzte der Radiologie haben sehr lange beraten und haben die aufgetretenen Formationen als Ödeme klassifiziert." Ödeme sind Flüssigkeitsansammlungen und können auch Schmerzen verursachen. Ich war froh, meinen Fuß behalten zu können. Endlich fiel die schreckliche Anspannung von mir ein wenig ab. Für die Zukunft bedeutet es nun, immer wieder zu regelmäßigen Kontrolluntersuchungen zu gehen. Ich muss lernen, mit der Ungewissheit zu leben, was für mich eine große Herausforderung darstellt. Eine andere Herausforderung ist der Umgang mit den bleibenden Schmerzen. Eine Lösung hierfür könnte die Einnahme von hochdosierten Opiaten sein. Doch diesen Schritt bin ich noch nicht bereit zu gehen. Deshalb suche ich Wege in der Alternativmedizin, beispielsweise mit homöopathischen Präparaten. Ich versuche der Heilung positiv gegenüberzustehen.
Den Weg dorthin beschreibe ich im nächsten Kapitel.

Abbildungen siehe Seite 254

Teil 3

Dem Krebs entgegenstehen, durch Natur erleben, Körpererfahrung, Laufen und mentale Stärke

Ich musste in dieser schweren Zeit immer wieder an meine früheren schönen Erlebnisse in der Natur denken. Die aus meiner Jugendzeit habe ich bereits ausführlich beschrieben. Ab dem 30. Lebensjahr war ich zwar beruflich und vom Studium her zeitlich stark eingeschränkt, doch auch da nahm ich mir immer die Zeit zum Laufen. Wenn es nicht anders ging, dann abends, wenn es bereits dunkel war. Nach dem harten Arbeitstag war ich oft erschöpft, so dass ich keine Lust hatte, die Stoppuhr einzusetzen und mir durch die Zeitnahme zusätzlich Stress zu bereiten. Ich lief nach Lust und Laune, Hauptsache der Ballast des Tages fiel von mir ab. Für mich war es einfach befreiend und beruhigend. Durch die vielen Verpflichtungen - Studium, Referendariat, Familie mit zwei Kindern und Hausbau - merkte ich irgendwann, dass ich immer mehr Erholungspausen brauchte und deshalb die „brutalen" Trainingseinheiten nicht einfach noch obendrauf packen durfte. Ich hatte das Gefühl, täte ich es dennoch, würde die Gefahr bestehen, dass ich einfach umfalle. Tatsächlich bekam ich, weil ich im Jahr 2010 am Limit war, einen Hörsturz. Eines Morgens stand mein zwei Jahre alter Sohn an meinem Bett, sprach zu mir, aber ich konnte ihn nicht hören. Sofort begab ich mich in ärztliche Behandlung.

Erst nachdem ich mich mit Anfang vierzig wieder erholt hatte, kam meine Leidenschaft für das abenteuerliche Laufen wieder zurück. Besonders im Urlaub wollte ich wie schon früher als Zwölfjähriger die Gegend erkunden, versteckte Wege meistern, Höhenunterschiede spüren und vor allem abschalten. Mit dreiundvierzig/vierundvierzig Jahren packte mich vor allem während der Urlaubstage im Sommer wieder die Motivation, mehr nach meinem alten System des Intervalltrainings und der Fahrtenspiele zu trainieren. 2016 lief ich in Österreich auf verschiedenen Pisten im Skigebiet Hochkönig, wobei ich viele Höhenunterschiede überwinden musste. Ich war oft allein mit der Natur, in der ich mich frei fühlte. Es war das gleiche tolle Gefühl, das mich schon als Kind durch die Wälder getragen hatte. Hochkönig, das war ein spielerisches Herantasten an meine körperliche Belastungsgrenze. Diese Höhenunterschiede von 800 bis 1500 Metern bei den in einem landschaftlich idyllischen Traumparadies zweimal täglich absolvierten Laufeinheiten von 60 bis 90 Minuten waren eine ultimative Herausforderung. Als die 14 Tage zu Ende waren, merkte ich, dass ich konditionell extrem zugelegt hatte. Nach den ersten fünf Tagen dachte ich noch: Das packst du nicht mehr, dazu bist du zu alt, die Höhenunterschiede sind für dich zu hart. Aber nach nur zwei Tagen Laufpause konnte ich wieder gute Crossläufe machen.

Das Schöne beim Laufen ist, dass man dazu überall auf der Welt nur seine Laufschuhe braucht. Egal, wo man sich befindet: Man kann spontan loslaufen und die Gegend erkunden. Sicher gab es dabei auch negative Erlebnisse. In den Straßen der mexikanischen Urlaubsstadt Acapulco stank es beispielsweise so unerträglich, dass ich mich beim Laufen übergeben musste.

Aber zurück zum Effekt des Lauffortschritts im „Höhentraining" von Hochkönig: Bei unserem Behördenlauf der Lehrer, Polizeibeamten aus Südhessen sowie anderen Staatsbediensteten konnte ich im Offenbacher Stadtwald mit Höhenunterschieden als ambitionierter Freizeitläufer, der aber sonst keine Rennen läuft, noch im Jahr 2016 den Sieg erringen. Im Vergleich zu Hochkönig waren die Höhenunterschiede deutlich weniger herausfordernd. Auf dem letzten Kilometer der 5,6 km langen Strecke spulte ich den „Film Hochkönig" in meinem Kopf ab, erhöhte bei der 300 m langen Steigung das Tempo, so dass der bis dahin neben mir laufende 40jährige Modellathlet aus dem Polizeipräsidium Südosthessen nicht mehr mitkam. Ich bewältigte die immer noch ziemlich anspruchsvolle Strecke in 22:03 Minuten. Ein professioneller Läufer würde noch deutlich schneller laufen, aber ich war ja nur ein ambitionierter Senioren-Tennisspieler. Da passte es schon.

Eine Sache, die für mich sowohl im Tennis als auch beim Fußball sehr wertvoll wurde, war die Fähigkeit des Visualisierens. Ich merkte als junger Läufer manchmal gar nicht, wo ich im Waldgelände unterwegs war. In meinem Kopf spielte ich während des Laufens verschiedene Spielzüge im Fußball oder Tennis durch. Diese schaute ich mir am Fernseher von den Profispielern ab und stellte mir vor, dass ich jetzt in dieser oder einer ähnlichen Situation sei. Ich bezog das Publikum beim Wimbledon-Turnier oder im Wembley-Stadion immer mit ein. Das verhalf mir zu einem emotionalen „Kick" und ermöglichte mir selbst bei 30 Grad Hitze, durch diese Emotionalisierung beim Laufen eine Gänsehaut zu bekommen, die ich, wann immer ich es wollte, bis kurz vor meiner Krankheit immer wieder abrufen konnte. Dieser Zustand half mir auch im Finale der Deutschen Meisterschaften 2017, wodurch das verloren geglaubte Spiel Ende des zweiten Satzes kippte. Ich „spielte" mit den Zuschauern und konnte mich sehr stark emotionalisieren. Es fühlte sich genauso an, wie mit 15 im Wald, als ich mich beim Wimbledon–Finale wähnte, welches ich begeistert am Fernseher gesehen hatte. Beim Fußball war ich, wie erwähnt, nicht der Schnellste, aber ich konnte die Pässe der gegnerischen Mannschaft als Libero oder Mittelfeldspieler lesen, also gut antizipieren. Ich stand immer an der richtigen Stelle und konnte dadurch meine Schnelligkeitsdefizite ganz gut wettmachen. Das hier beschriebene Laufen und die verbesserte konditionelle Fähigkeit und Ausdauer halfen mir später im Seniorenbereich, schneller zu regenerieren. Kein Seniorenspieler spielte gerne gegen mich, weil er wusste, dass er über seine körperlichen Grenzen gehen musste, um zu gewinnen. Wenn jemand als Ex-Profispieler zu stark für mich war, konnte mir natürlich auch die körperliche Komponente nicht helfen.

Die zweite Komponente meiner Grenzüberschreitungen lernte ich im Oktober 1995 an der Technischen Universität Darmstadt kennen. Martin Bremer, mein damaliger Dozent und heute wie schon während meiner Krankheit ein guter Freund, führte an der TU Darmstadt in meinem ersten Semester einen Kurs „Funktionelle Kräftigungsgymnastik" durch. Ich konnte mir unter dem Namen des Kurses nichts vorstellen. Er beinhaltete eine ganzheitliche Betrachtung des menschlichen Körpers hinsichtlich seiner funktionellen Beschaffenheit. In diesem Kurs lernten wir als Studenten sehr viel Theorie. Aber wir konnten diese auch in die Praxis umsetzen und sehr viel Eigenkreativität einbringen. Da jeder seine früheren Erfahrungen in die Gruppe einbrachte, konnten wir alle voneinander lernen. Das Ganze war ein Stabilisations -, Mobilisations – und Beweglichkeitstraining für den ganzen Körper.

Genau diese Aspekte fehlten mir zuvor als Tennisspieler, Fußballer und Ausdauersportler. Ich war von den Anwendungen und Umsetzungen sowie den bei jedem Teilnehmer nachweisbaren Erfolgen so begeistert, dass ich dies auch für mich verinnerlichte und später in meinen eigenen Tagesplan einfließen ließ. Das Tolle an diesen Übungen ist, dass man sie überall durchführen kann: Egal ob im Hotelzimmer, zu Hause, auf einer Wiese, an der Arbeitsstelle während der Mittagspause oder nach dem eigenen sportartspezifischen Training. Man benötigt dazu keine Geräte und Materialien, sondern ist flexibel in der Durchführung. Es gibt Programme für alle Leistungsstufen, von einem 20-jährigen Weltklasseathleten bis hin zum 85jährigen Seniorensportler. Es gibt Programme, die für zehn Minuten als Heimprogramm gedacht sind, aber auch 90minütige Workouts.

Diese Programme, die wir in den Kursen in allen Varianten vorgestellt bekamen oder uns in Kleingruppen 1995 an der TU Darmstadt erarbeitet hatten, waren im Prinzip die Vorläufer für den ganzen kommenden Athletik-Hype in den Jahren 2000 bis 2006. Hervorzuheben sei da das Sommermärchen, die Fußball-Weltmeisterschaft 2006 in Deutschland. Bundestrainer Jürgen Klinsmann führte mit seinen aus den USA verpflichteten Fitnessgurus eine scheinbare Revolution für den „Komplett-Athleten" durch. Dazu gehörten das Bewegen mit Zugbändern (Gummibändern) zwischen den Beinen in allen Variationen, der Einsatz von TRX-Bändern in allen nur denkbaren Veränderungen und vor allem die funktionellen Ganzkörper-Stabilisationsübungen, die wir schon neun Jahre früher an der TU Darmstadt kennenlernen durften. Nennen muss ich in diesem Zusammenhang Klinsmanns Fitnesspapst Marc Verstegen, der diese Programme, Übungen und Methoden in seinem Buch „Core" auch der breiten Masse näherbringen wollte. Mich faszinierte diese Thematik seit der Zeit an der Universität so sehr, dass ich viele Fortbildungen und Weiterbildungen zu diesem Thema besuchte. Später führte ich darüber in Vereinen und im Hessischen Tennisverband teilweise komplette Trainingswochen oder Kurzlehrgänge am Wochenende durch. Abgestimmt auf ältere Zielgruppen im Verein, führte ich zwei Jahrzehnte lang bis zu meiner Erkrankung auch für Senioren eine Funktionelle Kräftigung sowie eine gezielte Verletzungsprophylaxe durch. Das hat mir immer sehr viel Spaß gemacht, allein schon, weil man die Lernfortschritte jedes einzelnen Teilnehmers gut wahrnehmen konnte. Dieses Programm war dann für die Senioren auf Gesunderhaltung, Resilienz und sich Wohlfühlen ausgelegt. Hier gab es am Ende des Trainings auch sehr oft eine Traumreise, ein gezieltes Entspannungstraining oder ein mentales Training.

In der Schule merkte ich seit 2011 im Rahmen unserer Projektgruppe „Gesunde Schule", dass viele Lehrer starke gesundheitliche Einschränkungen hatten. Viele nahmen sich selten Zeit, um etwas für ihren Körper zu tun, verkannten schon in jüngeren Jahren die Notwendigkeit, sich körperlich zu betätigen. Deshalb wurden in unserem Lehrerkollegium auch ständig Probleme wie dauerhafte Rücken- und Kopfschmerzen, die Abnahme der körperlichen Gesamtkraft oder der Aspekt einer normalen, gesunden, körperlichen Grundhaltung erörtert. Ich initiierte daraufhin 2014 einen Lehrersport mit dem Schwerpunkt „Rücken". Hier bekamen nach zwei Tagesworkshops alle Teilnehmenden eine Übungs-CD für daheim mit, die verschiedene Schwierigkeitslevel enthielt. Diese rund 130 Übungen sind für viele immer noch der Leitfaden für ihr „Heimprogramm". Etliche Lehrerinnen und Lehrer kommen immer noch regelmäßig zum Lehrersport und merken dadurch die Verbesserung ihrer Rückenmuskulatur sowie eine generell stabilere Körperhaltung. Das Positive ist, dass sie selbst spüren und erzählen, sich nun wohler zu fühlen und ein besseres Körpergefühl entwickelt zu haben.

Genauso wie ich mich als 12-jähriger Bub für das Lauferlebnis in der Natur begeistern konnte, war ich Feuer und Flamme bei der Funktionellen Kräftigungsgymnastik. Ich entwickelte individuell für mich immer wieder neue Programme, änderte sich nicht gut anfühlende Übungen ab und versuchte vor allem, innovativ und kreativ zu sein, damit es auch nicht langweilig wurde. Hier war ich ähnlich akribisch wie beim Laufen. Wenn sehr wichtige Wettkämpfe anstanden, führte ich darüber sogar ein Tagebuch, das ich dann bei Erfolgen oder Misserfolgen gut analysieren und reflektieren konnte.

Ich holte mir ständig Tipps von ehemaligen Hochleistungs- und Profisportlern, war stets wissbegierig und offen für spezifische und kreative Übungen aller Art.

Im Sommerurlaub 2017 lernte ich in unserem Ferien-Apartment auf Fuerteventura eine professionelle, österreichische Fitnesstrainerin kennen, die mich innerhalb von zehn Tagen auf ein ganz anderes Fitnessniveau führte, als ich es bis dahin gewohnt war. Sie machte mit mir, meiner Tochter und einer Kleingruppe von acht Personen ein variables dreiviertelstündiges „High-Intensity-Training", das extrem abwechslungsreich und motivierend war. Dies machten wir zwei Mal am Tag. An jedem zweiten Tag stand alternativ ein TRX-Training auf dem Programm, das auch alle Muskeln beanspruchte und extrem fordernd war. Da ich einen intensiven Frühling und arbeitsreichen Sommer hinter mir hatte, war ich zu Beginn des Urlaubs nicht so fit, eher ausgebrannt. Nach den ersten drei Tagen bei der österreichischen Fitnesstrainerin konnte ich mich wegen des Muskelkaters kaum bewegen. Ich spürte Muskeln, von denen ich gar nicht wusste, dass es sie gab. Nach einer Pause am vierten Tag ging es körperlich aufwärts, ich passte mich immer besser an die kreativen Übungen an. Diese Adaption unterstützte ich auch jeden Morgen durch einen 45-minütigen langsamen Lauf an der Promenade. Das war eine lockere Einheit zum Aufwachen, für die Belastung sorgte dann die Fitnesstrainerin. Nach der zweiten High-Intensity-

Trainingseinheit gab es immer ein Stretch- und Relax-Training bzw. Dehnen oder lockernde Bewegungen mit der Faszienrolle, was ein schöner Ausklang des „Sporttages" war. Dieses High-Intensity-Training mit den vielen Kleingeräten wie Speedballs, Cattleballs, Drehschleifen, Zugseilen, TRX-Bändern und Sprungseilen war eine der Grundlagen zu meinem Gewinn der Deutschen Meisterschaft 2017. Auch die emotionalen Impulse dieses Trainings brachten mich dann wahrscheinlich zur körperlichen Höchstleistung. Ähnlich wie beim Waldlauf konnte ich diese neuen Eindrücke des Hochintensivitätstrainings gut visualisieren und später sehr stimulierend beim Championat in Bad Neuenahr einsetzen. In meinem Sporttagebuch standen dann die von mir notierten neuen Übungen und das Verhältnis von Belastung und Erholung alle drin, so dass ich sie je nach Bedarf jederzeit in mein Athletiktraining einbringen konnte. Meine Tochter war von diesen kreativ körperlichen Kursen ebenso begeistert. Sie macht noch heute regelmäßig und mit voller Begeisterung TRX-Kurse.

Abbildungen siehe Seite 249

Abschließend würde ich sagen, dass diese Bausteine, das Laufen in der Natur mit seinen ganzen Facetten wie auch das Funktionelle Kräftigungstraining an der TU Darmstadt, gemeinsam mit dem später dazukommenden Hochintensivitätstraining im Urlaub 2017 entscheidend für die sportlichen Erfolge vor meiner schweren Erkrankung waren.

Generell war ich immer in der Lage, eine hohe intrinsische Motivation aufzubauen. Ich denke, dies geht aus diesem Kapitel gut hervor. Diesem Ehrgeiz und dieser Disziplin habe ich es zu verdanken, dass ich mein Magisterstudium der Sportwissenschaft und Allgemeinen Pädagogik in sieben Semestern – zwei Semester früher als die Regelstudienzeit ist – trotz der intensiven Berufstätigkeit durchgezogen habe. Um den Magister Artium (M. A.) in dieser kurzen Studienzeit zu erreichen, musste ich sehr viele „Nachtschichten" einlegen. Nicht anders war es später bei meinem Philosophie-Studium: Hier schaltete ich dann auch den Turbo ein, um schnell alle Hauptseminarscheine zu erwerben, damit ich früher zur Prüfung zugelassen werden konnte.

Wie wichtig mir die Natur war, und welche Bedeutung sie für mich mein ganzes Leben lang hatte, habe ich in diesem Kapitel bereits beschrieben. Der entscheidende Unterschied zu früher war jetzt, dass ich nicht mehr laufen und joggen konnte, sondern an meinen Krücken humpelte oder mit meinem Rollstuhl unterwegs war. Nach meiner Rückkehr aus dem Krankenhaus am 20. März 2020 ging ich jeden Tag in Begleitung meines Sohnes oder meiner Freundin spazieren. Diese Motivation, jeden Tag nach draußen zu gehen, war auch dem Bilderbuchwetter geschuldet. Es war im März und April so warm, dass wir unsere Ausflüge in leichter Sommerbekleidung genießen konnten. Bis Mitte Mai gab es jeden Tag nur Sonne und einen fast nur blauen Himmel bei 16 bis 25 Grad. Dies hob meine düstere Stimmung während der Bestrahlung erheblich. Mein Sohn oder Kerstin schoben mich im Rollstuhl. Ich versuchte, meine Wegstrecken immer etwas zu steigern, und wenn ich eine Pause brauchte, setzte ich mich in den Rollstuhl und ließ mich fahren. Sobald ich mich wieder fit genug fühlte, lief ich die nächste Strecke wieder mit den Krücken.

Wir liefen und fuhren durch den Wald, den ich schon als Kind kennen und schätzen gelernt hatte. Der Wald und die Natur hatten einen positiven Effekt: Sie streichelten meine Seele. Ich schloss oft die Augen und konnte sehr gut in mich gehen. Dabei fokussierte ich mich auf meine Atmung. Ich konzentrierte mich auf die vielen Tiere im Wald und nahm die verschiedenen Bäume wahr. Im Frühjar blühte alles, das frische Grün bildete einen wunderbaren Hintergrund. Dieses schöne Bild begleitete mich über Wochen und beeinflusste meine Heilung mit Sicherheit positiv.

Ferner führten wir beim Spazierengehen lange Gespräche, für die wir im normalen Arbeits-Alltag keine Zeit gefunden hätten. Diese Gespräche in Verbindung mit der Bewegung schweißten uns in dieser Krisenzeit zusammen. Meine Tochter, die bei mir wohnte und mir während meiner Eingeschränktheit sehr half, kam auch ab und zu mit in den Wald. Durch die COVID-19-Zeit und durch meine Erkrankung wuchsen wir noch enger zusammen. Das Spazieren oder Laufen in der Natur hatte natürlich nicht mehr die damalige Bedeutung. Es ging für mich einfach um das tägliche Nach-Draußen-Kommen, nachdem ich in Bochum vier Wochen ausschließlich in einem Krankenhauszimmer verbracht hatte. Es ging um ein Gegengewicht zum Alltag mit der täglichen Bestrahlung und den unzähligen Arztbesuchen. Die Ausflüge in die Natur vertrieben meine häufigen Kopfschmerzen und die so schnell aufkommende Müdigkeit. Ich war durch sie einfach positiv gestimmt.

Zur weiteren Bekämpfung meines Krebses führte ich seit dem Krankenhausaufenthalt jeden Tag auf einem Stuhl sitzend meine bewährte Therabandkräftigung durch. Dies gab mir das Gefühl vom Sport, von der Stärke und Regelmäßigkeit, die ich aus meinem Leistungssport kannte. Ich führte diese Übungen durch, um dem fortschreitenden körperlichen Verfall entgegenzuwirken. Mein linkes Bein war nur noch ein „Strich“. Die Wade und der Oberschenkel hatten fast die komplette Muskulatur verloren.

Wenn ich allein auf Krücken unterwegs war, wurde ich sehr oft von Menschen angesprochen, was ich denn für eine Sportverletzung hätte. Das strengte mich an, weil ich dadurch immer wieder an meine Krankheit erinnert wurde. Des Weiteren traf ich auf meinen Spaziergängen viele Bekannte aus der Nachbarschaft, mit denen ich mich lange unterhielt. Die meisten zeigten sich geschockt, weil sie mich alle als einen fitten, austrainierten Sportler kannten. Es war für sie unvorstellbar, dass ausgerechnet ich Krebs haben sollte. Generell gab es sehr gute Tage, an denen ich positiv gestimmt war, sowie Tage, an denen es mir schwerfiel, mich zu motivieren und ich vom Spazierengehen einfach platt war.

Die guten Erfahrungen und Erlebnisse in der Natur, das Bewegen und die Kräftigung überwogen aber eindeutig. Ich versuchte, wann immer es ging, positiv zu denken und führte meine Atem- und Entspannungsübungen durch, die mir der italienische Tennisprofitrainer Alberto Castellani 1995 in Agadir bei dem Profitenniscamp beibrachte. Damals war er begeistert, wie ich mich als Amateur in dem Camp unter den Weltklassespielern und Vollprofis wie Sjeng Schalken, Karim Alami oder Adrian Voinea reinhängte. Auf die Mentaltrainingsübungen von damals kann ich heute noch zurückgreifen. Sie halfen mir vor allem, wenn es mir besonders schlecht ging. Dank der Übungen hatte ich immer etwas, an das ich mich halten konnte. In der Rehaklinik in Bad Wiessee lernte ich sehr interessante Persönlichkeiten kennen. Wenn man sich mit ebenfalls betroffenen Personen mit dem Thema Krebs auseinandersetzt, erfährt man oft Dinge, die man nicht für möglich gehalten hätte. Ich versuchte viele Gespräche zu führen und tief in mich zu gehen. Und es waren viele intensive Gespräche. Das Schicksal von Andreas H., der ein Jahr jünger war als ich, hat mich genauso ergriffen, wie das von Waltraud, die gerade ihr Rentenalter erreicht hatte. Beide verband das gleiche

Schicksal: Bauchspeicheldrüsenkrebs. Andreas arbeitete in leitender Position bei der Berufsfeuerwehr. Er war austrainiert und wirkte sehr fit. Er hat zwei kleine Kinder und wurde von der Diagnose Krebs komplett aus dem Leben gerissen. Er sagte zu mir: „Zwischen meinem alten, gesunden und fitten Leben und zu meinem jetzigen lag nur ein Arztbesuch. Wir haben uns das nicht ausgesucht." Was mir persönlich sehr viel Mut gemacht hat, war sein Lebensmut, seine Lebensbejahung und sein immer positives Denken. Dies färbte auf mich ab und wir machten uns ständig gegenseitig Mut. Andreas hatte auch immer viel Sport in seinem Leben getrieben, was ihm wie mir bei der Bewältigung seiner Krankheit half. Er hatte schon eine schwere Operation plus Chemotherapie hinter sich. Jetzt sollte er sich in der Reha-Klinik körperlich aufbauen, damit er für die kommende Chemotherapie gerüstet sein würde. Die gegenseitige Anteilnahme und das gegenseitige Sich-Aufbauen war im Kampf gegen den Krebs von erheblicher Bedeutung und hatte auch einen positiven Einfluss auf unsere Psyche. Die Gespräche mit Waltraud und ihrem liebevollen Ehemann Rainer waren auch sehr persönlich und intensiv. Waltraud erzählte, dass sie nie geraucht, keinen Alkohol getrunken und sich immer gesund ernährt habe. Sie war sehr schlank und sollte in der Klinik ebenfalls „aufgepäppelt" werden für die kommende Chemotherapie. Wir schreiben uns heute immer noch regelmäßige „Mutmachernachrichten". Unsere Nachrichten enden immer mit: „Wir schaffen das!"

Was mich ebenfalls sehr beeindruckte, war Maria Hainers Umgang mit der schweren Krankheit ihres Mannes. Dieser hatte fünf Schlaganfälle, sitzt im Rollstuhl, kann nicht mehr sprechen und ist absolut pflegebedürftig. Maria war wegen ihrer Hüftoperation in Bad Wiessee. Für die häusliche Pflege ihres Mannes organisierte sie eine Pflegekraft, der Aufenthalt hier war für sie fast wie ein Urlaub.

Ihr Mann war ehemals Topmanager eines Weltkonzerns. Er hatte immer sehr gut verdient und wollte mit Maria viele Reisen und Abenteuer erleben, vor allem im Rentenalter. Dann kam alles ganz anders. Jetzt pflegt Maria ihn daheim. Sie sieht das zwar als heftigen Schicksalsschlag an, aber durch ihr positives Denken begeistert sie mich und hat mir ganz viel Energie mit auf den Weg gegeben. Wir schreiben uns gelegentlich Nachrichten, die mich jedes Mal aufbauen und positiv stimmen.

Abschließend zum Thema „Den Krebs besiegen" möchte ich das gegenseitige Mut machen in den Vordergrund stellen. Es ist wichtig, sich mit Menschen auszutauschen, die ebenfalls Schicksalsschläge erlitten haben. Ich machte die Erfahrung, dass ich mich dadurch nicht so allein fühlte und diese Gespräche mich auch mental positiv beeinflussten. Jeder Betroffene muss seinen Kampf allein führen, aber der gegenseitige Zuspruch ist nachweislich gut und ich möchte mit Waltrauds Worten dieses Kapitel beenden: „Wir schaffen das!"

Das gute Leben und der Blick nach vorne

Die Sinn-Frage nach dem Zweck der Existenz ist sehr schwer zu beantworten. Damit versuchten sich schon vor fast drei tausend Jahren die berühmtesten griechischen Philosophen auseinanderzusetzen. Doch gerade diese unbeantwortete Frage macht das Leben, das weder vorhersehbar noch berechenbar oder gleichmäßig den Normen und Werten entsprechend ist, so spannend. Die Klärung dieser Existenzfrage muss von jedem Menschen individuell für sich geklärt werden. Viele Menschen legen sich im Laufe ihres Lebens auf gewisse Schwerpunkte fest. Für die einen sind es schöne Reisen, für die anderen das enge Zusammenleben mit ihrer Familie. Andere, vom griechischen Philosophen Aristoteles als „grobschlächtige Naturen" bezeichnet, meinen damit wiederum das permanente Feiern und Partyleben. Die nächsten Menschen sehen ihre Berufung im ehrenamtlichen Engagement im Sport- oder Musikverein und setzen sich für die Gemeinschaft und das soziale Miteinander ein, während sich wiederum eine andere Gruppe in ihrem Drang und Erforschen neuester wissenschaftlicher Erkenntnisse gut aufgehoben wähnt. Auch der liebevolle Umgang mit eigenen Kindern oder das Verhältnis zur Arbeit in einer heutzutage immer wieder erwähnten guten „Life-Work-Balance" kann den Zweck der Existenz prägen.

Trotz der Fixierung auf die eben genannten Schwerpunkte kann es im Leben immer zu starken Verwerfungen kommen, die einfach nicht vorhersehbar sind und die für viele Menschen im positiven oder negativen Sinne nicht erfassbar oder greifbar sind. Diese Schwerpunkte und die sich daraus ergebenden Schicksale oder Schicksalsschläge kennzeichnen das Leben im Positiven oder auch im Negativen. Wie kann sinnvoll erklärt werden, dass Kobe Bryant, einer der größten Basketballstars der USA, mit seiner Tochter mit dem Hubschrauber abstürzte und an Ort und Stelle verstarb, während andere wiederum nach einer schweren Notlandung mit dem Flugzeug schwer verletzt überleben und vielleicht wieder ein normales Leben führen können? Viele Menschen waren zum falschen Zeitpunkt am falschen Ort oder warum starben am 11. September 2001 rund 3000 Menschen unschuldig wegen eines terroristischen Angriffs auf das World Trade Center, in dem sie sich zu diesem Zeitpunkt teils zufällig aufhielten. Oder warum gab es am 11. März 2004 bei den Zuganschlägen in Madrid 191 Tote und 2050 verletzte Menschen. Einzelne Menschen wiederum überlebten eine Naturkatastrophe, wie zum Beispiel den Tsunami am 26. Dezember 2004 im Indischen Ozean.

Dies alles sind Beispiele für das nicht Greifbare, nicht Erklärbare, für das Geheimnisvolle des menschlichen Daseins. Eigentlich trifft das auf alle Lebewesen zu. Das Denken darüber und die Sinnsuche machen dies aus. Ich möchte hier den Begriff der Kontingenz, die Nicht-Notwendigkeit alles Bestehenden einbringen. Dieser Begriff soll bedeuten, dass gewisse Dinge im Leben auch hätten anders laufen, eine andere Richtung einschlagen können. Eine Frau hatte zum Beispiel den Zug, der am 11. März 2004 nach Madrid fuhr, um 10 Sekunden verpasst und sich darüber geärgert. Ihre Unpünktlichkeit hat ihr möglicherweise das Leben gerettet.

Nicht so extreme, aber auch Beispiele mit Langzeitfolgen aus dem Sportbereich, sind die zufälligen Langzeitverletzungen, die Sportler erleiden. Gemeint sind die Kreuzbandrisse, die sie sich ohne Fremdeinwirkung zugezogen haben, wonach die Sportler nie wieder richtig ihr altes Leistungsniveau erreichen konnten. Aber auch solche, die trotz einer gravierenden Fremdeinwirkung nur kleinere Verletzungen davongetragen haben. Natürlich spielt hier auch der genetische Faktor eine Rolle. Doch oft gilt hier auch das Prinzip der Kontingenz: den einen trifft es schwer, den anderen trifft es nie oder nur geringfügig.

Ich persönlich kann mit dem Begriff der „Zufälligkeit" bzw. Kontingenz aufgrund meiner gemachten Erfahrungen sehr viel anfangen. Es hätte auch bei mir vieles anders sein können. Ich hatte doch schon früher mehrfach Glück, überhaupt noch am Leben zu sein. Zum Beispiel im Februar 2006. Während der enormen Arbeitsbelastungen, fuhr ich nach einer langen Lerneinheit mit Matthias gegen 3.30 Uhr früh nach Hause. Kurz vor der letzten Ausfahrt fiel ich in einen Sekundenschlaf, so dass ich von der rechten Spur mit etwa 110 km/h auf die linke Spur abdriftete. In einer reflexartigen Reaktion riss ich das Lenkrad nur 20 cm von der Leitplanke entfernt noch herum. Hätte ich eine Sekunde länger die Augen geschlossen, wären ich und auch andere vielleicht jetzt nicht mehr da. Und hätte dann nicht mehr die Krebserkrankung, die vielen schmerzhaften Erfahrungen mit den vielen Operationen und Bestrahlungen und die vorhandene Funktionsbeeinträchtigung erleiden müssen. Vielleicht ist das alles aber auch nur eine Prüfung, den Sinn des Lebens zu ergründen, sich als Mensch auf die ihm gegebenen Situationen einzulassen und zu versuchen, diese schwierigen Lebenssituationen zu lösen. In der Gewissheit, dass es irgendwann auch wieder aufwärts gehen wird. Ich denke, das Leben spielt sich in permanenten Wellenbewegungen ab. Es geht immer hoch und runter. Und auch sehr lange Phasen des geglückten Lebens gehen mit zum Teil sehr harten negativeren Phasen einher. Es läuft selten alles glatt im Leben. Hat man kleine Kinder, gibt es eine Vielzahl von kleinen Sorgen, hat man größere Kinder, gibt es ebenso kleine oder manchmal heftige Probleme. Ein weiteres Beispiel für meine Kontingenz war eine weitere Rückfahrt nach einem intensiven

Mannschaftstraining im März 2007. Das war kurz vor meinem zweiten Staatsexamen. Ich fuhr allein nach Hause, wurde immer müder. Mein Glück war, dass ich nur mit knapp 60 km/h eine geschlängelte Landstraße entlangfuhr. Wieder fiel ich in einen Sekundenschlaf. Und landete auf einmal unverletzt im Straßengraben. Mein guter Freund Matthias holte mich ab und brachte mich nach Hause. Mein Auto musste am nächsten Tag mit einem Abschleppwagen abgeholt werden. Auch hier hätte wesentlich Schlimmeres passieren können. Was ich daraus gelernt habe? Nie mehr übermüdet Auto zu fahren.

Ein weiteres markantes Beispiel war der Urlaubsflug im September 1995. Mit meiner damals noch zukünftigen Frau Yvonne ging es mit Taesa-Airlines nach Mexiko. Diesen Flug werde ich nie vergessen. Er war geprägt von extremen Wetter-Turbulenzen. Das Flugzeug, besser gesagt die gesamte Flugzeugflotte dieser Gesellschaft, wurden kurze Zeit später im SPIEGEL als „Schrotthaufen am Himmel" geadelt. Es knackte und krachte überall. Ich merkte, wie um mich herum die Panik ausbrach. Es kam, wie es kommen musste: Der Pilot musste notlanden, weil sich zehn bis 15 Personen übergaben und ein Mann drei Reihen vor mir einen Herzinfarkt erlitt. Nach drei Stunden Notaufenthalt ging der „Horrorflug" weiter in Richtung Mexiko. Bei der Landung bekamen wir unfassbar starke Ohrenschmerzen. Entweder stimmte der Druckausgleich nicht oder die Maschine war zu schnell gesunken. Die Kennung der Maschine war TC-GEN. Heute weiß ich: Wir haben einen der letzten Flüge mit der wenige Tage später in Puerto Rico verunglückten Maschine gemacht. Wir sahen damals vor dem Rückflug, der mit sechs Stunden Verspätung erfolgte, immer wieder Mechaniker an der Maschine, doch über die Gründe informierte uns niemand. Uns allen war schlecht vor Angst. Der Kapitän, der nur schlecht Englisch und überhaupt nicht Deutsch sprach, nuschelte irgendetwas von einem „technischen Defekt". Die Sitze konnten nicht verstellt werden, die Gurte hingen lose herunter, die Kabinenanzeige funktionierte nicht, die Toilette war verstopft, übermüdete Stewards servierten undefinierbares Essen. Kinder lagen in den Gängen und erbrachen sich: Offiziell war es keine Billigreise, der Wert für 14 Tage belief sich auf rund 9000 Mark. Für mich grenzt es noch heute an ein Wunder, dass wir diese „Horrorflüge" überlebt haben. Ich erfuhr später, dass diese Fluggesellschaft im Jahr 1995 zwölf Maschinen des Baujahrs 1990 gegen acht Maschinen mit dem Baujahr 1969 (!) austauschte. Diese aufgezeigten Beispiele sollen die Kontingenz, das scheinbar nicht Beeinflussbare des Lebens, aufzeigen. Man kann viele Dinge im Leben nicht beeinflussen und es ist häufig nur das Glück bzw. das Schicksal, das darüber entscheidet, ob man überlebt oder nicht, ob man eine schwere Krankheit bekommt oder nicht, ob man den entscheidenden Elfmeter zur Deutschen Fußballmeisterschaft an den Pfosten schießt oder der Ball vom Innenpfosten ins Netz geht.

In allen Kapiteln habe ich versucht, schicksalhafte Fügungen und Begegnungen des Lebens aufzuzeigen. Im Vordergrund stehen sollten aber das positive Denken, der Glaube an das Gute und die Hoffnung auf gute Zeiten. Als praktisches Beispiel für mein positives Denken führe ich an, dass die starke Funktionsbeeinträchtigung meines Fußes für mich immer noch besser als die Option einer Amputation des Fußes ist. Ein wichtiger Faktor hierbei ist für mich die Demut vor dem menschlichen Leben sowie das Wissen, dass es auch nach sehr positiven Erlebnissen und Erfahrungen eine Zeitlang wiederum nicht so gut laufen kann. Ist man sich dessen bewusst, kann man diese schwierigen Phasen besser ertragen, mit ihnen besser umgehen und immer wieder einen Ausweg aus der (Lebens-)Krise finden und einen Neuanfang wagen. Es lohnt sich, an das Gute im Leben zu glauben. Es ist das, was uns Freude macht, Hoffnung gibt, Leidenschaft weckt, uns ein positives Lebensgefühl gibt, welches auch für die psychische Gesundheit eines jeden Menschen wichtig ist. Ich möchte in diesem Zusammenhang auf Steve Jobs, den Mitgründer von Apple, eingehen. Er sagte zu der positiven Lebenseinstellung und zur Erwartungshaltung vor Studenten an der Stanford University Folgendes: „Man muss daran glauben, dass sich alles fügen wird. Daran zu glauben, dass sich alles fügen wird, ist ein notwendiges Vertrauen, das man benötigt, um durch das Leben zu kommen beziehungsweise durch das Leben geleitet zu werden". Er stellt heraus, dass die Menschen an etwas glauben müssen, sei es das Schicksal, Karma, einen Gott oder das Leben. Diese Einstellung war für Steve Jobs die Voraussetzung, seine Träume und Wünsche zu verwirklichen, um ein gelungenes Leben zu führen. Man muss nach seiner These im Leben das finden, das man liebt. Egal, ob es auf den Beruf bezogen ist oder auf die Liebe. Falls man es noch nicht gefunden hat, darf man nicht stehen bleiben oder zögern. Man muss so lange weiter machen, bis man seine Erfüllung gefunden hat. Für mich selbst kann ich jetzt sagen, dass ich diese Erfüllung in meiner Familie, in meinem Lehrberuf und im Tennissport gefunden habe. Ich bin sehr dankbar dafür, auch wenn das endgültige Einschlagen des Weges zum Lehrerberuf über Umwege erfolgte und etwas länger dauerte.

Steve Jobs spricht auch über den Tod: „Sich zu erinnern, dass man sterben wird, ist der beste Weg, den ich kenne, um der Falle zu entgehen und zu glauben, man hätte etwas zu verlieren. Du bist vollkommen nackt, es gibt keinen Grund, seinem Herzen nicht zu folgen... Niemand will sterben. Selbst Menschen, die in den Himmel kommen wollen, wollen nicht sterben, um dorthin zu gelangen. Dennoch ist der Tod das Schicksal, das wir alle teilen. Niemand ist bis jetzt entkommen. Und das ist so, wie es sein sollte. Der Tod ist möglicherweise die beste Erfindung des Lebens. Er ist der Vertreter des Lebens für eine Veränderung. Er räumt das Alte weg, um Platz zu machen für das Neue."

Um sich dessen bewusst zu werden und in der Auseinandersetzung mit der eigenen Vergänglichkeit kann ich viele Dinge in meinem Leben relativieren und auch wesentlich besser einordnen. Ich denke, wenn wir später im Leben noch mehr an Lebenserfahrung gewonnen haben, werden wir rückblickend über Dinge lachen und schmunzeln, über die wir uns in jüngeren Jahren bis zur Hoffnungslosigkeit aufgeregt und die wir für das Wichtigste im Leben gehalten haben. Wie oft streiten wir uns im Job mit Kolleginnen oder Kollegen über unwichtige, belanglose Inhalte. Rückblickend können wir oft darüber nur den Kopf schütteln. Im Nachhinein denken wir: „Was für eine Zeitverschwendung." Oder Streitigkeiten mit den Nachbarn. Die Frage, ob der Gartenzaun 1,5 cm am Ende des Grundstücks herausragt und es dadurch möglicherweise zu einer Gerichtsverhandlung kommt, ist im Rückblick als „Kindergarten" zu bezeichnen. Diese Dinge haben keine Bedeutung, man darf hierfür nicht seine kostbare Lebensenergie einsetzen. Dies ist eine Erkenntnis, die die meisten Menschen machen werden, die etwas Ähnliches wie ich am eigenen Leib erfahren haben.

Man kann gewisse Dinge und Zusammenhänge im Leben nicht erkennen, wenn man nur nach vorne blickt. Gewisse Punkte kann man nur verbinden, wenn man auch zurückblickt. Auf mich bezogen, ergeben diese Dinge einen Sinn. Das, was ich in diesem Buch zu beschreiben versucht habe, ist wie ein Puzzle, das zusammengefügt wird. Diese ganzen schicksalhaften Begegnungen in meinem Leben ergeben aus vielen Einzelteilen ein Puzzle, das sich zu einem Bild fügt. Es zeigt den Punkt, an den ich bis zu diesem Zeitpunkt gekommen bin. Es ist eine Mischung aus menschlichem Eigenantrieb, dem Willen, der Disziplin, dem Durchhaltevermögen, der Frustrationstoleranz sowie den schicksalhaften Fügungen, die mein bisheriges Leben zu dem gemacht haben, was es jetzt ist. In der Auseinandersetzung mit dem Tod in meinen zweimaligen vier- und fünfwöchigen „Krankenhausquarantänen" kam ich zu diesen Schlussfolgerungen. Die eigene Vergänglichkeit soll aber nicht als traurige Negativität, sondern eher als Botschaft betrachtet werden. Diese Einstellung sollte dazu führen, dass man die schönen Dinge, die man schon immer einmal machen wollte, nicht immer weiter nach hinten schiebt. Bei mir sind ein solcher Fall die Reisen, die ich aus beruflichen Gründen immer weiter vor mir hinschob. Immer wieder fand ich Ausreden und Gründe, um die Reisen nicht anzutreten. Ich bin nie nach den eigenen Gefühlen gegangen, habe meine Bedürfnisse hinten angestellt. Dies ist jetzt nicht mehr der Fall.

Ein weiteres Beispiel wäre auch ein Lotteriegewinn von 10.000 Euro. Ich könnte ein solches Geld für 18 bis 20 Jahre anlegen und würde aus der ursprünglichen Summe eventuell ein Vielfaches machen können. Ich könnte mit einem solchen Geld aber auch jetzt schon mit den Kindern in den Urlaub fahren. Wir würden großartige Erlebnisse und Erfahrungen haben, an die wir uns immer erinnern könnten. Im Falle des Sparens könnte es mir passieren, dass ich in 20 Jahren gesundheitlich gar nicht mehr imstande sein würde, die Reise zu machen. Außerdem wären meine Kinder dann schon so alt, dass sie wahrscheinlich gar keine Lust haben würden, mit ihrem Papa in den Urlaub zu fahren. Dies war nur ein Beispiel, das die Frage des „Verschiebens von Erlebnissen" verdeutlichen sollte.

Zum vorhin erwähnten Thema Gott und Schicksal möchte ich hier auf meine ehemalige Religionskollegin und Pfarrerin eingehen. Mit ihr verband mich eine herzliche Freundschaft, wir führten einen tollen fachlichen Austausch in unseren Fächern Ethik und evangelische Religion. Wir nahmen sehr viele mündliche Abiturprüfungen zusammen ab. Jeder wusste, dass er sich auf den anderen verlassen konnte. Im Januar 2014 taufte sie sogar meinen Sohn, wofür ich ihr sehr dankbar bin. Ich habe sie immer für ihre Hilfsbereitschaft, ihre Uneigennützigkeit, ihre gute Laune und ihre Fürsorglichkeit geschätzt. Was die Solidarität angeht, aber auch den fordernden Umgang mit ihren Schülern betrifft, war sie und ist bis heute für mich ein Vorbild. Wir entwickelten auch Unterrichtsprojekte gemeinsam, die jeweils für unsere Fächer umgesetzt wurden, wie das beispielsweise beschriebene Filmprojekt. Sie war mir eine Stütze und auch oft eine Lebensratgeberin in schwierigen Zeiten. Wir konnten uns blind aufeinander verlassen und versuchten in Projekten, wie dem Sportfest für Schüler mit Behinderung, unsere Schützlinge zu fördern und zu fordern. Sie war auch immer bereit zu helfen. Selbst eine Erkältung konnte sie nicht von der Schule fernhalten. Unsere letzte gemeinsame Abiturprüfung im Juni 2016 führte sie mit einem Hörsturz durch, weil sie ihre Schüler im Abitur nicht hängen lassen wollte. Da ich genauso ticke wie sie, konnte ich dies zwar insgeheim verstehen, sagte ihr aber, dass sie lieber zum Arzt gehen und sich ausruhen sollte. Sie war jedoch hartnäckig, wollte auch noch die letzten sieben Prüfungen am nächsten Tag durchführen. Wir haben diese sieben Prüfungen geschafft.

In der letzten Sommerferienwoche im Jahr 2016 erhielt ich die Nachricht, dass meine geschätzte Kollegin in ihrem Bad einen schweren Schlaganfall erlitten hatte und auf der Intensivstation lag. Für mich war es ein Schock, für sie und ihre Familie ein ganz bitterer Schicksalsschlag. In meinen sehr einsamen Wochen im Krankenhaus musste ich oft an sie denken, an ihre immer aufmunternden Worte, daran, wie man als gläubiger Mensch mit einer schweren Erkrankung umgehen soll. Dies half mir, einige „schwierige Phasen" im Krankenhaus zu überstehen. Rückblickend ist es wichtig, seine eigenen Grenzen richtig einzuschätzen und auch zu lernen, einmal „Nein" zu sagen. Ein falsches Pflichtbewusstsein kann schlimme Folgen haben.

Meine verehrte Kollegin kann bis heute kaum sprechen, sie sitzt im Rollstuhl und ist auf die Hilfe ihres liebevollen Mannes angewiesen. Sie ist motorisch sehr eingeschränkt und abhängig vom permanenten Einsatz ihrer Familie. Sie hat als Pfarrerin einen unglaublichen Willen. Ihr christliches Herz sowie ihr christlicher Glaube helfen ihr und ihrem Mann, der ebenfalls beruflich kirchlich sehr aktiv ist, den Lebensalltag zu bewältigen. Dieser Schicksalsschlag hat sie und ihren Mann durch ihren Glauben noch enger zusammenrücken lassen. Das fasziniert mich jeden Tag. In meinem Kopf höre ich ihre Worte, auch wenn sie sie nicht aussprechen kann. Ich weiß genau, was sie mir nach meiner Erkrankung sagen würde. Ich sehe sie im Geiste neben mir bei den Abiturprüfungen sitzen und frage mich, warum es sie und mich mit so voller Wucht getroffen hat. Die einzige Antwort des Lebens für uns heißt: Weitermachen, das Beste daraus zu machen, sich den gegebenen Umständen anpassen und versuchen, immer positiv zu denken.

Was soll eine Kristina Vogel sagen, die beste deutsche Bahnradsportlerin, zweifache Olympiasiegerin, elfmalige Weltmeisterin und Gewinnerin von 21 nationalen Titeln, die 2018 nach einem Trainingsunfall mit erst 28 Jahren querschnittsgelähmt blieb? In einem Interview äußerte sie sich drei Monate später: „Egal, wie man es verpackt, ich kann nicht mehr laufen." Sie macht deutlich, dass sie ihrem Schicksal entgegentritt. Meine Kollegin macht es ähnlich; sie geht jede Woche mit ihrem Mann in die Kirche und zeigt durch ihre Lebensfreude, wie sie ihr Schicksal positiv annimmt.

Ich versuche auch, in meiner Erkrankung das Positive zu sehen. Wahrscheinlich hätte ich ohne diese Erkenntnis das vorliegende Buch niemals geschrieben. Meine Lebenserfahrungen hätte ich niemals so reflektiert, weil dafür nie die Zeit gewesen wäre. Immer galt es, irgendwelche Termine einzuhalten. In sich zu gehen und über das Leben, das für mich trotz der negativen Schicksalsschläge ein Gutes ist, zu sinnieren, hat auf mich befreiend gewirkt. Es gibt mir das Gefühl der inneren Freiheit und Unabhängigkeit. Ich konnte bisher an sehr schönen Erfahrungen und Erlebnissen teilhaben – ob es Erfolge im Sport, der Lehrerberuf als Berufung, meine Kinder, schöne Urlaube, schicksalhafte Freundschaften, die verschiedenen Studien, Naturerlebnisse und vieles andere mehr waren. Deshalb verspüre ich Demut und bin dafür dankbar.

Auch die harten Grenzerfahrungen und Schicksalsschläge eines bösartigen Tumors haben mich in gewisser Weise in meiner Persönlichkeit reifen lassen. Ich musste in vielen Situationen über mich hinauswachsen. Mehrmals hatte ich das Gefühl, dass ich einfach nicht mehr kann, dass ich keine physische und psychische Kraft mehr habe, gewisse Situationen durchzustehen. Ich habe erfahren, dass ich als Mensch sehr wohl über viele „Klippen" springen, viele Hindernisse aus dem Weg räumen und meine persönlichen Schmerzgrenzen sehr weit nach oben verschieben kann. Natürlich sind hier wiederum der Glaube an eine gute schicksalhafte Fügung und ein positiver Wille wichtig.

Abschließend muss ich feststellen: Kein Mensch kann sich sicher sein, was das Leben für ihn bereit hält. Es gilt, das Leben so zu nehmen wie es ist, die gestellten Probleme so gut lösen, wie es nur irgendwie geht. Viele Menschen fühlen sich in der heutigen Pandemiezeit orientierungslos, hilflos, desillusioniert und mit allem überfordert. Etliche haben ihre Berufe und Jobs verloren und sehen die Welt als dunkel und hoffnungslos an. Ich kann diese Menschen verstehen. Es ist schon schlimm, wenn von heute auf morgen die Aufträge wegbrechen und man zwei Monate später seine Ladenmiete nicht mehr bezahlen kann. Woran sollen sie sich angesichts der brutalen Existenzsorgen hochziehen? Was sollen sie tun, wenn sie ihren Kindern nicht mehr das gewohnte Leben bieten können? Sie müssen versuchen, ihr Schicksal anzunehmen, neue Ausweichstrategien zu entwickeln und damit wieder ein Licht am Horizont zu erblicken. Ich bin gespannt, was mir das Leben noch bringen wird. Welche Erfahrungen und Freuden darf ich noch sammeln? Welches Leid werde ich noch ertragen müssen, um danach wieder langsam nach oben zu klettern?

Manchmal genügt ein einziger Augenblick, der alles verändert. Ein kurzer Moment, der das Leben in ein „Davor" und ein „Danach" teilt. Ich bin ständig mit Veränderung konfrontiert und weiß, dass das Leben selten planbar ist. In der Reflexion gibt es Unwägbarkeiten, die in meinem Fall so einschneidend sind, dass danach einfach nichts mehr so ist, wie es einmal war. Mein Leben hält Überraschungen bereit, auf die ich oft nur reagieren kann. Ich komme aber auch in Situationen, in denen ich ganz klar spüre: Jetzt ist es Zeit für eine Entscheidung, für eine Veränderung. Momente, die vieles verändern, können Überraschungen und Herausforderungen sein, ebenso wie schwere Schicksalsschläge.

Aktuell, zum Jahresende 2020, bin ich emotional ziemlich hin- und hergerissen. Ich habe mich mit viel Ehrgeiz, Motivation und Disziplin wieder zurück ins Leben gekämpft. Physisch und psychisch liegt vor mir noch ein sehr langer Weg, bis ich wieder mehr Lebensqualität erlangen kann. Die Fortschritte sind sehr klein und meine Toleranzgrenze ist schnell erreicht. Das langfristige Ziel ist es, wieder schmerzfrei gehen zu können. Immer dann, wenn ich wieder einen kleinen Fortschritt wahrnehme, kommt in mir sofort ein Angstgefühl hoch, dass bald schon wieder ein Rückschlag folgen könnte. Genauso sieht es mit den Nachuntersuchungen aus. Die Gefahr, dass etwas Bösartiges nachwächst, ist latent vorhanden. Hier bekomme ich vor allem von meiner Familie, meiner Freundin sowie meinen Freunden, und auch den Lehrerkollegen und den Schülern viel Verständnis und Unterstützung.

Auf jeden Fall bin ich zuversichtlich und freue mich über jeden noch so kleinen Fortschritt. Es geht in die richtige Richtung. Ich habe mit einer Fortbildung als Mentaltrainer begonnen, die mir aktuell mentale Widerstandskraft gibt und von der später auch meine Schüler profitieren werden. Diese Fortbildung passt zu mir, weil ich, wie ich vorhin beschrieben habe, mit Menschen arbeiten und diesen neuen Perspektiven eröffnen möchte. Ich will einfach positiv bleiben und allen Menschen, die in einer ähnlichen Situation wie ich sind, Hoffnung machen. Sie dürfen nicht aufgeben, müssen kämpfen. Es lohnt sich auf jeden Fall.

Für mich steht über allem immer die Freude am Leben. Ich habe während der Niederschrift des Buches in mir etliche Veränderungen verspürt, die ich selbst nicht für möglich gehalten hätte. Keiner meiner Bekannten und guten Freunde hatte wohl geglaubt, dass ich nach dieser schweren Diagnose physisch und psychisch in der Lage sein würde, am heutigen Leben wieder teilzunehmen. Aufgrund der extremen Funktionsbeeinträchtigung gingen sie davon aus, dass ich damit psychisch nicht klarkomme, dass ich in tiefe Depressionen verfallen würde. Auch ich habe dies am Anfang gedacht. Ich habe es nicht für möglich gehalten, dass ich mit der neuen herausfordernden Lebenssituation umgehen lernen werde und eine positive Lebenseinstellung beibehalten kann. Geholfen, mich auf neue Situationen einzustellen und an Lösungsstrategien zu arbeiten, hat mir die aus meinem früheren Leistungssport erworbene Disziplin. Doch dieses Kunststück kann jeder Mensch auch ohne Leistungssport erreichen. Diese Erkenntnis möchte ich den Lesern und Leserinnen mit auf den Weg geben. Das Entscheidende ist der Kopf. Indem ich versuche, immer positiv zu denken, programmiere ich meine Gedanken in eine positive Richtung. Dies ermöglicht es mir, positive Gefühle und Emotionen freizusetzen. Es motiviert mich. Dadurch bin ich in der Lage, mit Rückschlägen umzugehen. Diese Rückschläge kommen häufig vor. Sie sind für mich existent. Ich lasse es aber nicht zu, dass sie mich mental herunterziehen und einen festen Platz in meinem Kopf einnehmen. Ich möchte den Leser motivieren, dem Leben zu vertrauen. Das Ertragen von bitteren Schicksalsschlägen darf weder mich noch sie aus der Bahn werfen. Man darf die Freude am Leben nicht verlieren. Die Freude am Leben steht über allem, sie ist unser Lebenselixier. Natürlich ist es schwer, immer positiv zu denken. Es kostet viel innere Kraft: Aber es lohnt sich!

Lasst uns alle mit Freude durch das Leben gehen, das Jetzt und die schönen Erlebnisse genießen. Sich aufgeben und hängenlassen ist für mich keine Option und sollte es für niemanden sein. Die Maxime lautet: „Ich – und wir – schaffen das".

Teil 4

Gute Freunde kommen zu Wort

Nationalmannschaftskollege und Freund

Als wir das erste Mal gegeneinander im Match antreten mussten, hat trotz Rivalität auf dem Tennisplatz die Chemie zwischen uns beiden irgendwie sofort gestimmt. Ich glaube, wir haben damals sogar während den Seitenwechseln gequatscht, was ich sonst nie mit einem Gegenspieler mache. Daraus ist eine Freundschaft entstanden, die bis heute geblieben ist. Die Young-Seniors-WM in Miami im Team für den Deutschen Tennisbund hat uns dann noch mehr zusammengeschweißt.

Dein unbedingter Siegeswille, Dein enormer Trainingseinsatz und Dein vorbildlicher Kampf „um jeden Ball und einzelnen Punkt" imponierte und spornte mich selbst zu Höchstleistungen an. Und für das Training mit Dir, das nie unter zwei Stunden mit hunderten von nicht enden wollenden Ballwechseln bin ich Dir immer noch dankbar, dass Du mich danach beim Abendessen mit Riesentortillas wieder „auf die Beine gebracht" hast.

Ach ja, das Eiswasser, das Du mir als unser Teamcaptain bei der WM im dritten Satz gegen den Portugiesen den Rücken runter gekippt hast, damit ich bloß weiterspiele, werde ich auch nicht vergessen! Für Dein Buch wünsche ich Dir alles Gute. Eine klasse Idee!

Martin Gentzsch

Langjähriger Tennisfreund seit der Jugend

Lieber Sven, vielen Dank für die Einladung, für Dein Buchprojekt einen kleinen Beitrag zu leisten.

Unabhängig davon, ob es diese Zeilen schaffen, in Dein Buch aufgenommen zu werden oder nicht, möchte ich Dir danken für Deine Inspiration und vorgelebte, mitreißende Motivation.

Sinnbildlich dafür ist etwa folgende Episode: An drei Silvesterabenden in den Jahren 1988, 1989 und 1990 haben wir beide, auf Deine Initiative hin, jeweils von 20 bis 23 Uhr in Babenhausen in der „Aumann-Halle" Tennis gespielt bzw. „ewige" Cross-Rallyes (4-5 Jahre später haben wir das dann wieder für den Trainerschein geübt) trainiert, statt mit Gleichaltrigen oder Schulfreunden Silvesterparty zu feiern. Im ersten Jahr hat uns noch Dein Vater Kurt dorthin gefahren und gewartet, bis wir zu Ende trainiert hatten (wir hatten wohl beide noch keinen Führerschein). 1989 bin ich dann mit dem „Corsa-Swing" gefahren und 1990 dann Du mit dem elterlichen Auto.

Heute, 35 Jahre später, sind diese Silvester in meiner Erinnerung noch immer in den „Top Five" aller meiner erlebter Jahreswechsel, weil wir uns in der sonst menschenleeren Halle konzentriert der schönsten Sache unserer Welt widmen konnten: dem Tennis:-)

Olli Staudt

Zitate meines Doppelpartners aus Südafrika

„Ich will den richtigen Svenni haben, nicht der soziale Svenni, deswegen gleich von Anfang in Führung gehen, damit Svenni beindruckt ist."

„Karussell laufen, Wir haben es geliebt, toll Jacques, steigt ein!"

„Hunderttausend Mal cross Cross, lass uns jetzt endlich mal Punkte spielen, nein Jacques nur noch ein Ball, und dann schön wieder 200 Schläge ohne Fehler."

„Es dauert ein bisschen, aber wenn der Dieselmotor anspringt, hört er nie mehr auf"

„Irgendwann Jacques, werden wir über all das hier nur noch lachen!!! Legendär!!!"

„Deine Mutter ist zum »Kiosk« (Schiedrichter) gegangen – und sie sagte: Er spielt mit Psychotricks gegen meinen Sohn."

„Ich liebe es neben Dir zu trainieren Svenni, das sorgt meistens für gute Laune."

„Ich kannte kaum einen anderen Spieler, der auch mein Tennisspiel so gut im voraus lesen konnte, wie Svenni – auch beim Fußball!"

„Bad Nauheim muss sein."

Jacques Theron

Mannschaftkollege, Trainings- und Kickersfreund

Hi Sven, anbei meine bescheidenen Worte! Ich hoffe sie gefallen Dir. Mir haben sie beim Schreiben ein Lachen ins Gesicht gezaubert!

Lieber Mythos,
Herzlichen Glückwunsch zu der Fertigstellung deiner einzigartigen Geschichte, die auf keinen Fall vorbei ist. Denn wenn es eine Person gibt, die nie aufhört zu kämpfen, dann bist du es!

Viele Stunden durfte ich gemeinsam mit dir auf dem Tennisplatz und darüber hinaus verbringen. Sei es um 7.00 Uhr morgens bei 8 Grad in der Halle in Nieder-Roden oder um 23.00 Uhr in Buchschlag, wo du mich nach 10 Elfern motiviert hast, noch 2-3 Bauchübungen mit dem Medizinball zu machen. Das Ganze wurde begleitet mit den Worten „Für die Kickers, damit wir am Wochenende 3 Punkte holen".

Wenn ich eins von dir lernen durfte, dann ist es die Geilheit sich zu quälen! Auf die nächsten 15 Jahre Freundschaft, ob auf oder neben dem Tennisplatz.

„Auf den Sieg der Kickers heute gegen Fulda!!! Nur der OFC"

Basti Brück

Tennisschüler, Fitnesstrainingspartner und Freund

Gemeinsames Training bis in die Nacht – eine der prägendsten Erinnerungen, die ich mit Sven verbinde.

Kurz zum Hintergrund: Sven holte mich als Jugendlicher zu sich in den Verein. Da ich zu dieser Zeit noch nicht selbst Auto fahren konnte, hat er mich oftmals nach dem von ihm geleiteten Training nach Hause gefahren.

Vor dem Heimbringen haben wir oft noch gemeinsam trainiert. Dazu zählen insbesondere die intensiven Einheiten im Gym bis (und auch mal nach) Studioschließung um 23 Uhr, bei denen mir Sven seine extremen Stabi-TRX-Übungen zeigte.

Ich kann mich auch noch gut daran erinnern, wie ich ihn freitags nach meinem eigenen Mannschaftstraining zum Teil bis Mitternacht für Turniere einspielen durfte. Zunächst eine halbe Stunde spielen ohne Fehler und dann meistens Serve & Volley immer cross ist hier die passende Zusammenfassung.

Dass Sven dabei Disziplin und Leidenschaft nach einer mehr als vollen Arbeitswoche noch derart aufbringen konnte, war immer hochmotivierend.

Für diese und viele weitere tolle sportliche Momente bin ich ihm sehr dankbar!

Jonas Jäger

Lehrerkollege und Trainingspartner im Fitnessbereich

Lieber Sven, gerne denke ich an unser gemeinsames „Sporteln" – egal ob in der Schule, oder im Verein.

In der Schule kämpfen wir schon seit vielen Jahren Seite an Seite und landen bei unseren Volleyballturnieren regelmäßig auf dem Treppchen – meistens zeigen die „alten Frauen und Männer" den „jungen Sportlern", wo es lang geht!

Viele positive Emotionen habe ich auch, wenn ich an die vergangenen drei Jahre denke – und das, obwohl es eigentlich nicht viel zum Feiern gab: Corona, Lockdowns und deine langwierigen und kraftraubenden Behandlungen. Trotz dieser Widrigkeiten konnten wir in unserem Verein – in der Abteilung Kraftsport – gemeinsam trainieren. Aber mindestens genauso wichtig, wie das Stemmen schwerer Gewichte während unserer intensiven Trainingseinheiten, war das Plaudern und „Philosophieren" zwischen den Sätzen.

Ich danke dir für die gemeinsamen Trainingseinheiten und die vielen lustigen Erinnerungen. Ich freue mich schon auf unsere nächsten Workouts und darauf, gemeinsam weiter Fortschritte zu erzielen.

Marco Stark

Meine Gedanken zu Sven

Als ich vor einigen Wochen von Sven die Nachricht erhielt, dass er ein Buch schreibt und gerne von mir ein paar Worte hätte, sagte ich sofort zu. Ich war überrascht aber fühlte mich geehrt. Die Gedanken begannen zu kreisen und in den Erinnerungen zu kramen... Ich fing an zu überlegen, wie war unsere erste Begegnung, was waren besondere Momente, Ereignisse, Erfahrungen, ja es war mehr als ein Jahrzehnt in dem wir eine intensive prägende Zeit auf und neben dem Tennisplatz hatten...

... ob es in der Halle oder auf unserem geliebten Sandplatz anfing, vermag ich nicht mehr zu sagen... es dürfte im Jahr 1996/1997 gewesen sein, als ich Sven über einen Bekannten aus meinem Heimatverein kennenlernte. Sven ist 10 Jahre älter als ich und war zu dieser Zeit einer der besten Tennisspieler und Trainer in Hessen/Bezirk Offenbach. Es war gefühlt eine andere Welt in die ich kommend aus einem kleineren Gemeindeverein in einem städtischen Verein eintauchte. Gleich in den ersten Trainingseinheiten spürte ich das Sven Sport/Tennis lebte, ja verkörperte...

Ich meine im Jahr 1998 hatten wir unser erstes und meines Wissens auch einziges offizielles Wettkampfmatch gegeneinander, bei den Bezirksmeisterschaften der Herren. Es war eines der härtesten und besten Matches die ich je gespielt habe und knapp verlor... das war der Beginn der darauffolgenden Jahre, in denen wir zu Mannschaftkollegen, Trainingspartnern, gegenseitige Lebensberatern, ja Freunden wurden...

Sven wusste genau wie er mich anpacken musste, um aus mir die beste Leistung herauszuholen. Sei es als gemeinsames Doppel bei Mannschaftsspielen, bei denen wir fast verloren geglaubte Matches gegen gefühlt bessere Spieler mit zum Teil atypischer Spielweise (d.h. ich spielte zum Teil von der Grundlinie und Sven ackerte am Netz; oder ich als Linkshänder spielte auf der rechten Seite) gewannen. Hier erinnere ich mich an ein Doppel gegen Ober-Mörlen in der Verbandsliga.

Es war einer der besten Spieltage die ich je hatte. Ich hatte ein intensives Einzel Match (6:7, 7:5, 7:6), in dem mich Sven schon zum Sieg coachte und dann dieses Doppel…

Sven war immer für eine Überraschung gut.
An einem Spieltag in Biblis nahe des Atomkraftwerks zeigte ich eine miserable Leistung und hatte das Match schon fast verloren. Ich spielte schlecht und war in negative Gedanken vertieft. Sven saß bei mir auf der Bank und auf einmal platze ihm der Kragen. Er geriet dermaßen in Rage, was sehr untypisch für ihn war und warf meine Tasche über den Zaun des Platzes in ein offenes Feld. Ich war davon so perplex, dass ich auf einmal anfing Tennis zu spielen und das Spiel noch gewann.

Es gab fast keine Zeit, in der wir nicht alles möglich machten, um gemeinsam zu trainieren. Sobald der eine sich bei dem anderen meldete, wurde geschoben, umgeplant und jegliche Lücke genutzt. Es war mir kein Weg zu weit, keine Hürde zu groß um mit Sven zu trainieren. Sei es vor einem Mannschaftswettkampf, an dem wir bereits um 07:00 Uhr vor dem Spiel über eine Stunde trainierten, was im Nachhinein betrachtet völlig verrückt war. Kam es vor, dass die gegnerische Anlage noch geschlossen war, kletterten wir sogar über Zäune um schon zu trainieren. In den heißen Sommermonaten gab es keine Tageszeit, keine Mittagshitze die uns daran hinderte über zwei oder mehr Stunden jeden Zentimeter des Platzes umzugraben, vor allem ein Platz im Tennisclub Rosenhöhe, der Käfig genannt. Oder aber die Tradition für einige Jahre vormittags an Heiligabend zu trainieren.

Gefühlt ließ ich alles stehen und liegen um mit Sven zu spielen. Gegen Sven rief ich fast immer meine beste Leistung ab. Ich sah in gewisser Weise zu ihm auf, zollte seiner Leistung, seinem Ehrgeiz, seinem unbändigen Willen hohen Respekt.

Aber auch neben dem Platz verbrachten wir Zeit, sei es bei gemeinsamen Stadionbesuchen oder Grill Events mit der Mannschaft. Was man zumindest Sven nicht ansah, er konnte gut essen.

Manchmal fragte ich mich, wie schafft er das alles, schläft dieser Mensch überhaupt!? Es stellte mich manchmal vor ein Rätsel, wie er es neben mehreren Studienabschlüssen und dem Job als Lehrer noch viele Stunden auf und neben dem Platz zu verbringen und dabei noch die Zeit für seine Familie zu haben.

Sven, ich könnte noch einige Sachen aufzählen, in der Summe lassen sich all die schönen, erfahrungsreichen und von sportlichem Erfolg gesäumten Momente kaum aufzählen. Die gemeinsame Zeit hat mich geprägt und mich manchmal über mich selbst hinauswachsen lassen. Natürlich hinterlässt dies körperliche Spuren, was mit dem Alter doch in Relation gesetzt wird. Jedoch möchte ich keine dieser Momente in meinem Leben missen.

Ich bin gespannt auf dein Buch und freue mich es zu lesen. Ich wünsche dir alles Gute und Erfolg für die Veröffentlichung.

Danke für die tollen gemeinsame Jahr bis dahin.

Henning Salmen

Als erstes fällt mir da natürlich Serve &Volley Crosscourt ein. Jede Vorhand von mir mit Überschallgeschwindigkeit auf dich drauf – und dies schon um 7.00 Uhr morgens.

Ich finde es krass, wie du alles was du gemacht hast unter einen Hut gebracht hast... bei mir geht's mit den Tennis nur bergab... hast du ja letztes Jahr gesehen. Haha!

Andreas Ainalides

„Als Jugendlicher war Sven lange Zeit mein Einzeltrainer, dem ich viel zu verdanken habe. Herausheben möchte ich jedoch die Jahre, in denen ich mit ihm Sparring machen durfte. Sven und ich haben zu den ungewöhnlichsten Uhrzeiten zusammen trainiert. Sei es früh morgens vor der Schule oder Sonntag abends zu später Stunde in der Halle, Sven war zu jeder Zeit zum Spielen zu haben. Sehr gerne denke ich an diese Zeiten zurück und bis heute denke ich bei jedem kurz gechippten Rückhand Slice als Antwort auf ein Vorrücken des Gegners an Sven – den absoluten Meister dieses Schlages."

Moritz Geis

Doppelpartner Nationalmannschaft und Freund

Der erste Kontakt kam im Rahmen der Team Weltmeisterschaft 2018 in Miami North Beach zu Stande.

Sven war zunächst etwas zurückhaltend, sehr freundlich und wie es mir vorkam neugierig bis interessiert. Im Laufe des gemeinsamen come together haben wir uns gleich gut verstanden und besser kennen lernen können. Im weiteren Verlauf wurde der Kontakt immer enger und wir verbrachten viel Zeit zusammen. Das hat angefangen mit dem Frühstücken beim Kubaner über gemeinsames Training, dem Austausch zu Erfahrungen aus unserem jüngeren Tennisleben und anderen gemeinsamen Bekannten sowie gemeinsames Coaching während der Matches.

Doch das Beste war das gemeinsame, entscheidende Doppel gegen Schweden, ein Nachtmatch abends um circa 22:00 Uhr. Wir haben beide wechselweise gut und phasenweise nicht so gut gespielt, uns jedoch nie fallen lassen, uns vielmehr gegenseitig aufgemuntert, nach Fehlschlägen aufgebaut und ständig motiviert. Schließlich mussten wir in den dritten Satz – als Match Tiebreak gespielt, welchen wir in einem überragenden Schlussspurt gewonnen haben. Dieser gemeinsame Erfolg war der Beginn einer weiterführenden, tiefen Freundschaft.

Sven wollte danach unbedingt, dass ich 2019 in seinem Team spiele, und das, obwohl ich in der Zeit in Ungarn wohnte. Allen Aufwand zum Trotz haben wir es dann dennoch geschafft, zwei bis dreimal gemeinsam im Team und auch wieder ein gemeinsames Doppel zu spielen. Auch dieses Doppel war wieder ein wichtiges Match, das wir gewinnen konnten, um damit den Klassenerhalt in der Regionalliga zu sichern.

So unterschiedlich unsere Spielstile sind, so gut konnten wir uns im Doppel ergänzen und, ganz wichtig, wir hatten immer Spaß zusammen. Sowohl auf dem Platz als auch außerhalb durfte ich Sven immer positiv und motiviert erleben, egal wie widrig die Umstände auch waren. Dieser Kampfgeist, dieser Wille, der positive Ehrgeiz und die Einstellung, sich niemals aufzugeben, kombiniert mit der Freundlichkeit und Höflichkeit sind die Eigenschaften, mit denen ich Sven in enge Verbindung bringe und die mir oft eine wichtige Orientierung waren in der ein oder anderen Situation, wenn es mal nicht so lief.

Lieber Sven, ich wünsche dir für Deine Zukunft alles Gute und noch viele gemeinsame Momente. Bleib so wie du bist, pass weiterhin gut auf Dich auf und lass Dich mit Deiner Gutmütigkeit nicht ausnutzen.

Dein Freund Emilio!

Emil Egerer

Schüler im Fußballkurs Georg-Kerschensteiner-Schule

Ich denke immer gerne an den Unterricht bei Sven zurück. Sven war nicht der autoritäre Lehrer, sondern er hat es geschafft auf Augenhöhe zu unterrichten und sich durch seine Art den vollen Respekt der Schüler verdient. Seine Leidenschaft gab uns das Gefühl mehr zu sein als nur seine Schüler. Wir haben im Sportunterricht immer alles gegeben und uns anschließend auf die nächste Woche gefreut. Ich hatte keinen anderen Lehrer der es geschafft hat die Schüler so zu pushen – das waren Parallelen zu meinem damaligen Trainer Jürgen Klopp beim FSV Mainz 05 als ehemaliger Fußballprofi. Für mich war Sven sehr prägend und ich konnte viel positives für mein Leben mitnehmen. Vielleicht war es Schicksal ihn als Lehrer zu bekommen. War eine super Zeit!

Pierre Kleinheider

Mannschaftskollege in der 2. Bundesliga

Hi Sven, innerhalb der letzten zwei Jahrzehnte hatte ich unzählige lustige und kuriose Erlebnisse auf und neben dem Tennisplatz mit Sven erlebt, dass diese alleine ein ganzes Buch füllen könnten. Jedoch wird mir ein Erlebnis – an das ich jedes Jahr im März denken muss – stets in meinem Kopf präsent bleiben, da es zum einen Sven's spezielle Art, und zum anderen auch seine Leidenschaft zum Tennissport perfekt widerspiegelt.

Damals, in den 90er Jahren, begann die Punktrunde traditionell immer am 1. Mai. Die Möglichkeiten sich vorher auf Sandplätze einzuspielen war aber noch sehr begrenzt, da diese erst Mitte April zum Spielen freigegeben wurden. Dementsprechend fanden auch keine Turniere statt, um Matchpraxis zu bekommen. Diese mangelnde Vorbereitungszeit war Sven's Prinzip „Vorbereitung ist alles!" natürlich immer ein Dorn im Auge. Doch Sven wäre nicht Sven, wenn er nicht all seine Energie nach einer Möglichkeit aufgebracht hätte, diese für ihn alljährliche unerträgliche Situation zu ändern. So rief er mich eines Tages im März in bester Laune an um mir zu berichten, dass er tatsächlich ein Sandplatzurnier im Freien für uns zur Vorbereitung gefunden hat, und zwar schon nächste Woche im 400 km entfernten Landshut!

Wer Sven kennt wusste, dass es sich dabei nicht um einen Scherz handelt. Ich entgegnete ihm, dass es in Landshut gerade eine Tagestemperatur von 3° C hat und für die nächsten Tage auch Schneefall vorausgesagt wurde. Ich bin mir bis heute nicht sicher, ob er meine Bedenken überhaupt ernst genommen, geschweige denn registriert hatte. Es hätte im Endeffekt auch sowieso nichts gebracht, denn er hatte bereits die Meldung abgeschickt, das Hotelzimmer gebucht und im ADAC Atlas die Fahrtstrecke mit Textmarker gekennzeichnet, inklusive Ausweichrouten über Landstraßen. Dort angekommen, kündigte sich das Unheil wenig überraschend schon an: Schneefall!

Während wir noch vor dem Spieltableau standen und ich in fester Überzeugung war hier nicht einen einzigen Ball spielen zu können, hörte ich Sven nur sagen „Schau mal Limbi, wir würden erst im Finale aufeinander treffen!" Mein Match wurde für den nächsten Morgen angesetzt, Sven sollte nachmittags spielen. Doch es kam wie es kommen musste, es fing am nächsten Morgen wieder an zu schneien. Trotzdem schickte man uns auf die Plätze. Mit dicken Handschuhen und vier Pullover übereinander auf der Bank sitzend, schüttelte ich nur fassungslos meinen Kopf und schaute in Richtung Sven der am Zaun stand. Doch von Mitleid keine Spur. Er nickte mir aufmunternd zu und ich sah ihm an, wie gerne er doch mit mir tauschen würde. Der Schneefall wurde immer stärker, die Plätze immer rutschiger, und beim Stand von 3:2 im ersten Satz hatte die Turnierleitung endlich ein Erbarmen und brach alle Spiele ab. Es sollte der erste und auch der letzte Spielabbruch gewesen sein, denn es schneite auch am nächsten Tag durch, so dass letztendlich am dritten Tag das Turnier endgültig abgesagt wurde.

Während ich noch mit mir haderte warum ich mich zu diesem Turnier verleiten lies obwohl doch alles schon so absehbar war, tat es mir für Sven dann doch etwas leid. Ich musste mich schließlich um nichts kümmern, Sven hatte alles perfekt organisiert. Außerdem hatte er sich am allermeisten auf das Turnier gefreut und durfte dann am Ende nicht einen einzigen Ball schlagen.

Bevor wir ins Auto für die Rückfahrt einstiegen, wollte ich ihm daher unbedingt noch ein paar aufmunternde Worte sagen um ihn wieder positiv zu stimmen, dachte ich zumindest. Bevor ich auch nur ein Wort sagen konnte, drehte er sich zu mir und sagte: Limbi...war richtig geil gewesen, machen wir nächstes Jahr wieder!

Christian Limbart

Lehrerkollege und Lebensberater

Es muss 1989 gewesen sein. Du warst Schüler, ich Lehrer am Wirtschaftsgymnasium Obertshausen. Beide tennisverrückt. Du warst 16 und der Nachwuchsstar vom TC Rodgau-Dudenhofen, ich fast 40 und passabler Clubspieler im TC Martinsee. Nach der Schule haben wir uns endlos duelliert. 5 Sätze, oft auch mehr. Ich konnte noch mithalten. Aber nicht mehr lange. Du hast deinen Weg im Tennis gemacht und wurdest eine bekannte Größe.

Zeitsprung!
2017, freitags auf dem Bieberer Berg, Flutlichtspiel des OFC. Du kamst gerade von den Deutschen Tennismeisterschaften in Bad Neuenahr: „Ich bin im Halbfinale, Herren 45“. „Super Sven, viel Glück morgen“ Am Samstagabend per Whatsapp: „Ich bin im Endspiel“. Am Samstag machten wir, meine Frau Gabi und ich, uns sponten auf den Weg ins schöne Bad Neuenahr. Gute Stimmung, der Center Court voller Menschen, die dein Endspiel sehen wollten. Du hattest mindestens schon mal 4 Fans, deine 2 Kinder und wir. Das Spiel tobte hin und her, eine wahre Schlacht in 3 Sätzen. Du wehrtest 5 Matchbälle ab und wurdest am Schluss Deutscher Meister. Daran schlossen sich noch viele internationale Erfolge an, aber das würde hier zu weit führen.

Ich bin stolz, dich kennengelernt zu haben, erst als Tennispartner, dann als Kollege und als sehr guten Freund und tollen Menschen.

Bewahre dir deinen Kampfgeist, auch im Leben.
Dein Hans-Jürgen

Hans-Jürgen Chop

Als Tennisspieler hast du deinen Gegnern oft das Gefühl gegeben, eine unüberwindbare Wand zu sein. Dein Spielstil war facettenreich, du konntest dich immer gut an deine Gegner anpassen. Vom Naturell war dein Spiel nicht übermäßig aggressiv, trotzdem konntest du jedes Tempo mitgehen und hattest ein bestechendes Netzspiel. Mental und körperlich war deine Verfassung absolut erstaunlich, du warst für mich innerlich und äußerlich im Grunde zeitlos. Auch mit über 40 konntest du noch locker mit den Herren mithalten und hast regelmäßig aufstrebende Nachwuchstalente auf deine unnachahmliche Art in die Verzweiflung getrieben. Natürlich hattest du als Tennisspieler auch Schwächen, wer hat die nicht. Deine aus meiner Sicht größte Stärke war jedoch, dass du deine Schwächen ganz genau kanntest und von deinen Schlägen in jeder Situation exakt das Beste verlangt hast, was dir möglich war (und eben nicht mehr, was dann zum Fehler geführt hätte).

Du hast eine tiefe Leidenschaft für Herausforderungen und liebst es, deine Grenzen auszureizen und zu verschieben. Du akzeptierst dabei kein „Nein" als Antwort, du bist der Inbegriff von Beharrlichkeit. Darin erinnerst du mich an das Zitat von Camus: „Der Kampf gegen Gipfel vermag ein Menschenherz auszufüllen." Dazu kommt bei dir ein großer schöpferischer Geist. So lange ich dich kenne hast du immer Ziele und Visionen und bringst große Projekte voran. Dabei nutzt du dein Netzwerk, ziehst andere Menschen mit, entfachst bei Ihnen die gleiche Leidenschaft und wirkst wie ein Magnet auf Gleichgesinnte. Mindestens dreimal habe ich erlebt, wie du auf diese Weise einen Verein von relativer Bedeutungslosigkeit zu überregionalem Erfolg geführt hast.

Deine Einstellung zum Tennis war Kult. Fünf Stunden Schlaf waren genug und auch nach 4 Stunden Match bist du noch gelaufen wie ein junger Hirsch. Das Einspielen vor einem Match konnte leicht zur vollen Trainings-

einheit werden. Ich habe dir damals den Spitznamen „Maschine" verpasst. Zu jeder möglichen und unmöglichen Uhrzeit wurde trainiert, unvergessen sind unsere mitternächtlichen Trainingssessions in der ansonsten verlassenen Tennishalle in Nieder-Roden. Wenn die „Touristen" nach dem Training längst beim Feierabendbier saßen, hast du im Fitnessstudio noch Gewichte gehoben. Auch als alter Hase hast du weiter emsig mit Hans an deiner Technik gefeilt und warst auf und neben dem Platz ständig auf der Suche nach dem „flow". Außentemperaturen in beide Richtungen haben dich nie besonders tangiert. Selbst bei 30 Grad konnte man dich noch mit Pollunder spielen sehen und richtig geschwitzt hast du eigentlich nie.

Einige Male haben wir auf dem Platz dann auch gegeneinander gespielt. Meistens war ich dabei chancenlos. Das eine Mal, als ich glaubte, eine vielversprechende Taktik zu verfolgen, stand es nach knapp vier Stunden Spielzeit gerade Satzausgleich, als ich (13 Jahre jünger) mit Krämpfen aufgeben musste. In meiner Erinnerung hast du auch an diesem Tag nicht nennenswert geschwitzt.

Lieber Sven, durch dein Beispiel hast du über Jahrzehnte unzählige Tennisspieler inspiriert und motiviert. Dafür ein großes Dankeschön!

Dr. med. Robert Merget

Mentor und Trainingspartner

Beim Tennis muss man immer mindestens einen weiteren Verrückten fürs Extrem-Training finden, alleine gegen die Ballwand ist einfach doof und langweilig. Allerdings ist die Ballwand letztlich besser als ein miserabler Trainingspartner. In unserem Fall haben sich zum idealen Zeitpunkt zwei Verrückte getroffen: Du als Teenager auf dem Weg nach oben in den hessischen Tennis-Olymp, ich mit Mitte Zwanzig auf meinem Zenit als Tennisspieler. Das führte im ersten gemeinsamen Trainingsjahr zu epochalen Sätzen mit einer Dauer von mehr als 2 Stunden sowie einzelnen Spielen die auch mal locker 20 Minuten brauchten.

Meine Devise war schon immer mein mangelndes Talent mit Einstellung und Willen zu kompensieren. Was bleibt einem auch anderes übrig. Ein paar Grundregeln sind dabei unweigerlich zu befolgen, da erfolgreiches Tennis neben der richtigen Einstellung auf guter Technik, intelligenter Taktik und extremer Ausdauer beruht. Wenn man topfit ist und fitter als der Gegner kann man auch mal einen Satz opfern, um den Gegner mürbe zu spielen und dann in den folgenden Sätzen ernten. Dies führte dann des Öfteren zu endlos langen Ballwechseln und am Ende auch extrem kraftraubenden langen Sätzen. Sven, da haben wir es uns dann immer voll gegeben und uns auch rein gar nichts geschenkt. Im Tennis gewinnt immer der mit der geringeren Fehlerquote, insbesondere auf Sand!

Noch was: Den meisten Tennisspielern ist bewusst, dass es auf die richtige Mischung zwischen Länge, Geschwindigkeit und Richtung der Schläge ankommt. Die Meisten mixen diese drei Komponenten willkürlich und besiegeln damit ihre Niederlage. Ganz entscheidend ist meines Erachtens die Reihenfolge: erst die Richtung, dann die Länge, dann die Geschwindigkeit. Oftmals braucht es die Geschwindigkeit dann gar nicht mehr. Als Du Dir dann nach zwei Jahren alles abgeschaut und verinnerlicht hattest, konnte ich im dritten Jahr einfach keinen einzigen Satz mehr gegen Dich gewinnen.

Gut trainieren konnten wir aber immer noch zusammen. Tolle Zeiten!!! Diese Niederlagenserie führte dann zu Entgleisungen wie dem Rausreissen der Tennisbank aus der Verankerung und dem Flug der Tennisbank durch die Halle, unglaublichen Wutbrüllern im höchsten Dezibelbereich und auch dem Zerstören von Schlägern und anderen Begleitutensilien. Auch das Durchschwitzen von mindestens fünf Tennisshirts pro Trainingseinheit war eine sichere Sache. In der Sommerhitze am Wörthersee hing dann eine Rekordzahl von durchnässten Hemden zum Trocknen am Zaun! Man trug damals noch Baumwolle...

Da man ja auch vor und nach dem Training sowie manchmal während des Trainings auf der Bank genügend Zeit zum Quatschen hat, haben wir uns auch gut kennen- und schätzen gelernt. Es war eine fantastische Zeit für die ich Dir auch gerne noch mal Danke sagen möchte! Einfach tolle Erinnerungen für die Ewigkeit, lieber Zoecke.

PS: Zoecke in Anlehnung an Markus Zoecke aus Berlin, welcher einen brachialeren Aufschlag im Vergleich zu Dir hatte.

Thomas John

Vom Tennisschüler zum Traingspartner

Sven, auch Schleucht oder Jigsaw von mir genannt, und mich verbinden über 20 Jahre auf und neben dem Tennisplatz. Anfangs lernte ich ihn als mein Jugendtrainer kennen, später wurde er mein Trainingspartner und guter Freund. Früh erkannte ich, dass sich sein Ehrgeiz und seine Passion für den Tennissport von anderen Turnierspielern unterscheidet. Er war und ist bis heute ein „Tennisverrückter". Egal unter welchen Umständen, Sven nutzte jede freie Minute, um seine unorthodoxe aber für viele Gegner zermürbende Spielweise mit Vorhand-Slice und Serve-and-Volley zu optimieren. So erinnere ich mich an so einige Trainingseinheiten um 6 Uhr vor Beginn meines Schulunterrichts bei Temperaturen knapp über dem Gefrierpunkt. Besonders viel Spaß machte es immer dann, wenn es mir trotz meines amateurhaften Trainingsethos gelang, gegen den hochprofessionellen Sven zu gewinnen, oder wie er sagen würde, ihn zu demütigen. Diese „Demütigungen" auf dem Tennisplatz ließen ihn aber nur kurzweilig verzweifeln, bevor er dadurch noch mehr Ehrgeiz entwickelte und es ihn zu Hochleistungen anspornte.

Während mich unsere Trainingseinheiten komplett ausbrannten, war es für Sven oftmals nur ein „Warm-Up", bevor er noch eine zweite direkt anschließende Tenniseinheit einschob und abends noch das Fitnessstudio aufsuchte. Ich bin dankbar für die vielen gemeinsamen Stunden auf und neben dem Platz; seine Professionalität konnte ich zwar nie adaptieren, allerdings hat Sven einen viel besseren Tennisspieler aus mir gemacht.

Ich kann nur erahnen, wie schwer die Krankheit und der Verlust des kompetitiven Tennis für ihn ist, aber ich bin mir sicher, dass auch hier sein Ehrgeiz und Kampfgeist ihm hilft, das durchzustehen und ihn stärker daraus hervorgehen lässt. Ich wünsche ihm für die Zukunft alles Gute!

Alexander Schubert

Trainer-, Mannschaftskollege und Freund

Es gibt sehr viel, woran ich mich sehr gerne zurück erinnere. Steinar Voigt Vorbild, bester Mann – alias Sven.

„Ein „normaler" Mittwoch, 21 Uhr Fitnessstudio, danach Tennis bis wir rausgeschmissen wurden."

„Schlägerweitwurf in der Halle von Jan, Mittwoch von 22 bis 24 Uhr."

„Ich sag nur 17:17 Sätze Winterbilanz 2007/2008 und trotzdem warst du unbesiegbar."

„Schimpfwörter, die die Nachbarschaft vorher noch nicht gehört hatte, inkl. Laserpointer der gegen uns eingesetzt wurde."

„Saunagänge nach dem Sport – Du danach 3 Wochen krank inkl. Fieber.

„Regionlliga Herren 40 mit dieser coolen Truppe."

Unsere gemeinsame Liebe: NUR DER OFC!!
Freitag Abend unter Flutlicht mit dem „Pöbel & Gesocks" Offenbach.
2010: DFB Pokal – Schlacht gegen Dortmund mit Sieg – wir waren dabei...

„Das einzige was mich nervt ist, dass wir uns nicht früher kennengelernt haben und unsere Jugend nicht noch miteinander verbracht haben."

Stefan Heinrich

Mannschaftskollege und Freund

Von unsrem ersten Match 2007 bei den Bezirksmeisterschaften an war es mir immer eine wahre Freude mit Dir auf die gelbe Fitzkugel einzuschlagen.

Es war immer eine Herausforderung gegen Dich zu spielen und immer ein leidenschaftlicher Kampf um jeden Ball. Die vielen Trainingseinheiten, 11er usw., waren immer hart umkämpft und sehr oft mit dem besseren Ende für Dich!! ;)) Was wahrscheinlich daran liegt, dass Du einfach der bessere Spieler bist!

Deine Leidenschaft für den „weissen Sport" ist echt beeinduckend. Immer das Positive im Blick, sportlich fair und immer alles bis zum letzten aus sich herausholend. Ein echter Sportsmann!!

Ich hoffe es geht Dir soweit gut!!
Vielleicht schaffen wir es ja jetzt im Sommer mal Bälle zu schlagen. Melde Dich, ich würde mich freuen, wenns klappt!

Michael Sagert

Philosophischer Mentor und Tennisenthusiast

Tja, was ist die Moral von der Geschicht? Schwer zu sagen, Unterschiedliches kann einem dazu einfallen.

Eins aber ist unabweisbar: der liebe Sven hat Moral (im aristotelischen und stoischen Sinn), seine Tugend und seine enorme Charakterfestigkeit die auch bei Druck und großer Not Stand hält.

Ein hartes Tennis-Match zu gewinnen, nach fast 4 Stunden in einer Wüstenhitze, verlangt schon sehr viel ab, aber es erscheint mir wenig, wenn jemand im Angesicht des Todes (oder zumindest des Todes wichtiger Lebensbereiche wie man sie kannte – Sportler und Sportlehrer aus Leidenschaft) den Kopf so klar behält, nicht nur sein Leben systematisch Revue passieren zu lassen, sondern das Ganze den alltäglichen sowie den außergewöhnlich harten Widrigkeiten zum Trotz in Buchform zu meißeln auch wenn das zu behauende Material noch so hart ist.

Was dann vielleicht doch ein Fazit wäre: Dieser Meißel ist – soweit das Auge zurückblicken kann – robuster als jeder Stein.

Matthias Hahn

Abiturient

„Erinnere ich mich an meine Schulzeit zurück, denke ich gerne an den Ethik Unterricht bei Sven, der bei mir nun schon ca. sieben Jahre her ist und Sven war einer meiner Lieblingslehrer. Er hatte eine besondere Art zu unterrichten, die mir half, schwierige Konzepte zu verstehen und mich für das Fach zu begeistern.

Was ich besonders an Sven geschätzt habe, war seine Fähigkeit, uns Schülern praktische Beispiele zu geben, die uns halfen, ethische Fragen besser zu verstehen. Er gab uns Raum für Diskussionen und brachte uns dazu, über die eigenen Meinungen nachzudenken. Der Unterricht war stets interaktiv gestaltet, sodass alle motiviert mitarbeiten konnten. Kurz vor Ferienbeginn war immer das Highlight, dass wir uns Filme passend zu den vorher behandelten Themengebieten aussuchen durften, über die anschließend auch diskutiert wurde.

Sven war jedoch nicht nur ein sehr kompetenter Lehrer im Klassenzimmer, sondern auch ein engagierter Mentor außerhalb des Unterrichts. Er organisierte jährlich das große Volleyballturnier im Sportzentrum, in dem die verschiedenen Klassen und Jahrgänge gegeneinander angetreten sind. Es war ein großer Spaß, zusammen zu spielen und gegen unsere Freunde - sowie im Finale auch gegen Lehrer anzutreten.

Sven hat es geschafft, uns nicht nur ethische Werte beizubringen, sondern uns auch praktische Erfahrungen zu vermitteln, die uns im Leben weiterhelfen werden. Ich bin ihm sehr dankbar für alles, was er für uns getan hat, und hoffe, dass er noch viele weitere Schülerinnen und Schüler inspirieren wird.“

Dennis Neumann

Schüler und Jugendtrainer bei Kickers Offenbach

Sven Voigt durfte ich mit dem Wechsel in die 11. Klasse in meiner Schulzeit kennenlernen. Er unterrichtete mich als Sportlehrer von der 11. bis zur 13. Klasse.

In den ersten Unterrichtsstunden stand das Thema Ausdauertraining auf dem Trainingsplan. Für uns ging es als Klasse zum Joggen in den Obertshäuser Wald. Während des Joggens unterhielten Sven und ich uns angeregt über schulische, aber auch private Themen. Nach einer Weile merkte er an, dass er jetzt auch mal nach den anderen SchülerInnen schauen müsse. Zehn Minuten später nahmen wir unser Gespräch erneut auf. So durfte ich Sven als einen Lehrer kennenlernen, der sich stets für seine Schüler interessiert. Daher wusste Sven auch um meine Leidenschaft für die Jugendtrainertätigkeit im Fußball.

In der 13. Klasse besuchte ich den Sportkurs Fußball, der von Sven geleitet wurde. Als Prüfungsleistung hatten wir die Aufgabe eine Kaderanalyse des damaligen EM-Kaders der deutschen Nationalmannschaft durchzuführen. Aufgrund der schweren Erkrankung meiner Pflegemutter war ich in dieser Zeit etwas durcheinander und vergaß die Aufgabe. Erst am Abend vor der Abgabe wurde ich von einem Klassenkameraden daran erinnert. Das Ergebnis war dementsprechend nicht so ausführlich, wie es Sven von mir als ambitionierten Fußballtrainer erwartet hätte. Vor allem in dieser schwierigen Phase konnte ich seine besondere Bindung zu den Schülern spüren.
Insbesondere in der Vermittlung von Werten durfte ich viel von Sven mitnehmen und versuche diese Menschlichkeit als Basis in meinem Berufsleben und meiner Tätigkeit als Jugendtrainer bei Kickers Offenbach tagtäglich anzuwenden.

Jonas Werner

Ehemaliger Schüler und Philosophiestudent

Herr Voigt – Lehrer mit Herz und Engagement

Ich erinnere mich immer gerne an die spannenden Philosophiestunden mit dir, da du mit deiner einzigartigen Art und Weise uns für die Themen immer so sehr begeistern konntest. Ich habe nicht nur viel im Unterricht von dir gelernt, sondern auch mich für andere Menschen in der Gesellschaft einzusetzen. Den damaligen Sponsorenlauf werde ich niemals vergessen, wo du mich stark dafür vorbereitet hattest und dieser am Ende ein großer Erfolg war. Ohne dich wäre ich heute bestimmt nicht so eine sozial engagierte Person geworden, Sven. Du bist und bleibst ein Vorbild für mich und der beste Lehrer, den ich jemals hatte.

Martin Birdi

Mein heißblütiger Trainingspartner

Es gibt vieles, was man über den Sven erzählen könnte, angefangen von seiner Disziplin, dem Ehrgeiz und seinen großen Erfolgen bis hin zu seinen stark ausgeprägten taktischen Kenntnissen durch seine langjährige Trainertätigkeit im Tennissport. Sowohl im Breitensport, als auch im leistungsorientierten Bereich war sein Name so gut wie jedem Spieler in Hessen ein Begriff – sogar überregional und teilweise auch international gab es einige, denen der Name „Sven Voigt" ein Begriff war – meist im Zusammenhang mit außerordentlich konstanten und erfolgreichen Ergebnissen. Im Seniorenbereich war er im Ausland sogar für die deutsche Nationalmannschaft im Einsatz.

Doch vor allem wollen wir jedem, der das liest einen Eindruck über den Menschen Sven Voigt vermitteln. Einen Menschen, der seinen Prinzipien immer treu geblieben ist, sein Leben dem Tennis verschrieben hat und „nicht nur nebenbei" eine Vollzeit-Tätigkeit als Lehrer ausübt und dort ebenfalls mit Leib & Seele dabei ist – was im Tennistrainer-Job natürlich extrem hilfreich sein kann, da dort auch so einige pädagogische Aufgaben zu lösen sind.

Er ist ein zuverlässiger, ruhiger, introvertierter und besonnener Mensch, mit dem man eigentlich nicht ansatzweise in Konfliktsituationen geraten kann, da er äußerst friedlich, diplomatisch und harmonisch unterwegs ist. Er ist außerdem ein sehr starker Kämpfer, der viele Tiefschläge im Leben weggesteckt und sich nicht unterkriegen lassen hat – auch wenn's manchmal ziemlich schwer war, u.a. nach seiner Krebs-Diagnose im Fuß – die für ihn das Aus auf Lebenszeit in Hinblick auf das eigene aktive Spieler-Dasein bedeutete.

Ich bin sehr froh, dass er jahrelang mein regelmäßiger Trainingspartner auf dem Tennisplatz war und dass ich mit ihm als Coach des TV Buchschlag so viele spielerische Erfolge verbuchen konnte – 2 x Aufstieg hintereinander mit anschließendem Hessenliga-Klassenerhalt im aktiven Herrenbereich. Abgesehen davon respektiere ich ihn enorm dafür, wie leidenschaftlich er trotz langjähriger Tätigkeit ist – und ich weiß selbst als hauptberuflicher Tennistrainer wie schwer das manchmal sein kann das Feuer und die Seele auf den Platz zu bringen, wenn man diesen Job seit vielen Jahren macht.

Ich bin froh, dass ich von mir behaupten kann, dass ich mittlerweile ein Freund von ihm bin und sogar mal das Privileg hatte seinen Sohn Lars trainieren zu dürfen. Abschließend kann ich sagen, dass Sven ein toller Mensch ist, ein großartiger Athlet war und nach wie vor eine absolute Trainergröße im deutschen Tennissport ist. Ein Lebenslauf, der beeindruckend und selten zu finden ist – genauso wie mein Freund Sven Voigt.

Christopher Chiout

Epilog

Mein Ausblick in die Zukunft ist zum aktuellen Zeitpunkt nicht konkret. Seit der Fertigstellung meines Textes sind mehr als zwei Jahre vergangen. Es ist mittlerweile vieles was meine Gesundheit betrifft klarer geworden. Trotz intensivster Rehamaßnahmen sind die Fortschritte nur marginal und das ist für mich sehr frustrierend. Wenn man alles für seine Verbesserung seiner gesundheitlichen Voraussetzungen investiert und merkt, dass man nicht die Erfolgserlebnisse sieht, ist das ein Gefühl, das nur schwer zu beschreiben ist. Mir stellt sich die Frage für was ich mich quäle und meinen gesamten Tagesablauf der Verbesserung meiner gesundheitlichen Voraussetzungen unterordne? Es ist für mich ein Gefühl der Hilflosigkeit, der Wut, des Nicht-Machen-Können, des Verloren-Seins und der Apathie. Zu der mangelnden Funktionalität meines Fußes kommen die extremen Schmerzattacken, die mich alle drei bis vier Wochen mit sehr hohen Entzündungswerten weit zurückwerfen und meistens über Nacht in der Notaufnahme des Krankenhauses enden. Diese Schmerzen sind selbst bei Ruhigstellung so stark, dass die verabreichten Medikamente erst nach zwei bis drei Tagen wirken. Die Aushaltbarkeit dieser Schmerzen bringen mich an den Rand meiner körperlichen Belastungsfähigkeit. Mein Chirurg in Bochum, Professor Lehnhardt, sagt mir, dass ich mit diesen immer wiederkehrenden Entzündungen und Schmerzen leben muss. Es sind Bestrahlungsschäden und bakterielle Infektionen, die über den Fuß den ganzen Körper belasten. Ebenfalls muss ich mit meiner Orthese leben, die mir beim Gehen als Unterstützung dient, um besser durch den Alltag zu kommen. Seine Worte sind hart für mich, aber es ist meine Realität, mit der ich weiterleben werde.

Meine Leidensgenossin aus der Reha, Waltraud ist leider an ihrem schweren Bauchspeicheldrüsenkrebs verstorben. Ich musste ihr versprechen, dass ich mein Buchprojekt zu Ende bringe und ich möchte es hiermit ihr widmen.

Ich kann heute noch nicht abschätzen, wie es in Zukunft mit meiner veränderten Funktionalität einmal sein wird. Was ich allerdings im Leben gelernt habe, ist die Tatsache, dass ich als eigene Persönlichkeit mit den mir gegebenen Voraussetzungen umgehen muss. Das bedeutet, dass ich aus den mir gegebenen Bedingungen versuchen muss, das Beste für mich herauszuholen. Es wird mir bestimmt sehr schwerfallen, auf viele Dinge, die ich früher geliebt habe, zu verzichten. Aber das gehört zu meiner neuen Lebenssituation. Es werden vielleicht neue Freundschaften entstehen, vielleicht auch in anderen Bereichen, über die ich mir vorher gar keine Gedanken gemacht habe.

Vielleicht kann es auch ein Ziel sein, mit den Gegebenheiten kreativ umzugehen, damit ich wieder positive Emotionen freisetzen kann. Eines meiner Ziele ist es, bewusster zu leben. Ich will offen für neue Dinge sein. Aber gleichzeitig alte, früher nicht immer beachtete Nuancen, wie beispielsweise den enormen Einsatz der Pflegekräfte, mehr würdigen. Ein weiteres Ziel ist es, mir mehr Zeit für meine Familie zu nehmen und bewusst Dinge gemeinsam zu erleben. Die vielen langen, von mir geliebten Dauerläufe könnten eventuell Fahrradausflügen weichen. Ich bin nie gerne geradelt, aber um die Natur zu erleben, wäre es sicherlich eine Kompromisslösung, mit der ich leben müsste. Vielleicht könnte auch das Schwimmen eine neue Herausforderung für mich sein. Ich möchte einfach offen für neue Dinge sein.

Auf jeden Fall nehme ich mir vor, aktiv zu bleiben und auch mein Krafttraining sowie die funktionelle Kräftigung fortzuführen. Ich werde auch versuchen, den Kontakt zu den vielen netten Mitleidenden aus der Anschlussheilbehandlung in Bad Wiessee aufrecht zu erhalten. Wir geben uns gegenseitig viele Tipps und Kraft für die Zukunft, wollen uns sporadisch besuchen und austauschen.

Durch das intensive Erleben vieler schicksalhafter Momente im Verlauf der Jahre weiß ich, dass ich nicht mehr zu weit im Voraus planen darf. Früher half mir das immer sehr. Doch heute ist es so nicht mehr umsetzbar. Ich möchte es noch einmal mit den Worten meines Tennisfreundes Horst Stumpf halten: „Nichts im Leben ist beständiger als die Veränderung." Hinzufügen will ich noch Folgendes: „Es hätte auch alles ganz anders kommen können."

Als Leitsatz könnte für mich auch folgendes gelten: Schließt sich die eine Tür, öffnet sich eine andere! Kann ich nicht mehr laufen bzw. joggen, kann ich Fahrrad fahren, rudern oder schwimmen. Aber die weiteren Geschichten schreibt das Leben.

Durch die vielen Schicksalsschläge habe ich Ehrfurcht vor dem Leben bekommen. Ich bin nun auch unendlich dankbar für die vielen positiven Erlebnisse, die ich bisher genießen durfte. An die zweite Stelle meiner Prioritäten setze ich die Demut vor dem Leben.

Danksagung

Zur Entstehung dieses Buches trug maßgeblich mein erster Krankenhausaufenthalt in Bochum bei. Das Schreiben half mir, meine Gedanken zu verarbeiten, positiv zu bleiben und gibt mir nun die Möglichkeit, mich bei meiner Familie und meinen Freunden, Kollegen und Schülern für die tolle Unterstützung zu bedanken.
Ein großer Dank gilt auch meinen Unterstützerinnen Michaela Hanekamp und Katja Bonn, mit denen ich offene Fragen und kritische Anmerkungen ausführlich diskutieren konnte.
Ebenfalls einen sehr positiven Einfluss auf mein Buchprojekt hatte mein Physiotherapeut Peter Bonn, mit dem ich etliche Stunden über Geschehnisse in meinem bisherigen Leben diskutierte und reflektierte.

Nicht zuletzt möchte ich meinem Freund Lars Obendorfer und Christian Kunze mit ihrer Werbeagentur für das zur Verfügung gestellte Equipment für das Cover-Foto danken. Martin Seiler hat das Buch realisiert und produziert und Michael Löffler hat mich stilistisch beraten und lektoriert. So Viele haben mir geholfen, dieses Projekt zu realisieren und haben mich auch während der schwierigen Zeit immer unterstützt.

Ohne euch hätte ich nicht die Kraft gehabt, diese Seiten zu Papier zu bringen.

In Liebe und Freundschaft
Euer Sven

Glossar

Aktiven-Tennisturniere

Dies sind Tennisturniere ohne Altersbeschränkung. Meistens spielen hier Spieler/innen im Alter von 16 bis 35 Jahren, wobei die über 30-Jährigen eher eine Ausnahme sind.

ATP-Tennis

Die ATP (Association of Tennis Professionals) ist die Vereinigung der professionellen männlichen Tennisspieler, sie ist das Gegenstück zur Women's Tennis Association (WTA). Wöchentlich erscheint die aktuelle Weltrangliste der Herren (ATP) sowie der Damen (WTA).

Challenger-Weltranglistenturnier

Challenger-Turniere werden aktuell mit Preisgeldern in Höhe von 50 000 bis 150 000 US-Dollar dotiert und werden über eine Woche ausgetragen. Seit 2019 müssen alle Turniere den Spielern Unterkunft und Verpflegung anbieten. Die Challenger-Tour dient vornehmlich Spielern außerhalb der Top-100 der Weltrangliste genügend Ranglistenpunkte für die Teilnahme an höherwertigen Turnieren der ATP-Tour (vier Grand-Slam-Turniere, neun Turniere der ATP Tour Masters 1000/1 Million Preisgeld, 13 Turniere der ATP Tour 500/500 000 Dollar Preisgeld, restliche Turniere der ATP Tour 250/250 000 Dollar Preisgeld) zu sammeln. Die ATP-Challenger Tour ist höher dotiert als die Turniere der ITF Future Tour (das maximale Preisgeld beträgt 25 000 US-Dollar) und ist damit das Bindeglied zwischen der Future-Tour und der ATP-Tour. Die WTA-Turniere der Damen sind inzwischen vergleichbar hoch dotiert, bei den Challengern gibt es da 125.000 Dollar.

CrossFit
CrossFit ist ein Wettkampfsport und eine Fitnesstrainingsmethode, die von dem gleichnamigen US-amerikanischen Unternehmen vertrieben wird und unter anderem Gewichtheben, Sprinten, Eigengewichtsübungen sowie Turnen miteinander verbindet. CrossFit definiert Fitness als höhere Leistungsfähigkeit in all diesen Bereichen.

Davis-Cup
Der seit 1900 ausgetragene Daviscup ist der wichtigste Wettbewerb für Nationalmannschaften im Herrentennis. Er wird jedes Jahr unter über einhundert Nationen in Gruppen und Runden ausgespielt. Veranstalter ist die Internationale Tennis Fédération. Der vergleichbare Wettbewerb im Damentennis ist der Billie Jean King (früher Fed Cup genannt).

Fußballlehrer
Dies ist die höchste Trainerlizenzstufe, die man im deutschen Fußballsport erreichen kann.

ITF-Weltranglistenturnier
Die International Tennis Fédération (ITF) ist der Tennis-Weltverband, dem 210 nationale Tennisverbände angehören. Die Weltranglistenturniere im Senioren- sowie Jugendbereich sind ITF-Turniere. Diese Turniere sind klassifiziert. Das bedeutet, dass es je nach der Kategorie der Turniere unterschiedlich viele Weltranglistenpunkte gibt.

Kurz-Cross Passierball
Dies ist ein Ball, der den am Netz befindlichen Gegner diagonal passiert und relativ kurz auf die Spielfeldlänge bezogen in den T-Feld-Bereich gespielt wird.

Sehr schnelle Beläge

Die schnellsten Beläge im Tennis sind Nadelfilz (Teppich) und Rasenplätze. Auch Hartplatzbeläge sind zum Teil schnell, aber nicht ganz so schnell.

Senioren-Tennis

Der Deutsche Tennisbund /DTB) erstellt alle drei Monate aktuelle Ranglisten für Senioren. Diese Seniorenranglisten werden ab Herren/Damen 30 als Fünfjahresranglisten erstellt und gehen aktuell bis Herren/Damen 85.

Serve-and-Volley

Das Serve-and-Volley-Spiel ist eine offensive Spielstrategie im Tennis, die besonders im 20. Jahrhundert beliebt war. Ziel des aufschlagenden Spielers ist es hierbei, den Gegner mit einem harten und platzierten Aufschlag in Bedrängnis zu bringen und dann sofort ans Netz vorzurücken.

Slice

Der Slice, auch Unterschnitt genannt, ist die Bezeichnung einer Schlagart im Tennis und Tischtennis, bei welcher der Ball mit Rückwärtsdrall gespielt wird. Beim Tennis wird diese Schlagvariante sowohl mit Rückhand als auch Vorhand eingesetzt. Der langsame Slice wird vor allem in der Verteidigung angewandt, der schnelle und lange als Vorbereitung für eine Netzattacke.

Tenniszählweise

Ein Satz endet, wenn ein Spieler sechs Spiele gewonnen hat, wobei die Differenz mindestens zwei Spiele betragen muss. Im Spiel wird wie folgt gezählt: 15, 30, 40 Spielgewinn. Bei 40:40 gibt es Einstand. Beim Einstand braucht eine Partei zum Spielgewinn zwei Punkte in Folge. Steht es im Satz 6:6, entscheidet ein Tie-Break. Dieser wird bis sieben Punkte gespielt und muss mit zwei Punkten Differenz gewonnen werden.

Trainerlizenzen

Der Deutsche Tennisbund (DTB) führt ein mehrfach lizenziertes Ausbildungssystem durch: Zu Beginn muss die DTB-C-Trainerlizenz unterteilt in Breitensport und Wettkampfsport erworben werden, danach erfolgt die DTB-B-Trainerausbildung auch in Breiten- sowie Wettkampfsport unterteilt. Diese Ausbildung erfolgt in den jeweiligen Landesverbänden. Die höchste Ausbildungsstufe im Deutschen Tennisbund stellt der Diplom-Trainer und die DTB-A-Trainerausbildung dar, die sich auf das Leistungs- und Hochleistungstennis ausrichten. Diese wird vom Deutschen Tennisbund und nicht vom Landesverband organisiert.

Meine Bilder zum Buch

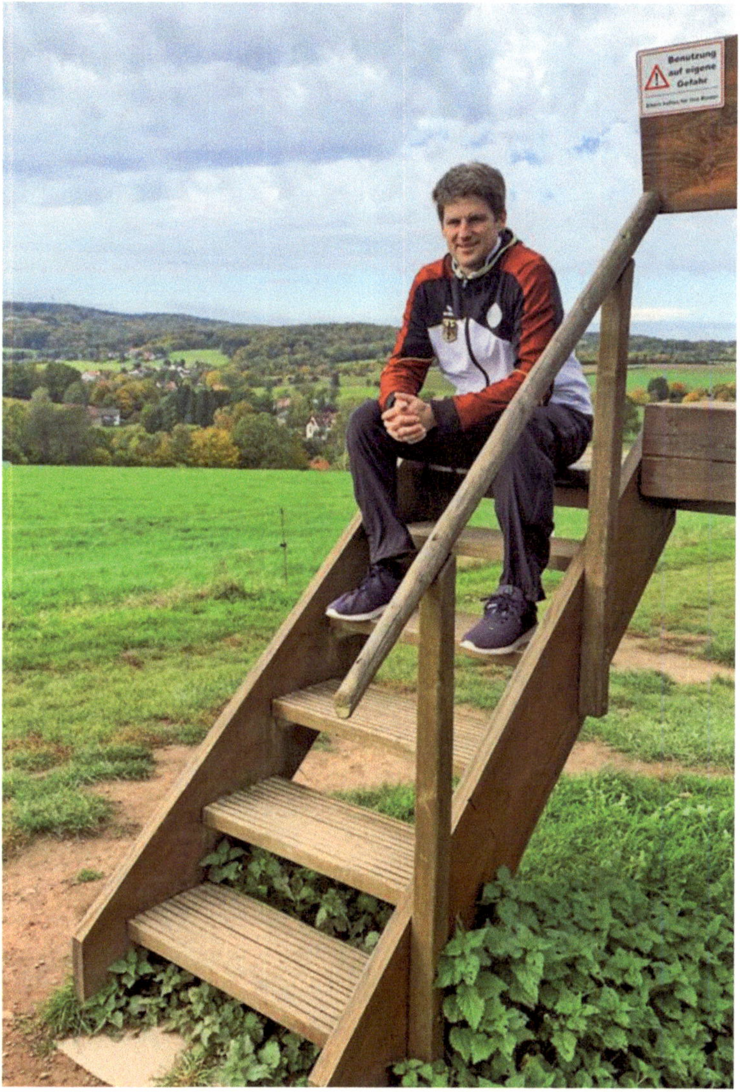

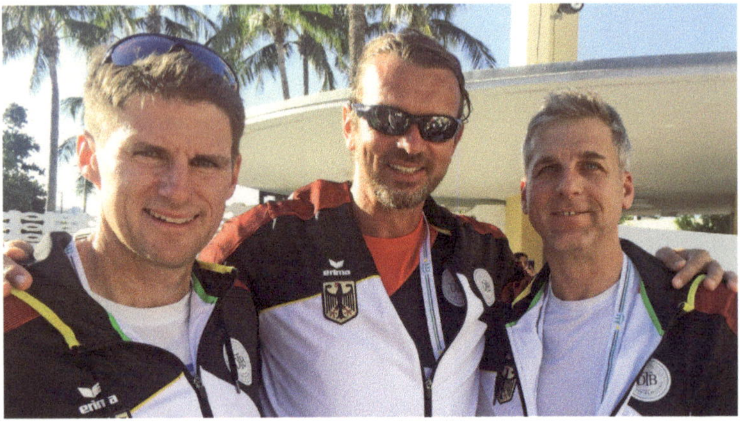

WM-Team 2018: v.l. Sven Voigt, Matthias Huning,Emil Egerer, fehlend Frank Pothoff

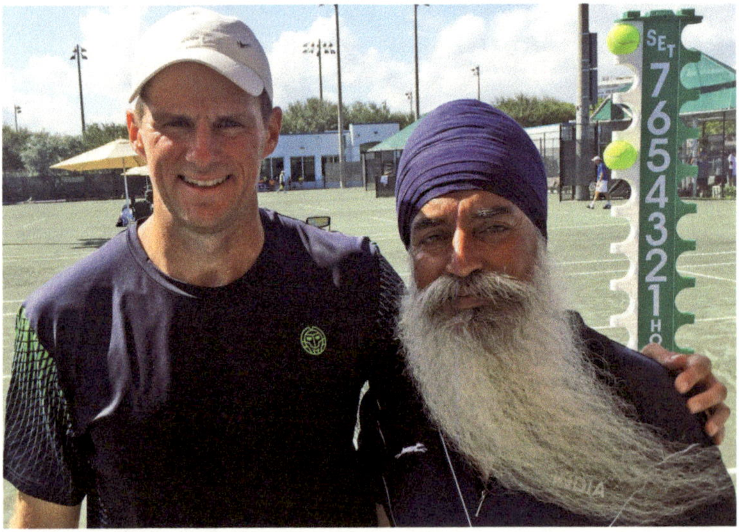

WM 2018, Gegenspieler aus Indien

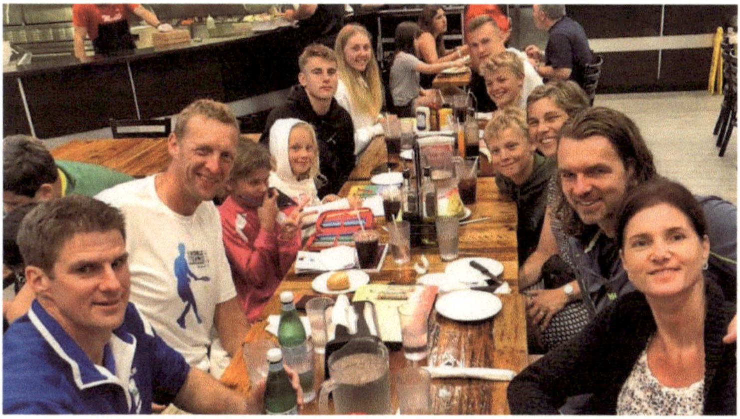

Teambesprechung im Manolos, 2019

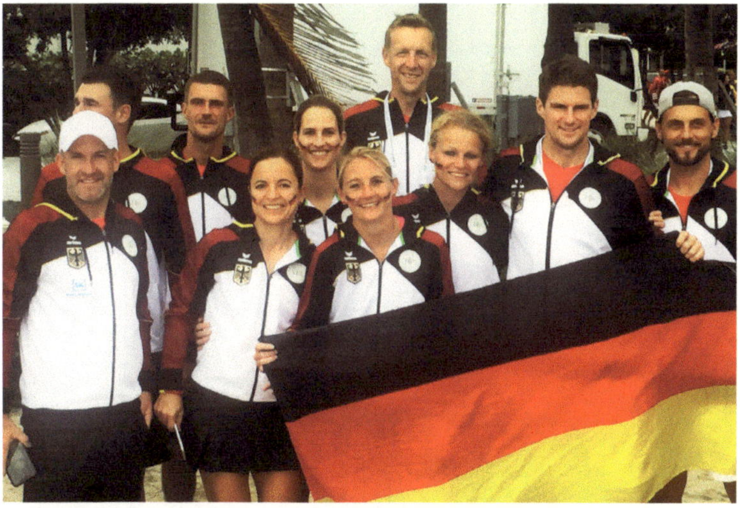

2019: Team Deutschland mit: Martin Gentzsch (Mitte), Lars Wellmann (rechts), Trainingspartnerin Manon Kruse links neben mir.

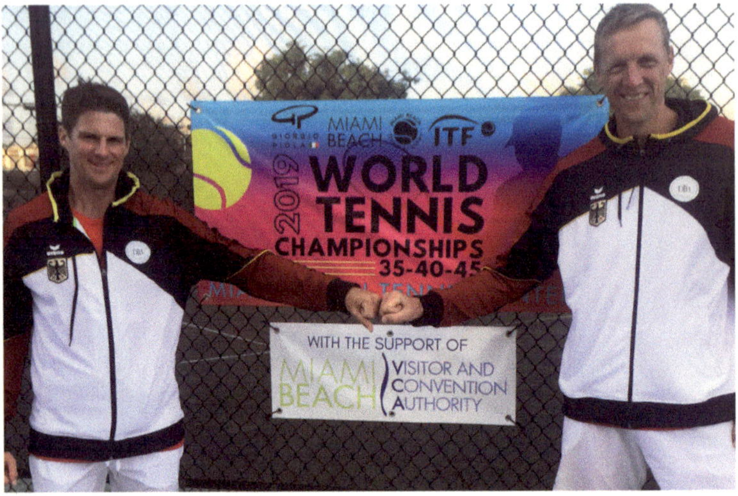

2019: Teampartner Martin Gentzsch

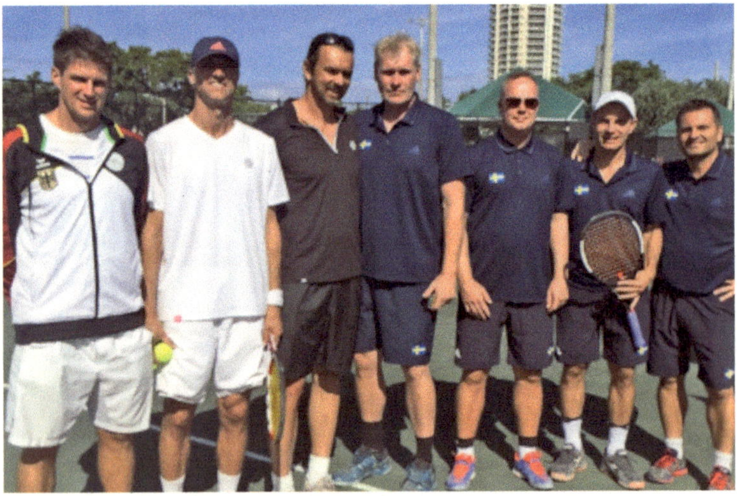

Wimpelaustausch vor dem Länderspiel gegen Schweden 2018 – Miami

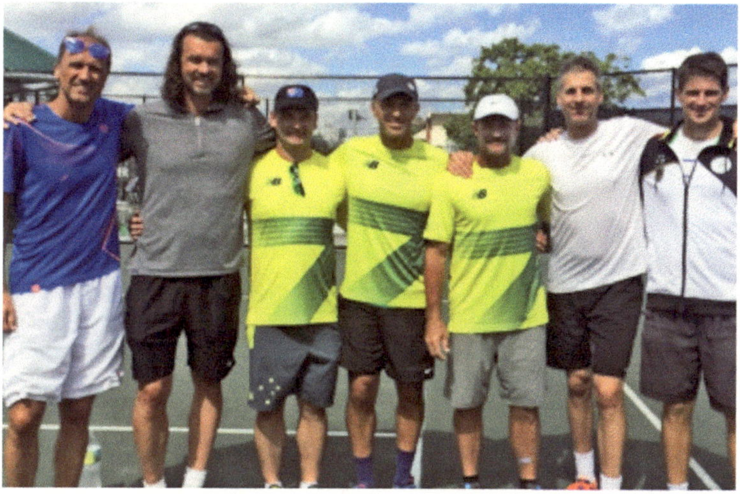

Teamfoto vor dem Länderspiel gegen Australien, 2018

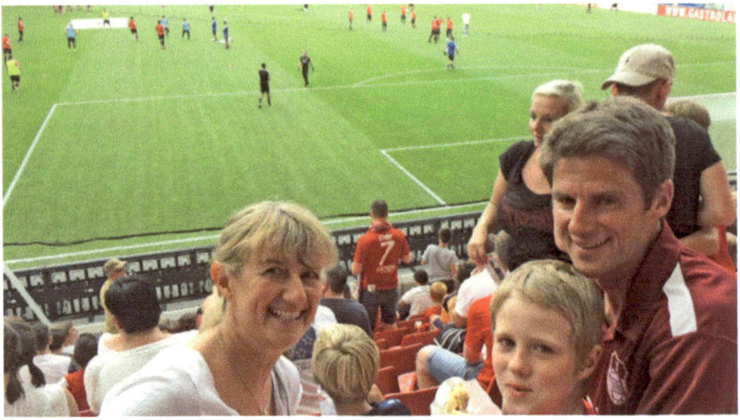

„Retterspiel" Kickers Offenbach gegen FC Bayern München mit Sohn Lars und Schwester Susanne, 2016

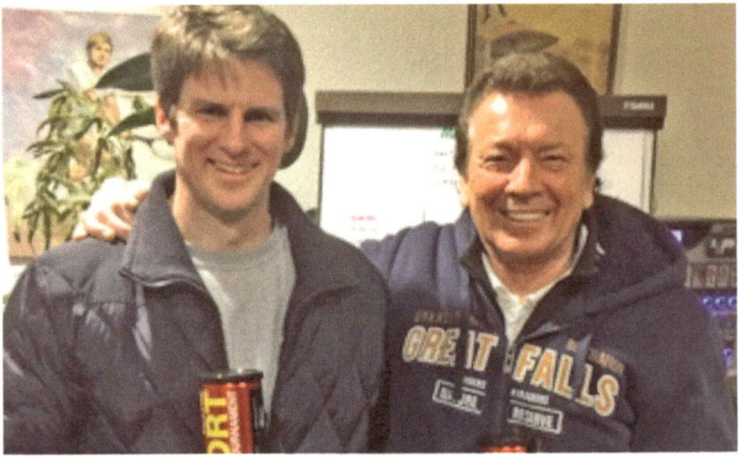

Mein Fußball-Ziehvater Hellmuth Zaijber als Doppelpartner bei einem Sponsoren-Doppelturnier (Matchball)

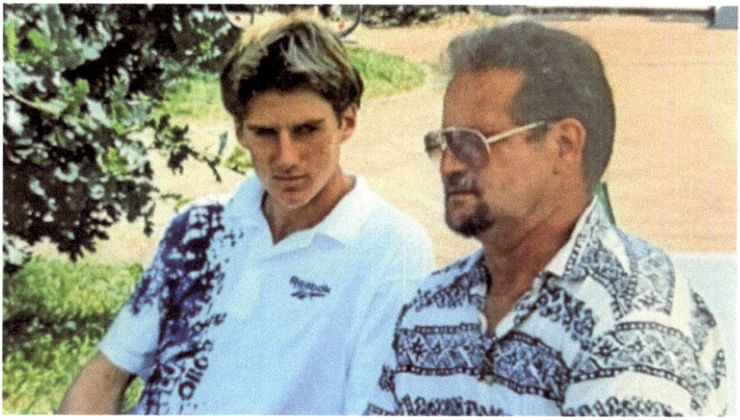

Vom Fußball zum Tennis: Mein Tennis-Ziehvater Hans Müller 1995 als Coach vor dem Match beim TC Waiblingen in der Regionalliga für den TC Steinbach

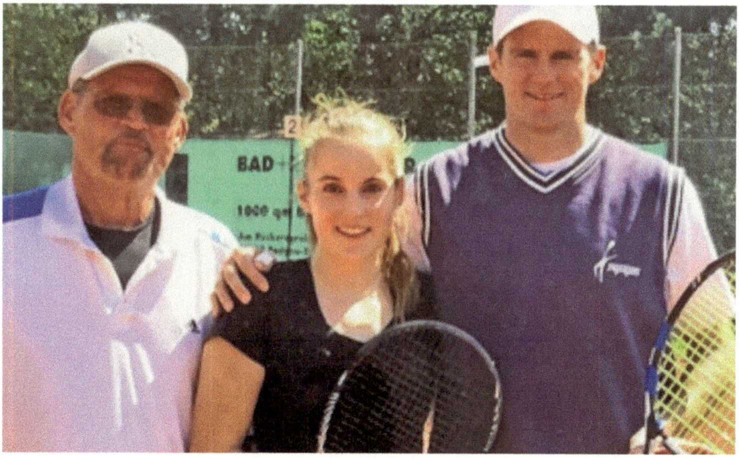

Meine Tochter Svea mit mir und Tennis-Ziehvater- Hans Müller bei einem gemeinsamen Training

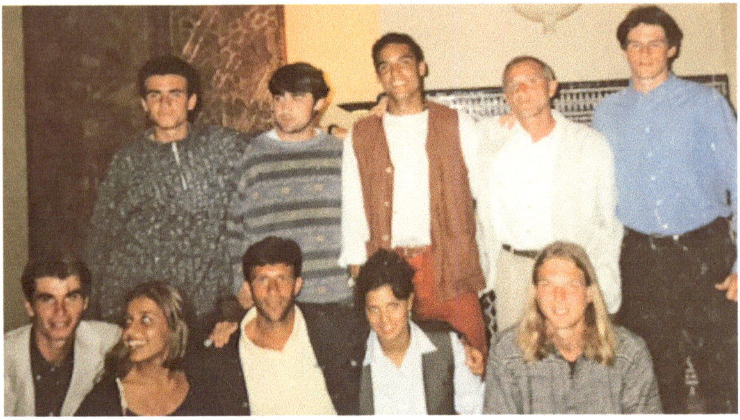

Profi-Tennis-Camp in Agadir 1995: Karim Alami (Mitte oben), Coach Alberto Castellani (2. von rechts oben), Adrian Voinea (links unten), Massimo Cierro (Mitte unten) und Tom van Houdt (unten rechts)

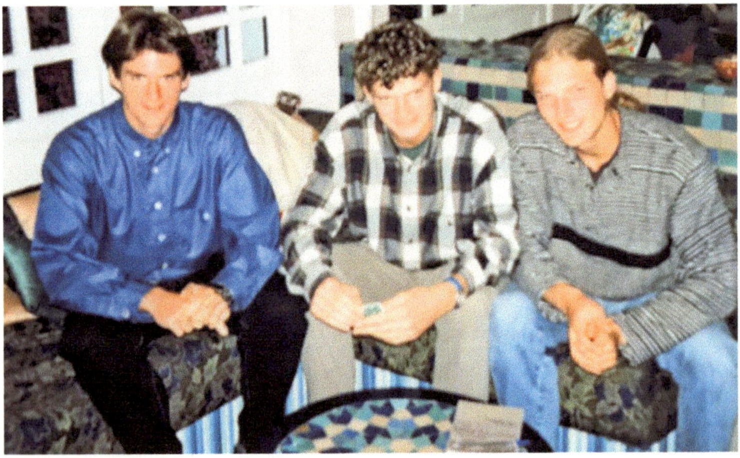

Kartenspielen mit Sjeng Schalken und Tom van Houdt nach einem anstrengenden Trainingstag

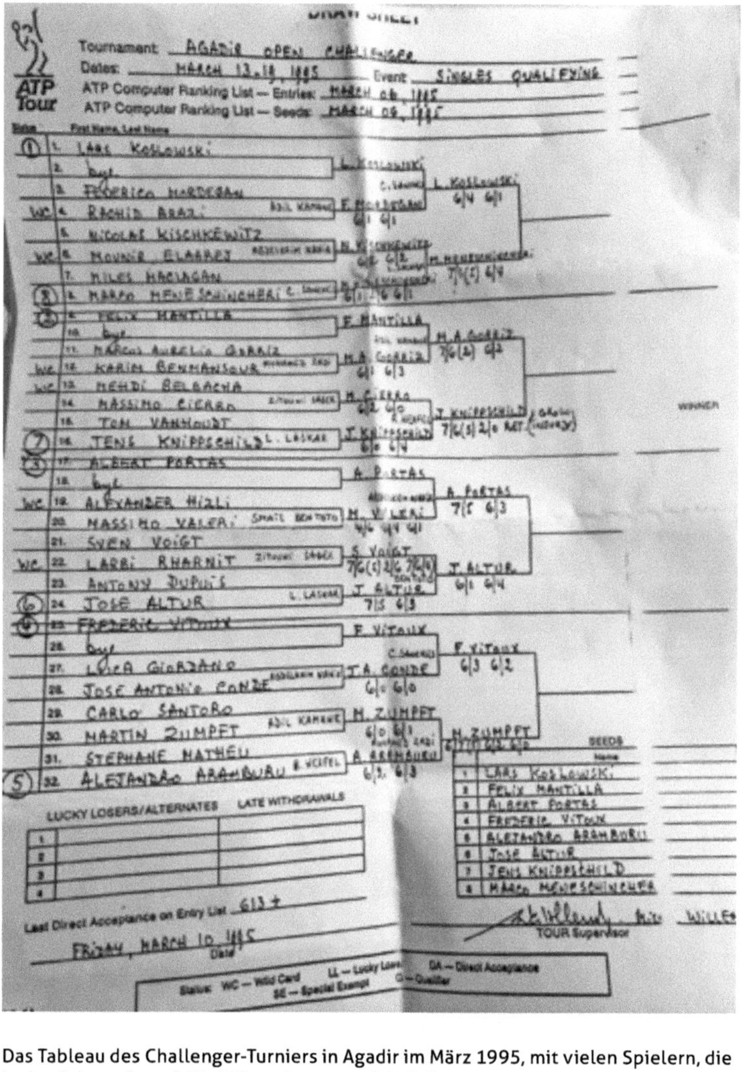

DRAW SHEET

Tournament: AGADIR OPEN CHALLENGER
Dates: MARCH 13.-19. 1995 Event: SINGLES QUALIFYING
ATP Computer Ranking List — Entries: MARCH 06, 1995
ATP Computer Ranking List — Seeds: MARCH 06, 1995

Status		First Name, Last Name
(1)	1.	LARS KOSLOWSKI
	2.	bye
	3.	FEDERICO MARDEGAN
WC	4.	RACHID ABAZI
	5.	NICOLAS KISCHKEWITZ
WC	6.	MOUNIR ELAARBI
	7.	MILES MACLAGAN
(8)	8.	MARCO MENESCHINCHERI
(2)	9.	FELIX MANTILLA
	10.	bye
	11.	MARCOS AURELIO GORRIZ
WC	12.	KARIM BENMANSOUR
WC	13.	MEHDI BELGACHA
	14.	MASSIMO CIERRO
	15.	TOM VANHOUDT
(7)	16.	JENS KNIPPSCHILD
(3)	17.	ALBERT PORTAS
	18.	bye
WC	19.	ALEXANDER HIZLI
	20.	MASSIMO VALERI
	21.	SVEN VOIGT
WC	22.	LARBI RHARNIT
	23.	ANTONY DUPUIS
(6)	24.	JOSE ALTUR
(4)	25.	FREDERIC VITOUX
	26.	bye
	27.	LUCA GIORDANO
	28.	JOSE ANTONIO CONDE
	29.	CARLO SANTORO
	30.	MARTIN ZUMPFT
	31.	STEPHANE MATHEU
(5)	32.	ALEJANDRO ARAMBURU

L. KOSLOWSKI – F. MARDEGAN 6/1 6/1 – N. KISCHKEWITZ 6/4 6/2 – M. MENESCHINCHERI 6/1 6/1
L. KOSLOWSKI 6/4 6/1 – M. MENESCHINCHERI 7/6(5) 6/4
F. MANTILLA – M.A. GORRIZ 6/1 6/3 – M. CIERRO 6/2 6/0 – J. KNIPPSCHILD 6/0 6/4
M.A. GORRIZ 7/6(2) 6/2 – J. KNIPPSCHILD 7/6(5) 2/0 RET. (injury)
A. PORTAS – M. VALERI 4/6 6/4 6/1 – S. VOIGT 7/6(5) 2/6 7/6(4) – J. ALTUR 7/5 6/3
A. PORTAS 7/5 6/3 – J. ALTUR 6/1 6/4
F. VITOUX – J.A. CONDE 6/0 6/0 – M. ZUMPFT 6/0 6/1 – A. ARAMBURU 6/3 6/3
F. VITOUX 6/3 6/2 – M. ZUMPFT

WINNER

LUCKY LOSERS/ALTERNATES — LATE WITHDRAWALS

SEEDS

	Name
1	LARS KOSLOWSKI
2	FELIX MANTILLA
3	ALBERT PORTAS
4	FREDERIC VITOUX
5	ALEJANDRO ARAMBURU
6	JOSE ALTUR
7	JENS KNIPPSCHILD
8	MARCO MENESCHINCHERI

Last Direct Acceptance on Entry List: 613

FRIDAY, MARCH 10, 1995
Date

TOUR Supervisor

Status: WC — Wild Card LL — Lucky Loser DA — Direct Acceptance SE — Special Exempt Q — Qualifier

Das Tableau des Challenger-Turniers in Agadir im März 1995, mit vielen Spielern, die in den Jahren danach Weltklassniveau erreicht haben

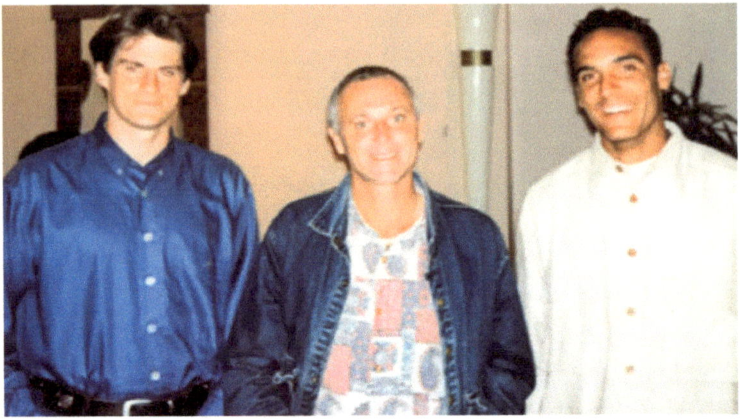

Besprechung mit Coach Alberto Castellani und Karim Alami

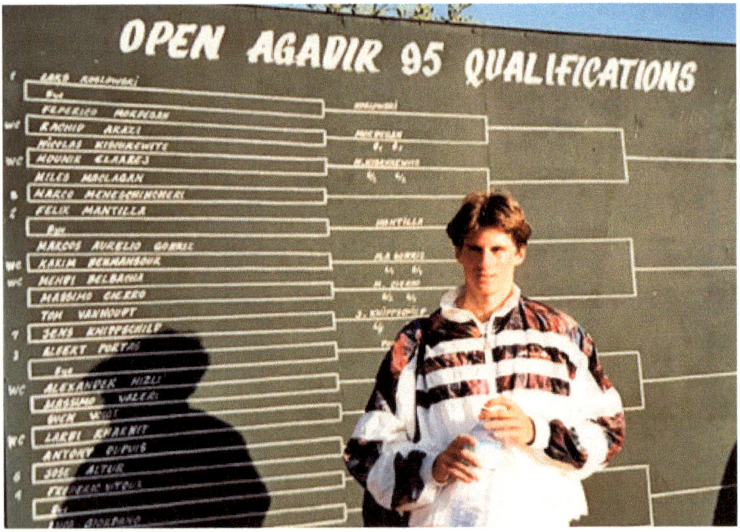

Tableau Challenger-Turnier Agadir März 1995

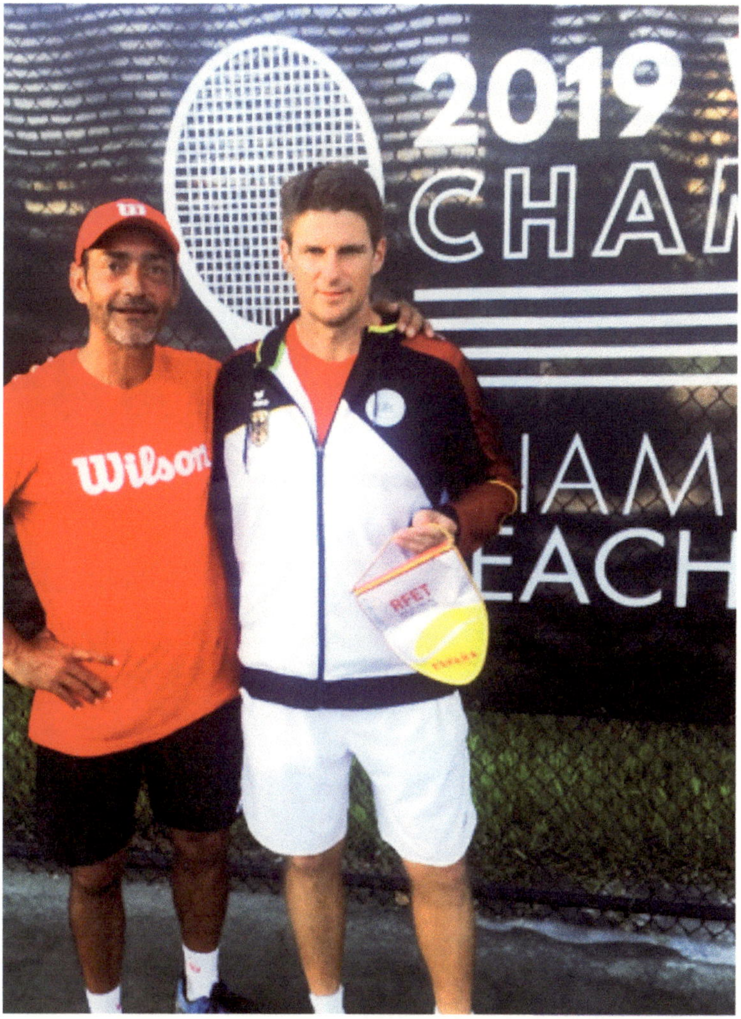

Teamcaptains unter sich: Spanien – Deutschland. Wiedersehen mit Weltklasse-Spieler Emilio Alvarez in Miami bei der Team-WM 2019, Trainingspartner in Agadir 1995.

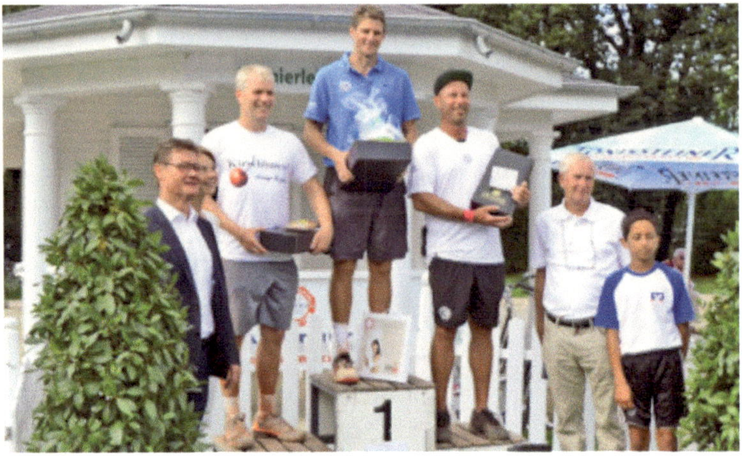

Siegerehrung Deutsche Meisterschaft 2017 in Bad Neuenahr

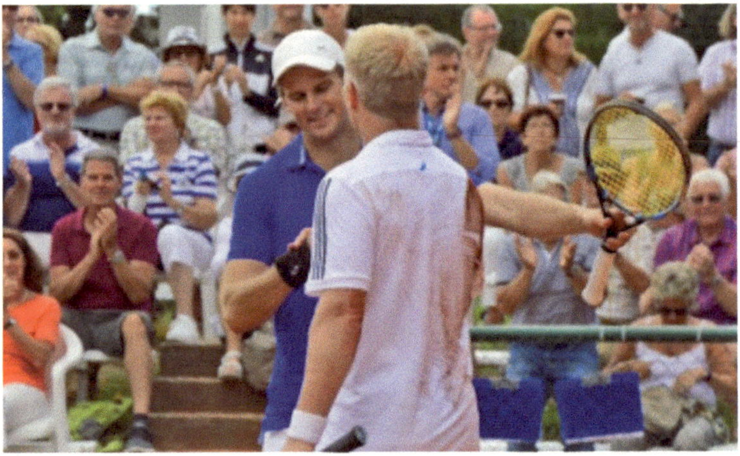

Faires Shake-Hands nach dem Matchball mit Matthias Müller-Seele nach über vier Stunden Spieldauer

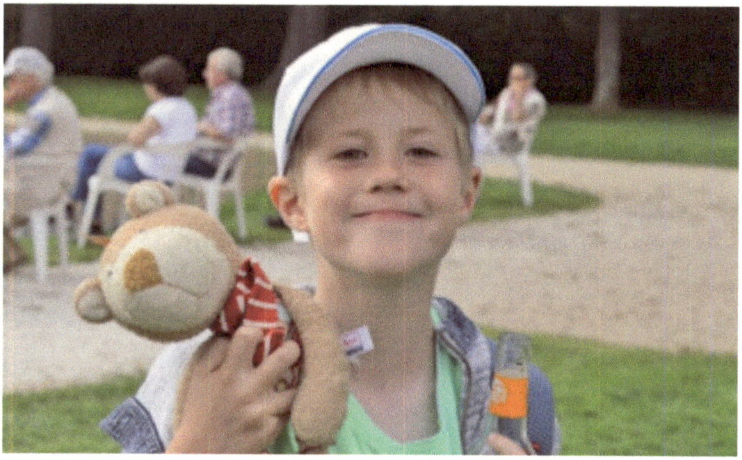

Glücksbringer Eddie-Bär mit meinem Sohn Lars

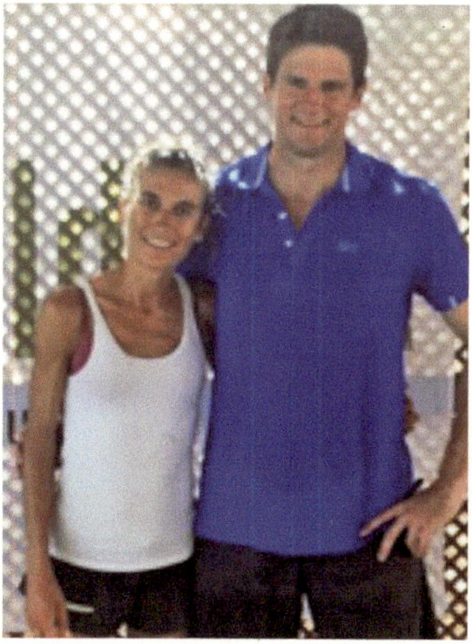

Meine Fitness-Trainerin
Gudrun auf Fuerteventura

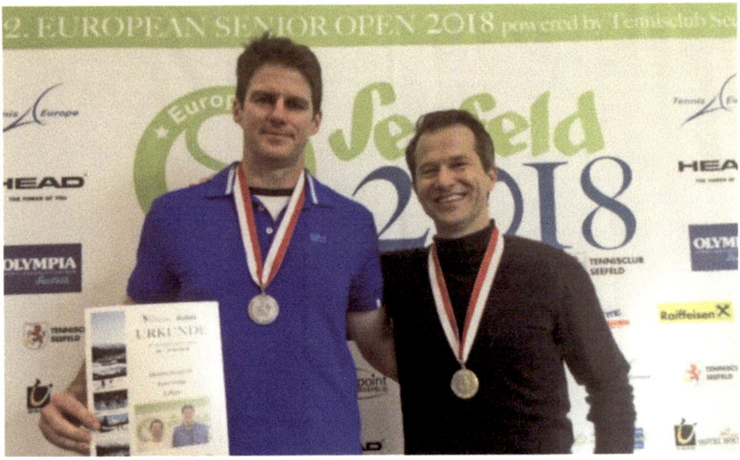

Zweiter Platz EM in Seefeld 2018 mit Clemens Weinhandl

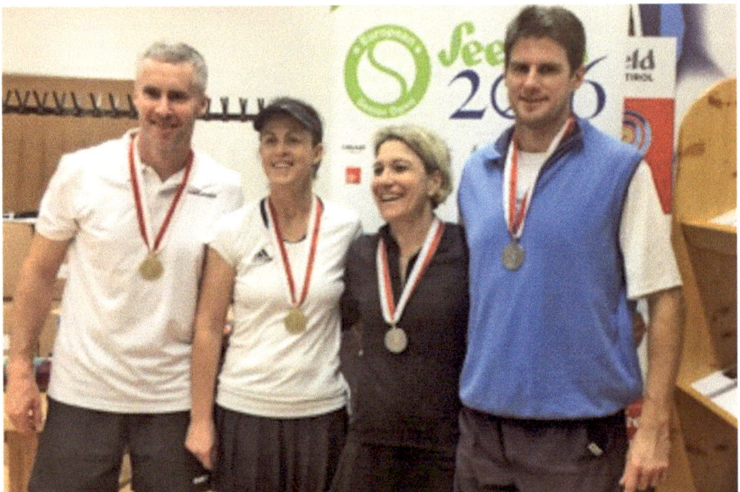

Zweiter Platz EM mit Mixed-Partnerin Monika Kamen 2019 in Seefeld

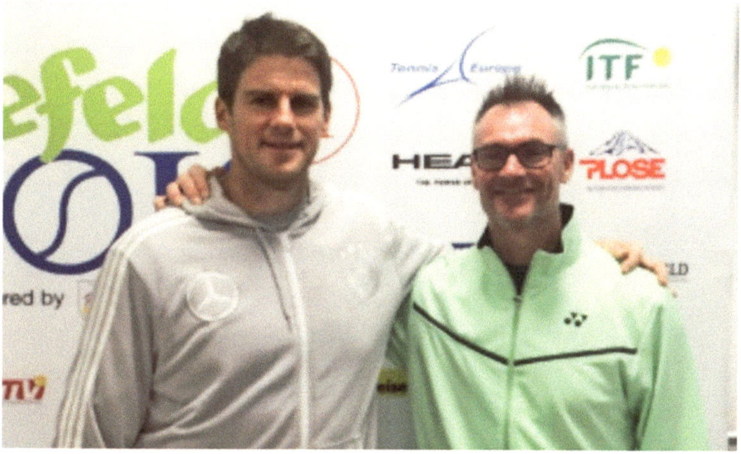

Zweiter Platz EM 2019 Herren 40 Doppel mit Toby Mitchell

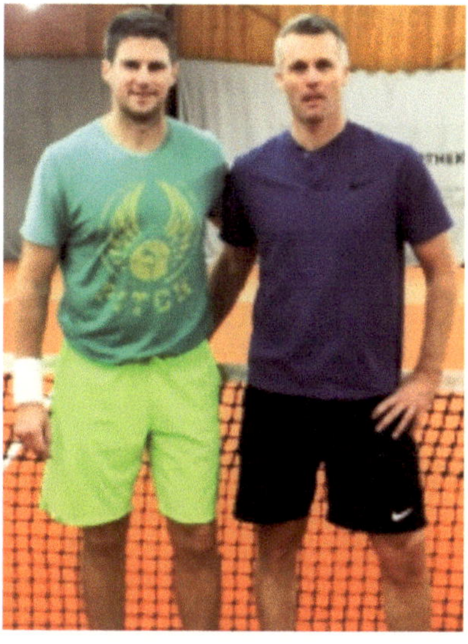

1. Platz ITF-Turnier in Singen Ende Dezember 2018 mit Finalgegner Michael Austen, als Vorbereitung für Seefeld Januar 2019

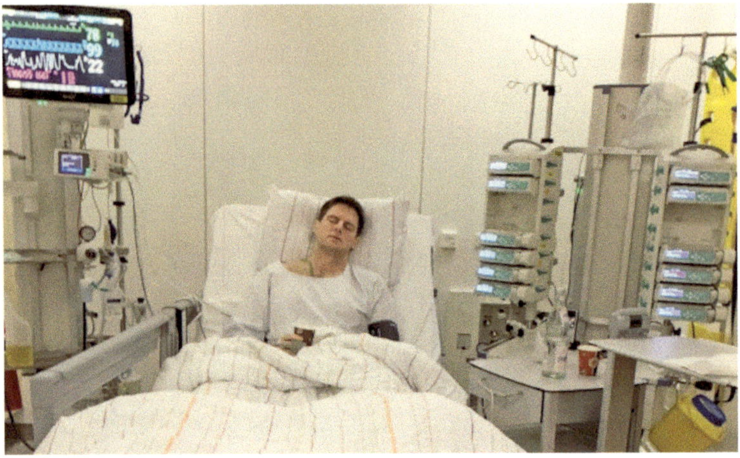

Eine der vielen Stationen – auch die Intensivstation

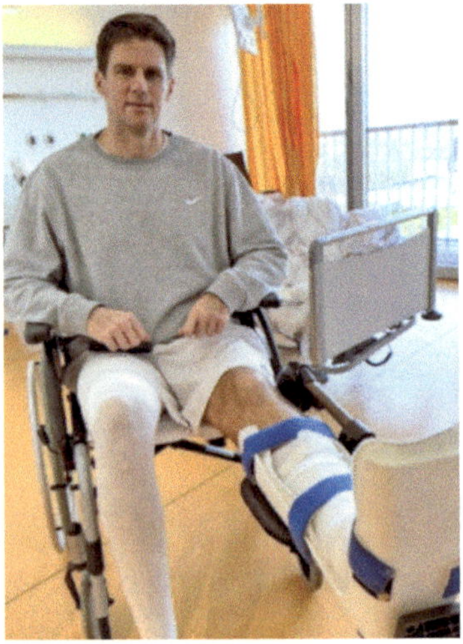

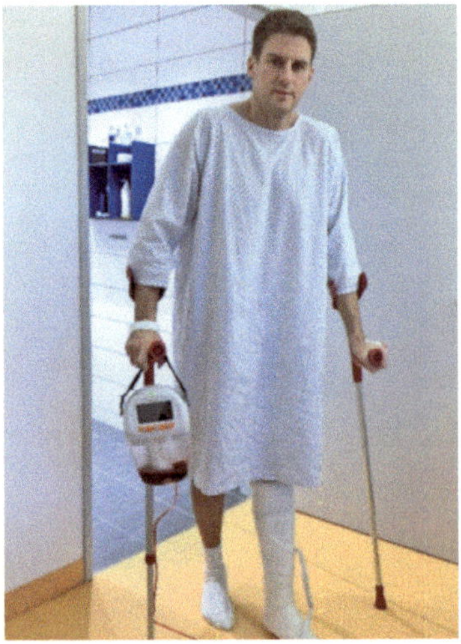

Neue Herausforderungen – wieder laufen lernen

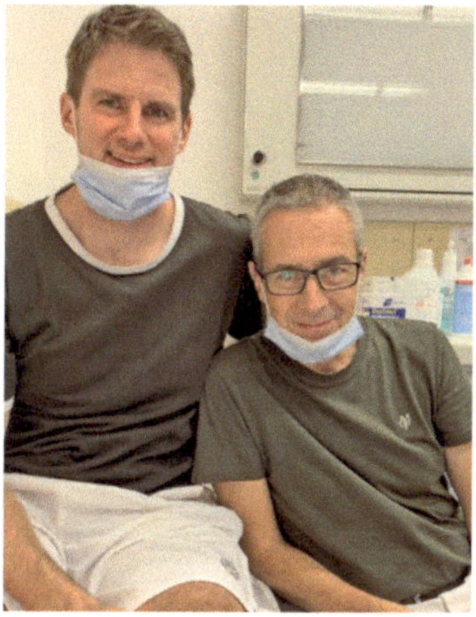

Prof. Lehnhardt nach einer Behandlung

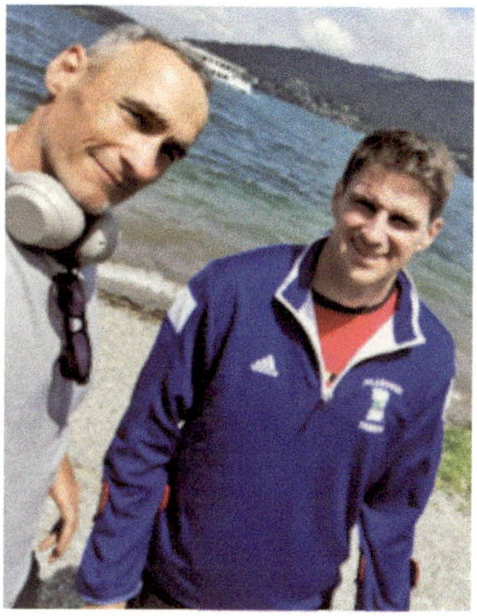

Mit Matthias nach Bad Wiessee

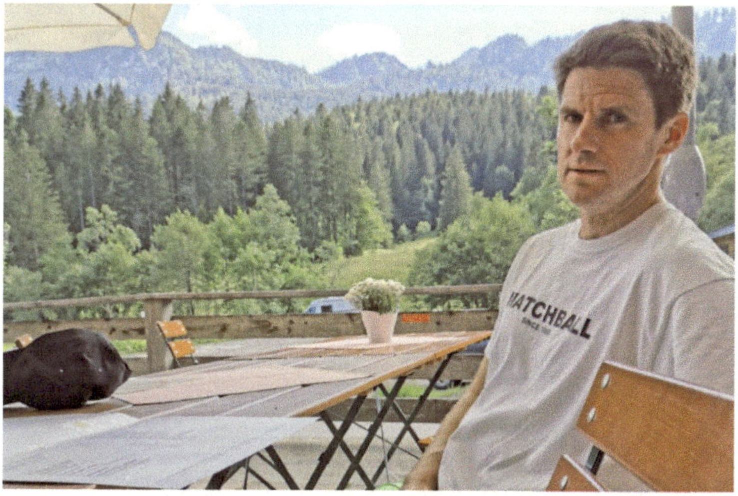

Pause auf der Rückfahrt von Bad Wiessee nach Rehaabbruch wegen Komplikationen

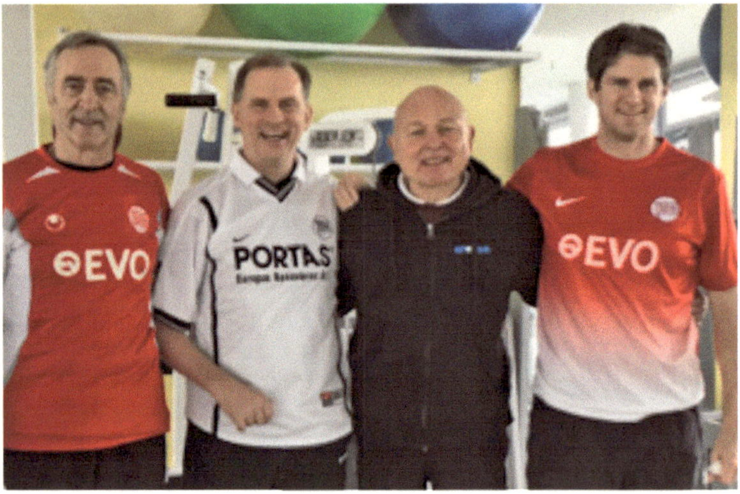

OFC-Torwart-Legende Karl-Heinz Volz, Dietmar Roth, SPOREG-Chef Reinhard Gebel

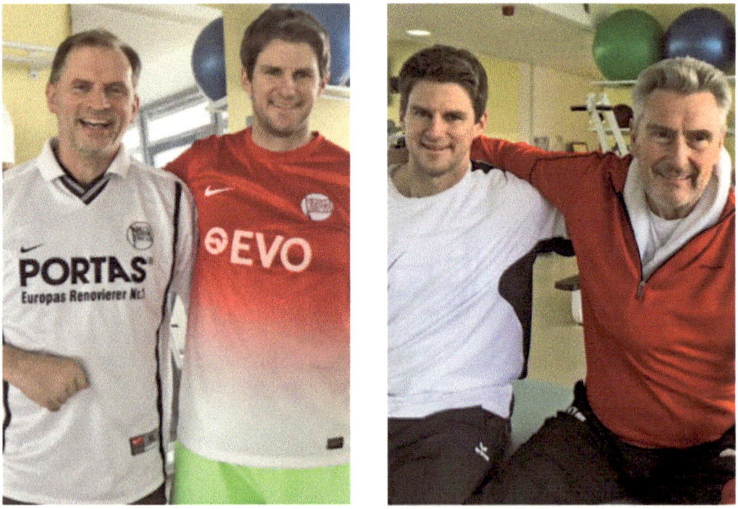

Dietmar Roth und Bundesliga Rekord-Torschütze, Fußball-Legende und ehemaliger Präsident der Offenbacher Kickers Dieter Müller in der Reha mit mir bei SPOREG

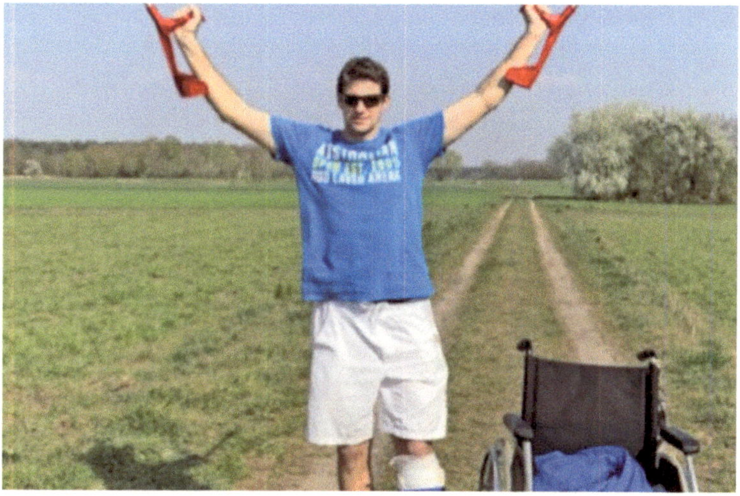

Es geht wieder Aufwärts – besonders in der Natur.

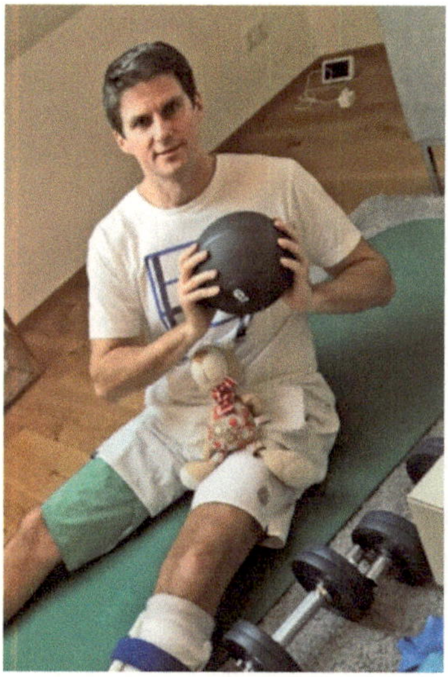

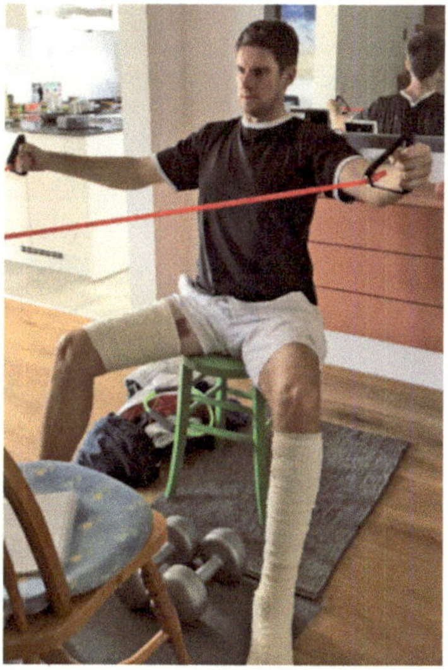

Training zu Hause mit der Hoffnung auf Genesung

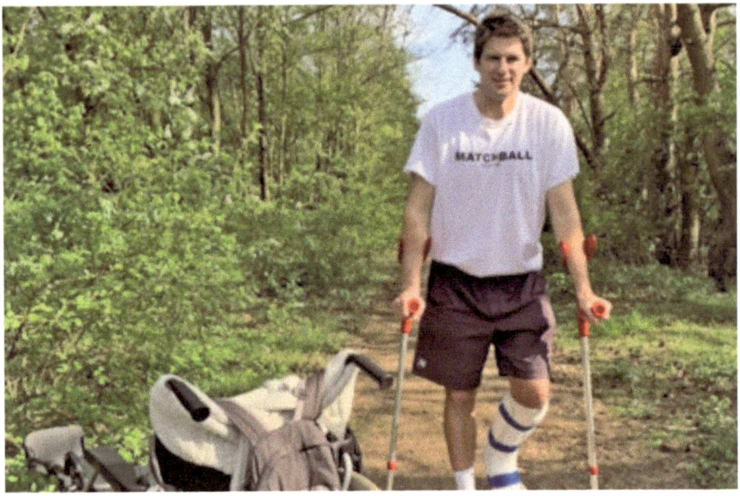

Erinnerungen an meine ersten Waldläufe in der Kindheit

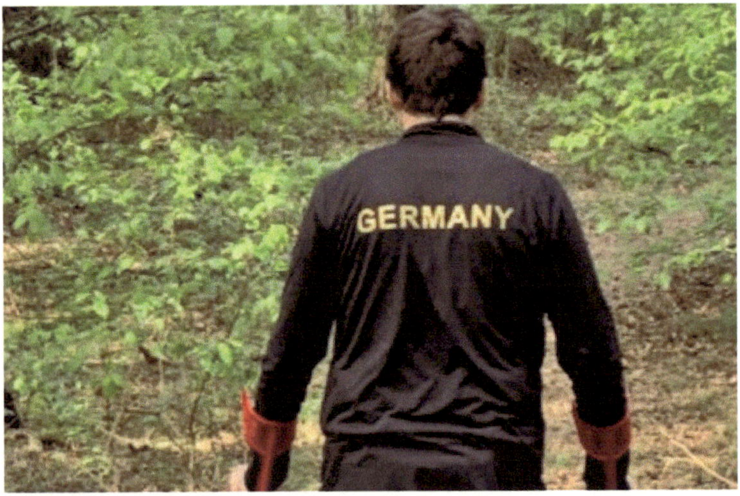

Der Weg ist das Ziel

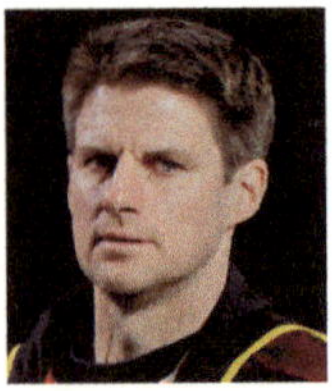

Sven Voigt wurde 1972 in Offenbach am Main geboren.

Nach dem Abitur absolvierte er eine Lehre als Bankkaufmann. Danach studierte er Sportwissenschaften und Pädagogik (M. A.) an der TU Darmstadt von 1995 – 1999.

Anschließend studierte er von 2003 bis 2005 an der J.W. Goethe-Universität in Frankfurt Lehramt mit den Fachrichtungen Sport und Philosophie. Eine Erweiterungsprüfung in Ethik legte er 2005 an der TU Darmstadt ab und arbeitet bis heute als Lehrer für Sport und Philosophie/Ethik an einem Gymnasium im Rhein Main Gebiet.

Im Tennis erwarb er als Verbandstrainer 1998 die A-Lizenz des Deutschen Tennis-Bundes (DTB) und im Fußball 1999 die B-Lizenz, UEFA B Level des Hessischen Fußball-Verbandes (HFV).

Des Weiteren betreut er bis heute als Coach und Mentaltrainer Sportler im Tennis und Fußball.